中文社会科学引文索引(CSSCI)来源集刊

民俗典籍文字研究

第 十 二 辑

北京师范大学民俗典籍文字研究中心 编

2013年·北京

图书在版编目(CIP)数据

民俗典籍文字研究.第12辑/北京师范大学民俗典籍文字研究中心编.—北京:商务印书馆,2013
ISBN 978-7-100-10190-5

Ⅰ.①民… Ⅱ.①北… Ⅲ.①民俗学—研究—中国 ②汉语—语言学—研究 Ⅳ.①K892 ②H1

中国版本图书馆 CIP 数据核字(2013)第 190011 号

所有权利保留。
未经许可,不得以任何方式使用。

MÍNSÚ DIǍNJÍ WÉNZÌ YÁNJIŪ
民 俗 典 籍 文 字 研 究
第 十 二 辑
北京师范大学民俗典籍文字研究中心 编

商 务 印 书 馆 出 版
(北京王府井大街36号 邮政编码 100710)
商 务 印 书 馆 发 行
北京瑞古冠中印刷厂印刷
ISBN 978-7-100-10190-5

| 2013年11月第1版 | 开本 787×1092 1/16 |
| 2013年11月北京第1次印刷 | 印张 16¼ |

定价:42.00元

《民俗典籍文字研究》学术指导委员会

主　任：董　琨
委　员（音序排列）：

安平秋　郭锡良　何九盈　黄天树　江蓝生　李　强
刘魁立　鲁国尧　王邦维　张　博　赵　诚

主　编：王　宁
副主编：董晓萍

编　务：黄易青

目　录

●特稿

编者的话 …………………………………………………………………… 1
陆宗达先生与 20 世纪国学的传播 ………………………… 王　宁 1
"家人"解诂辨疑
　　——兼论女强人窦太后 …………………………… 何九盈 7

●民俗学

钟敬文中日印故事类型比较研究（下） ………… 董晓萍　王邦维 28
再论中国民俗文化特征 …………………………………… 萧　放 61
论蒙古民间口头流传的《鹦鹉的故事》的来源 ………… 陈岗龙 72

●方言研究

汉语方言里的拾取义动词（上） ………………………… 项梦冰 80

●文献学

《周礼正义》（春官）点校札记（上） ……………… 汪少华　颜春峰 89
俄藏黑水城文献 TK216 跋 ……………………………… 张秀清 103

●语法学

名词和动词划类的两个维度 ……………………………… 王晓娜 107

●文字学

从银雀山汉简字形看隶变对汉字的简化 ………………… 张　会 117
古籍整理校勘中的俗体字问题
　　——以元代典籍整理实践为中心 ……………… 杨　亮 123

祖妣考辨 …………………………………………………………… 黄国辉 133

●训诂与词汇学

《礼记》用器类名物词"异实同名"现象探析 ……………………… 刘兴均 139
论骈赋句法语义特征 ……………………………………………… 马燕华 161
夸诞之言·似道之言·两行之言
　　——《庄子》"寓言"含义词源学考辨 …………………… 于雪棠 170

●音韵学

从羌藏历史看汉藏语同源假说与古音研究问题 ………………… 张民权 176
从音义关系看中古来母字的上古音来源（上）
　　——兼论 K-l-式双音同源词的产生 ……………………… 黄易青 195

●辞书修订研究

《辞源》的专名线 ………………………………………………… 黄御虎 206

●博士生论坛

《经典释文》辑音条例探析 ……………………………………… 王素敏 224
论王念孙《释大》之性质 ………………………………………… 宁　静 235

英文提要 …………………………………………………………………… 244

辞书编辑学术论坛
　　——首届辞书编辑培训班学员沙龙在长春召开 ……………… 254

编 者 的 话

　　值此著名训诂学家、中国传统语言学的继承人和传道者陆宗达先生逝世25周年纪念之际，本刊发表陆宗达先生的学术传承人王宁先生的纪念文章，表示对一代学术宗师的深切缅怀。

　　训诂学是国学的根柢。国学是中国的、传统的、具有人文精神的科学。中国的，就不是全盘西化；继承传统，就不是一味模仿国外；人文精神，就不是物质至上，这决定了国学在20—21世纪潮流下的地位。凡物欲横流之世，崇洋媚外之际，只有能逆历史潮流而动，才是砥柱中流。20世纪，以章太炎、黄侃为代表的国故派，以国故为民智根基，挽狂澜于既倒，寄希望于未来，虽被歪曲、贬斥而无悔。当潮流的喧嚣过后，大多数人慢慢明白国学的价值开始珍惜时，才认识到那远去背影的高大，视为历史的坐标。

　　我们今天纪念陆先生，就是在缅怀20世纪训诂学的历史，也是在面对现在，思考将来。历史总是在螺旋上升的，训诂学依然面对各种挑战。我们必须学习先辈的精神和毅力，以继承发扬他们延续的事业。王宁先生的这篇纪念文章在这些方面给了我们很多启示。

陆宗达先生与20世纪国学的传播

王 宁

提要： 本文在纪念陆宗达先生逝世25周年之际，从国学的内涵开始切入，阐发了陆宗达先生在国学遭受重创之际，继承师说，力挽狂澜复兴国学的行动和从中表现出的人格魅力。

关键词： 陆宗达 纪念 国学 复兴

今年是我的老师、训诂学与《说文》学的著名专家、中国传统语言文字学的继承人陆宗达先生逝世25周年的年份，在深切缅怀和纪念陆宗达先生的时候，我们不能不想起中国国学在20世纪的曲折经历。

20世纪是中国国学劫难最深的时期，国学多次经历被否定、被排斥、被歪曲的命运，削败、辍裂甚至泯灭的程度，一度达到极点。如果说，在20世纪初，逆潮流而动，以清醒的头脑站在保卫国学前列的勇士首推乾嘉学者的殿军章太炎、黄侃先生，那么，20世纪中晚期，在真正用实际行动振兴和传播国学的学者中，陆宗达先生是极具特色又贡献卓著的一位。他在困境中继承和延续国学的主要方式，是从国学的根底"小学"入手，用纯粹而科学的方法培养国学人才，为国学的振兴储备了后继者和生力军。

理 念

什么是国学，怎样从实质上来认识国学？这本来是不成问题的问题，但在当代已经随着真正国学的一度断裂和被肆意歪曲而不为人知，又被许多官封、自封的"国学大师"称号所搅乱而使人知而不确。在许多领域，人们已经忘记，国学是在典籍中传播的中国文化的精髓，国学是中国历代典籍中积淀的历史经验与教训。国学起始于经学及"小学"，后来扩展出中国本土的史学、哲学，再后来扩展出以文章学为重点的本土文学。国学不能中断的原因是因为一个强盛的国家不能没有历史，一个希冀胜利的国家不能抛弃自己的特点去一味依从他国。

国学是储藏在典籍中的，其根基是"小学"和"章句之学"，有了这个功底，才能读懂典籍，还原历史；还原了历史，才能懂得历史，才能凭借历史了解自己国家的特点，从而了解今天，为今天决策。培养国学的继承人，基础的一步，也是最艰巨的一步，就是首先造就一批具有"小学"功底、能够通过解读典籍来准确还原历史的后继者。陆宗达先生是我国传统语言文字学研究造诣深湛的学者，正是基于他对国学深入准确的了解，他才能奋臂倡始、复兴《说文》学与训诂学，在中国传统语言文字学领域励志图新，成为乾嘉之学与章黄之学在当代的重要继承人之一。

志　向

1926年，黄季刚（侃）先生在北大任教的时候，陆宗达先生是北大国文系的学生，通过林损、吴检斋认识他。那时，黄季刚先生在北大的处境并不很好，他坚持国学、抵制"西化"的初衷不被理解，在民族文化受到多种思潮激烈撞击的形势下，季刚先生的言行表现得比较偏激，是逆潮流而动的。但是，由于中国文人对民族文化深厚感情的驱动，加之中国本土文、史、哲自身的魅力，有些青年人不怕巨大时潮的压力，甚至冒着被开除的风险，执着地跟从季刚学习国学。这一年陆宗达先生登堂入室，拜黄季刚先生为师，到他家去跟他学习。1927年，北大不请黄季刚先生任教了，陆先生也因李大钊遇难而脱党，遂与黄季刚先生一起去了东北大学。他们在沈阳待了半年后，因北方太冷，季刚先生又不习惯睡炕，1928年5月决定南下。1928年5—6月，师生二人经上海到了南京。

几年的时间，陆先生与黄季刚先生日夜相随，季刚先生用十分独特的办法教给他《说文》学、音韵学，传授古代文献。陆先生曾经回忆他的这段学习说："季刚先生讲书的方法是谈话式的，以吃饭的时候谈的最多，不但我去，有时他兴致所至，也到我那儿来。他的方法是先让你看，看完了他才讲。那一年，他让我点《文选》、《十三经》，子书也读，还记得有一次他让我看《盐铁论》，只给两天的时间，让你一口气也不敢歇。他等我点完了，才拿出他的批校来，《十三经白文》的手批本就是那时他给我的。学唐诗时，他先让我看，并让我评论。我说完了他再说，然后他选出佳句来拟作。他拟作的诗羼在唐人诗里刻意挑都挑不出来。他教我学诗先要模仿，模仿后再自己作。他用工整小楷抄了一本佳句选，还有他自己拟作的唐诗，亲自写了跋，其中谈到：古人云，不把金针度与人，亦何偏也，我与陆生谈诗是度金针耳……季刚先生教别人读书时，他认为你还没到一定程度、还不该懂，就不给你讲，你问他他也不告诉你。他还常告诫我：'你跟先生学习得自己选择先生的话来吸收，不能凡是老师的话都听，要听他用心所谈，不要听他性之所至随便谈的话。'"

陆先生跟从季刚先生学习的那几年，正是章黄之学产生诸多原创性结论的时期，也是中国国学的守护者突破"西化"的潮流为本土的学术开辟出一块传承地域的艰苦奋斗时期,南京就是国学继承与发展的一个重要地域。这一段跟从季刚先生的学习,打下了陆宗达先生坚实的国学基础,使他亲身感受了纯正的传统小学、文学和典籍学习的方法,坚定了他毕生为国学而奋斗的不移的信念。从那时起,他成为继承中国纯正国学的中坚力量。

陆宗达先生对他的老师永生怀着无限的崇拜,经常跟随他的人都知道,他讲课是"言必称章黄",老师的教导永远烂熟于心;很多疑难问题,他总是首先让学生查黄季刚先生是否说过。他的信念来自师承,可见其一斑。

行　动

陆宗达先生求学时的北京大学,当时是"五四"运动后以新派为主流的大学,黄季刚先生在北大任教的时候,正是蔡元培校长力主新学、国学、各流、各派"兼容并包"的时期,蔡元培校长辞职后,国学的力量就十分削弱了。1928年秋天,陆宗达先生在南京来不及回京参加毕业考试,刚刚好北大发出通告:因时局动荡,毕业考试停止,应届毕业生一律毕业。陆先生喜出望外,拿到北大毕业证书,国文系主任马玉藻聘请他回到北大去教书,教预科,同时兼任本科的训诂学,还兼国学门研究所的编辑,接任一个叫戴明扬的工作,编写慧琳的《一切经音义》索引。以后还在北大本科讲过汉魏六朝诗。1930年整理王念孙的韵谱、合韵谱。1931年后,除北大外,还先后受聘在辅仁大学、冯庸大学、女子文理学院、中国大学等处同时任教。他在这些学校都是教授,唯独在北大,一连9年只是助教。1937年抗日战争爆发,他不愿给日本人占领的学校教书,便专门在中国大学和辅仁大学教书。1947年后,他专一在北师大教学。在这些大学里,他把国学的各个部门搬上讲堂,一直到新中国成立初期文字、音韵、训诂学在大学的课堂上取消。

国学被作为封建文化的同义语受到冷落、受到排斥,是极"左"思潮在文化教育上的反映,这种思潮使几代人没有了阅读文言文的能力,无法接触古代典籍,无由了解中国历史,其实,他们是生活在半明半暗的世界里。陆宗达先生在这种时代,从来没有放弃呼唤国学的复生。在训诂学领域里,他有过五个"第一":

第一个在那个时代公开呼唤训诂学的复生。1956年,在训诂学已经在教育领域销声匿迹后,他在《中国语文》上发表了《谈谈训诂学》。一年后,他把这篇文章扩充为《训诂浅谈》收入吴晗主编的"语文小丛书"。1980年,他又把这本书扩充为《训诂简论》再次出版。这本介绍训诂学的书,一次比一次充实、具体,但却始终以它通俗的语言、准确的阐释,认真严肃又轻松地,把没有接触过训诂的青年一代,带入这门古老而有用的学科的殿堂。在训诂学遭受挫折、已经被现代人遗忘了的时候,如果没有使中国国学复生的信念,如果没有对传统"小学"深刻的认识,如果没有不怕批判的勇气,在那个时代,是不会一而再、再而三地坚持把这门学科推向社会的。

第一个为国学的传播开设家庭课堂。当文字训诂学从高校取消后,陆宗达先生采用在家中传学的办法,将有志学习国学的中青年聚集在家中传学。在我的记忆里,这种家庭课堂除了"文革"时期不得不停止外,60年代初、70年代末,大约开设过6次,最长的一期是1979年讲《说文》和章太炎先生的《文始》,整整持续了8个月。这种从黄季刚先生处学习到的教学形式,跨越了时代,使几乎中断了的国学能够在民间传播。

第一个采取纯正的国学教学方式培养文字训诂学研究生。1961年教育部决定招收文科研究生,我们9个人进入陆宗达先生名下求学,走进陆宗达先生文字训诂学的课堂。第一年点读段玉裁《说文解字注》,同时用大徐本作《说文》系联。这工作就是把《说文》甲条中与乙、丙、丁……诸条有关的各种形、音、义材料,全部抄到乙、丙、丁……诸条下,九千多条一一如此处理,毫无例外。段注的后面,明明印着一个《六书音均表》,但陆先生不让看,要我们自己把《说文》的非形声字(包括象形、指事、会意)按黄季刚先生的28部19纽全部填入韵表,再把所从之字系联上去,九千来个字也无一例外。半年以后,陆先生开始讲《论语》、《孟子》、《左传》,老师们讲的篇目并不多,可要求我们自己连白文加注疏一起点读。本来,《论语》、《孟子》的白文不少人都是通读过的,可陆先生指定的书是刘宝楠的《论语正义》和焦循的《孟子正义》,这两部书引证经、史、子书的广博,当时实在令人吃不消。我记得初读时光查、记引文的书名、篇名,就折腾了一两个月,这才不至于把人名、官名、书名、篇名当生词给讲到文儿里去。那时候,一天十几个小时就干这么一件事,那点"坐功"就是这么练出来的。《说文》学与文献阅读关过了,才开始进入通论学习。后来我知道,陆先生跟黄季刚先生念书的时候,季刚先生就是这么教他的。这种教学方法,就是章黄特别注重的打好"小学"根底、培养不事空谈的国学人才的纯正方法。1985年,陆先生开始招收文字训诂学博士,更严格地采取了这种方法。现在,陆门弟子与再传弟子成为很多学校传统语言文字学、文献学、词源学、《说文》学的教学骨干,章黄的注重根底的教学方法,也一代一代地传了下来。

第一个成立训诂学会,任第一届会长。1981年在武汉成立训诂学会,促进了80年代以后的高校训诂学教学与人才培养。章(太炎)黄(季刚)在30—40年代亲自传授的弟子们成为这时的导师,在80年代振兴训诂学的时期,较好地解决了训诂学人才匮乏的问题。

第一个创建了以《说文》学为中心,以打好传统"小学"根底为主要目标又具有现代意义的博士授予学科点。陆宗达先生作为第一届学位委员会成员,在1980年第一次研究生学科评审委员会上亲自提出这个学科点,定名为"汉语文字学"学科点。这个点首次建立在北京师范大学中文系。这是一个对发展国学意义重大的举措，因为，他使培养以国学继承为主的传统语言文字学高级人才，有了"学位"做保证。

这五个第一，足以说明陆宗达先生在20世纪国学传播中的贡献和地位。

人　格

陆宗达先生出生在20世纪初，祖国正在经受民主革命后外患内忧的考验，已经沦为半殖民地的中国，民族文化遭受到极大的压抑和摧残。陆宗达先生受到时代的感召和老师章太炎、黄侃等国学大家的深刻影响，将自己的满腔爱国热情，灌注在追求革命与追求国学的实际行动中。革命和国学，今天看来似乎是背道而驰的两件事，但是，在19—20世纪之交的那些志在挽救民族危亡的正直学者心里，是那样融洽地统一在一个目标下，紧密地交织在一起。因为这种崇高的追求，陆宗达先生的一生充满动荡与惊险，但他都能凭借内心的安定与平静化险为夷。他曾被特务追捕而因镇定终于脱险；他的前清厂的家曾经是北京地下党的接头地点，掩护了党的工作；他在40年代把四个子女送到解放区。但是在新中国成立后，陆先生对自己的这些突出贡献从不放在心上。有时向晚辈说起来，常常轻松幽默，似乎在诉说别人的故事。有时还带着自嘲的口吻，从不以没有走入仕途为憾事。

从陆先生的出身看，他身居20世纪初叶的贵族之家，又是30年代以后的大学著名教授。但他早年的革命工作经历和他潇洒自由的性格使他的自我感觉永远是普通而平易。他待人永远平等，和校工、司机、花匠、仆佣以及各种劳动者都是很好的朋友，常常送给他们烟酒、礼品，和他们交谈融洽。他对学生要求严格，但执教轻松、随意，讲课幽默动人，追求深入浅出，许多学识往往在闲谈、进食、行路中巧妙托出。他做北京市政协副主席期间，常常为许多人的事情奔跑，有些在台面上看来不值一提的小事，只要别人以为重要，他都不遗余力地去帮忙。但他没有利用这个"北京市第一统战对象"的身份为自己办过任何私事。他讲究饮食，但日常生活从不铺张，只是春天的家常饼、冬天的炖白菜等等家常饭食烹制十分精致而已。他喜欢请学生和朋友吃饭，北师大50—80年代的中青年老师，很多都在陆先生家里或被他邀请和他一起享受过美食。他懂得哪里的菜肴精美可口有特色，被称为"美食家"，但绝不排场，永远求雅而不摆阔。他既不故作谦虚，也不炒作自己。他会像说故事一样讲起那些光荣的经历，也从不隐瞒自己那些"走麦城"的事带来的教训。我了解自己的老师，常常在思念恩师时心里涌出这三句话：他不求做伟人，只求做真人，而实际是达人。

我走入中国传统语言文字学的教学与研究领域，已经整整半个世纪，从对这门学问知之甚少并怀有戒备,到下定决心愿意终身为之献身,每一步都是在陆宗达先生的带领下跨出的。我前后在陆先生身边学习和工作了5次,累积到一起的实数是整整的12年——1954年本科跟陆宗达先生学习现代汉语,1961—1964年做陆宗达先生研究生,1979年做陆先生高级访问学者并协助先生上研究生的课,1980年在陆先生指导下写书,1983年正式调进北师大做陆先生的助手,直到他1988年去世——我一生的学习、教书和研究,都受益于自己的老师。

《礼记·学记》有两句话说:"善歌者,使人继其声;善教者,使人继其志。"这两句话解释了章太炎、黄季刚先生对陆先生的影响,也解释了陆先生对我们几代人的影响。陆宗达先生在中国传统语言文字学的继承和发展上坚定的信念,对继承师说的执着与忠诚,在治学和为人上的敦厚与睿智,以及他的人格和学术双重的魅力对后学产生的巨大吸引力,永远是我们终身向往又难以企及的高峰。

2013年8月修改

(王宁:北京师范大学民俗典籍文字研究中心,100875,北京)

"家人"解诂辨疑

——兼论女强人窦太后

何 九 盈

提要： 先秦两汉文献中,作为具有社会、伦理意义的词"家人",有三个不同来源,其间既有联系也有性质上的区别。《诗经·周南·桃夭》"宜其家人","家人"谓"一家之人",特指"夫妇";引申为"家中的人"或"人家",即"凡人之家"。《周易》卦名"家人"指妇、妻,"家人"指妇人、妻子。"家人"卦的内容是讨论为妇之道的,即在家庭范围内如何管束妇女。该卦初九爻辞"闲有家",意即阑隔、范围、制约妇人,以防范其"原罪"于微,以"利女贞"。这样的观念浸透中国此后儒家思想主导的几千年文明史,只有在如窦太后操纵学术取向、干预朝政的文景之世,尊奉黄老之言,是为例外。"家人"第三个来源指隶属于主家的奴仆,《史记》、《汉书》有"家人子",犹"家人","子"是词尾。本文以文献释读为证,从训诂的角度对"家人"、"家人言"、"家人子"做出新的解释,也纠正了前人对有关这些词语的例句的错误认识,从而对相关历史文献做出正确解释。这是训诂明则"经"义明的路子。文章对词义的考证溯源理流,结合历史实际,从词的本义出发,根据社会历史文化追溯词义引申发展脉络。词义演变与历史文化相结合,把古汉语词义作为文化历史化石,语言史与社会发展史、文化史相结合,这是训诂明则历史文化明的路子和方法。语言文字的研究和考证,需要并且可以更多地为社会历史的研究服务,以丰富其内涵、使之焕发新鲜的生命力,但是这需要以客观求实的态度和认真扎实的考据为基础,以免主观任意。这一点是极为重要的,在当今时代尤其重要。

关键词： 家人　人家　家人言　主家　庶人　窦太后

在先秦两汉,"家人"乃常用词。注家多有随文解诂。现有几种涉古的大型辞书,如《辞源》、《辞海》、《汉语大词典》、《汉语称谓大词典》均立专条,详加解释。明末清初方以智《通雅·称谓》也有"家人"条目,清道光年间俞正燮《癸巳存稿》卷七有"家人言解",近人杨树达《汉书窥管》卷一"有两龙见兰陵家人井中"条也对"家人"的诸多例句进行了讨论,钱钟书《管锥编·史记会注考证·儒林列传》在讨论"家人"一词时,批评"俞说似深文",赞同"家人谓匹夫、庶民"说,2003 年第 3 期《语文研究》发表了赵彩花的《〈史记〉、〈汉书〉"家人"解》。综览各种资料,对某些句中的"家人"究竟应作何解,往往互相抵牾;

甚至"家人"到底有几个义项,各义项产生的时代,四种辞书的处理也同中有异。也就是说,"家人"一词的解诂,至今仍是诸说纷纭,莫衷一是。原因之一是颜师古等人对"家人"的注释就欠准确,后人亦多受其误导;但最根本的原因是注家及辞书编撰者往往因循旧说,未考镜源流,进行系统探求。

"家人"作为一个具有社会、伦理意义的常用词有三个不同的来源。三个来源之间既有联系,又有性质上的差别。解诂者往往将来源不同的"家人"混为一谈,加之又不明白"家人"与"庶人"也是既有联系又有区别这样的事实,于是错解文句,扞格难通,即使是通人大家之言,或亦非的诂也。

一

来源之一是《诗经·周南·桃夭》的"宜其家人"。毛《传》释"家人"为"一家之人"。郑《笺》略有不同,他说:"家人,犹室家也。"《正义》加以发挥说:"桓十八年《左传》曰:'女有家,男有室。'室家谓夫妇也。此云'家人','家'犹夫也,犹妇也。"依此解,"家人"谓夫妇二人,诗意乃赞美"男女以正,婚姻以时"。

毛、郑二说并不矛盾。夫妇为家庭之本,郑说强调了家庭核心成员的作用,强调了婚姻为人伦之始。而毛《传》的解释,正如陈奂所言:"此逆辞释经之例。"陈奂还指出:

  此篇上二章就嫁时言,末章就已嫁时言。《礼记·大学篇》引末章而释之云:"宜其家人,而后可以教国人。"正所谓家齐尽宜之道也。《传》意实本《大学》为说。

              (《诗毛氏传疏》卷一,16页,万有文库本,商务印书馆,1930年)

现代辞书中的"家人"都有"一家之人"、"家中的人"这个义项,即源自"宜其家人"。从古至今,此义一直保存。

但,"一家之人"乃全称,"家中的人"乃特指。后者是前者的引申。如:

《汉书·外戚传·孝景王皇后》:"初,皇太后微时所为金王孙生女俗,在民间,盖讳之也。武帝始立……乃车驾自往迎之。其家在长陵小市,直至其门,使左右入求之。家人惊恐,女逃匿。"(《汉书》卷九七上,3947—3948页)

《汉书·五行志中之上》:"其后帝(指成帝)为微行出游,常与富平侯张放俱称富平侯家人,过阳阿主作乐,见舞者赵飞燕而幸之。"(《汉书》卷二七中之上,1395页)

例一为"一家之人",指全家;例二指"家中的人",即富平侯家里的人。

"一家之人"又引申为"人家",即"凡人之家"。

例一,《左传》哀公四年:"蔡昭侯将如吴……诸大夫恐其又迁也,承公孙翩逐而射之,入于家人而卒。"《正义》释"家人"为"凡人之家"。(《十三经注疏·春秋左传正义》2158页)

例二,《史记·汲黯传》:"河内失火,延烧千余家,上使黯往视之。还报曰:'家人失火,屋比延烧,不足忧也。'"(《史记》卷一二〇,3105页)这里的"家人"也即"人家","凡人之家"(意为非官府)。

例三,《汉书·惠帝纪》:"春正月癸酉,有两龙见兰陵家人井中。"(《汉书》卷二,89页)此"家人"亦"人家"义。钱大昭在《汉书辨疑》中指出:

> 家人,《汉纪》(荀悦著)作"人家"。案《五行志》:"癸酉,有两龙见于兰陵廷东里温陵井中。"(见《汉书》卷二七下之上,1466页)则作"人家"者是。

(《汉书辨疑》卷一,8页)

此例颜师古释为"庶人之家"[1];"刘向以为龙贵象而困于庶人井中"(《汉书》二七下之上,1466—1467页)。他们所说的"庶人"也就是"凡人",普通"人家"。杨树达批评"钱说非也"(《汉书窥管》卷一,30页),将"人家"与"庶民"对立起来,似不妥。

但"凡人之家"并不是在一切情况下都等于"庶人之家"。请看下面三例。

例一,《汉书·佞幸传·董贤》:

> (王)闳为(董)贤弟驸马都尉宽信求(萧)咸女为妇,咸惶恐不敢当,私谓闳曰:"董公(指董贤)为大司马,册文言'允执厥中',此乃尧禅舜之文,非三公故事,长老见者,莫不心惧。此岂家人子所能堪耶!"闳性有知略,闻咸言,心亦悟。乃还报恭(恭,董贤之父),深达咸自谦薄之意。

(《汉书》卷九三,3738页)

颜师古说:"家人犹言庶人也。盖咸自谓。"(3738页)颜说欠妥。

萧咸何许人也?萧咸为王闳岳父,乃"前将军望之子也,久为郡守,病免,为中郎将",故"(董)贤父恭慕之,欲与结婚姻"(3738页)。萧咸也是高官,即使"自谦",也非"庶人"可比。这里的"家人"只能解释为"凡人之家",因为当时的董贤"权与人主侔"。萧咸与之相比,"自谦薄"为"凡人之家",有不敢高攀之意。"家人子"无疑非萧咸实际身份。

例二,《盐铁论·崇礼》:

> 大夫曰:"夫家人有客,尚有倡优奇变之乐,而况县官乎?"(县官:指天子)

杨树达《盐铁论要释》:"汉人谓庶民为家人。"(70页,上海古籍出版社,2007年)将此"家人"与"庶民"画等号,甚为不当。案之此例中的"家人",只可释为"凡人之家",而非"庶民"。"庶民"招待客人如有"倡优奇变之乐",这是什么样的"庶民"?"庶民"多是农民,无任何官阶爵位。能享有"倡优奇变之乐"者,无疑属于上层社会人士,可对"县

---

[1]《汉书》卷二,第89页,颜注,中华书局,1962年。

官"(天子)而言,他们当然就是平常人家了,但绝不是"庶人"。

例三,《汉书·谷永传》:

> 陛下(指成帝)弃万乘之至贵,乐家人之贱事。

(《汉收》卷八五,3461页)

颜师古曰:"谓私畜田及奴婢财物。"依颜注,这里的"家人"也只能解释为"凡人之家",一般"庶民"可以"私畜田及财物",如有"奴婢",这就跟"庶民"的社会地位不相符合了。

二

现在,我们谈"家人"的第二个来源,即《周易》中的"家人"。

各辞书均将此"家人"作为独立义项,这无疑是正确的。而《辞源》无释义,只说此乃"《易》卦名"。《汉语大词典》指出:"内容是论治家之道。"此释义也不得要领。

如果仅从卦名而言,的确看不出此"家人"与《诗经》中的"家人"有什么不同。朱熹的《周易本义》就说:"家人者,一家之人。"这个释义与此卦的精神实质全然不符,不可信。原来这里的"家"已非家庭之家,乃特指妇、妻。"家人"就是妇人、妻子。

《左传》僖公十五年晋国卜筮之史有占辞说:"逃归其国,而弃其家。"

杜注:"家谓子圉妇怀嬴。"《正义》:"夫谓妻为家,弃其家谓弃其妻,故为怀嬴也。"[2]

屈原《离骚》:"固乱流其鲜终兮,浞又贪夫厥家。"王逸注:"妇谓之家……贪取其家,以为己妻。"[3]

此两例乃"家"有"妇"、"妻"义之确证。

从《家人》卦的内容来看,也不是对"一家之人"而言的,所言全属妇女问题。

《家人》的卦象为离下巽上:☲[4]。这个卦象的符号意义是什么?六二、六四为阴爻。"巽一索而得女,故谓之长女。""离再索而得女,故谓之中女。"[5]

《家人》的卦辞为:"利女贞。"马融曰:"家人以女为奥主,长女、中女各得其正,故特曰'利女贞'矣。"(《周易集解》卷八,1页)王弼对"彖"辞"女正位乎内,男正位乎外"的解释是:"家人之义,以内为本者也,故先说'女'矣。"(同上引)

马、王的注很明确:"家人"卦的内容不是泛言"治家之道",而是讨论为妇之道的。

---

[2]《十三经注疏·春秋左传正义》,第1806页,中华书局,1980年。
[3]《楚辞补注》上册,第17页,中华书局,1957年。
[4]《十三经注疏·周易正义》卷四,第50页,中华书局,1980年。
[5]《十三经注疏·周易正义·说卦》卷九,第94页,中华书局,1980年。

用今天的观点来看,就是在家庭范围之内如何管束妇女,让家庭主妇自觉自愿地处于被压制的地位。于是,第一爻的爻辞就毫不客气地提出了:

初九　闲有家。悔亡。

此话是什么意思？表述了什么样的传统伦理观念？下面我们引述王弼、欧阳修、王夫之、朱骏声等人的有关言论来作答辞。

王弼注:

> 凡教在初,而法在始。家渎而后严之,志变而后治之,则悔矣。处家人之初,为家人之始,故宜必以闲有家,然后悔亡也。
>
> 　　　　　　　　　　　(《十三经注疏·周易正义》38页,中华书局,1980年)

"教"的对象是谁？家"法"管的是谁？"家渎"的原因在谁？谁"志变"了？谁"处家人之初"？谁"为家人之始"？全部矛头均指向一个目标:女子。或曰家庭中新嫁过来的女子。

欧阳修撰《新五代史》,将宗室后妃传称之为《家人传》,其理论根据就来自《周易·家人》。他在《梁家人传》序文中说:

> 梁之无敌于天下,可谓虎狼之强矣。及其败也,因于一二女子之误。至于洞胸流肠,刲若羊豕,祸生父子之间,乃知女色之能败人矣。自古女祸大者亡天下,其次亡家,其次亡身,身苟免矣,犹及其子孙,虽迟速不同,未有无祸者也。然原其本末,未始不起于忽微。《易·坤》之初六曰:"履霜,坚冰至。"《家人》之初九曰:"闲有家,悔亡。"其言至矣,可不戒哉!
>
> 　　　　　　　　　　　(《新五代史》卷十三,127页,中华书局,1974年)

"女祸"历史观,从夏商周至近现代,一直被男权统治者奉为圭臬,从未动摇。防范的药方就是《周易》时代已经总结出来的三个大字:"闲有家"。欧阳修的这篇序文就是用男权史观剪裁历史事实为"闲有家"作注脚的。

何谓"闲"？下引朱骏声文会谈到。我们先问:为什么对女子要"闲",何以"闲"？这就要听王夫之的慷慨陈词了。王夫之说:

> 闲之于下,许子以制母；威之于上,尊主以治从；而后阴虽忮忌柔慢以为情,终以保贞而勿失矣。
>
> 　　　　　　　　　　　(《周易外传·家人》913页,岳麓书社,2011年)

又说:

> 《家人》中四爻(盈按:指代表男位的初九、九三、九五、上九四阳爻)皆得其位,而初、上(指初九、上九)以刚"闲"之,阳之为德充足而无间,御其浮游而闲之之象也,故化行于近,而可及于远……

……而知为家之道,唯女贞之为切也。阳之德本和而健于行,初无不贞之忧;所以不贞者,阴杂其间,干阳之位,而反御阳以行,是以阳因失其固有之贞而随之以邪。岂特二女之嫔虞,太姒之兴周,妹(应作妹)喜、妲己、褒姒之亡三代,为兴衰之原哉!即士庶之家,父子兄弟天性之合,自孩提稍长而已知爱敬,其乖戾悖逆因乎气质之凶顽者,百不得一也。妇人一入而乱之,始之以媚惑,终之以悍鸷,受其惑而制于其悍,则迷丧其天良,成乎凶悖,而若不能自已。人伦斁,天理灭,天下沦胥于禽兽,而不知其造端于女祸。圣人于此惧之甚,戒之甚,而曰"利女贞",言女贞之不易得也。女德未易贞,而由不贞以使之贞,唯如"家人"之"严君",刚以闲之,绝其媚而蚤止其悍,使虽为"哲妇"[6]、"艳妻"[7],而有所制而不得逞。……

"闲"者,御其邪而护之使正也。家人本无不正,尤必从而闲之,谨之于微,母教也。虽若过于刚严,而后悔必亡。

(《周易内传·家人》卷三,312、313、315 页,岳麓书社,2011 年)

依照王夫之的逻辑,阳德原本"和而健于行,初无不贞之忧",阳之所以"失其固有之贞",都是阴干阳位造成的。因此,妇人是犯有"原罪"的。呜呼!在西方的《圣经》中亚当和夏娃都犯有原罪,而中国的《易经》中,亚当本无"不贞之忧","不贞者"乃夏娃,夏娃自己"不贞"使亚当也"不贞"。这也是中西文化传统的巨大差异。

王夫之也全盘接受了男权社会对妹喜、妲己、褒姒的诬枉之辞,并进而推论到"士庶之家",父子兄弟间之所以有"乖戾悖逆"的"凶顽"之徒,全是由于"妇人一入而乱之"。弄得家不家,国不国,人伦天理丧灭,"天下沦胥于禽兽",这样的"家人"还不该"闲"之而又"闲"之吗!可是,唐太宗率长孙无忌等于玄武门诛杀皇太子建成、齐王元吉,胁迫其父让位;雍正残酷迫害杀戮自己的亲兄弟,还有数不清的"人伦斁,天理灭",行同禽兽的故事,有几件是"妇人一入"造成的呢?细读历史就知道:妹喜、妲己、褒姒之类的人物,多数是受害者,即使有罪,也应该与亚当相提并论才公正呀。亚当、夏娃这一对"家人",岂可随意轩轾!

《家人》卦标榜的是"利女贞",而数千年来,此卦对妇女真是有万害而无一"利"!国内外那么多易学大师,有谁能为中国的夏娃鸣不平?

《家人》中的妇女观早已浸透了国人的骨髓,不仅奉为经典,而且深入到民间俗谚中去了。

19 世纪的朱骏声是《说文》大家,介绍一下他对"闲有家"的解诂,对我们了解《周易》的"家人"一词是会有帮助的。他说:

---

[6]《诗·大雅·瞻卬》:"哲妇倾城。"
[7]《诗·小雅·十月之郊》:"艳妻煽方处。"毛《传》:"艳妻,褒姒。"

牖户之内谓之家。闲，阑也。木设于门，所以防闲也。处家宜和，治家宜严，颜之推曰："教子婴孩，教妇初来。"此之谓也。

（朱骏声《六十四卦经解·家人》卷五，160页，中华书局，1958年）

这里要说明的是：朱氏所引颜之推云云，并不是颜氏个人的言论。此话出自颜之推的《颜氏家训·教子》篇。原文作：

俗谚曰："教妇初来，教儿婴孩。"

"教妇初来"的"俗谚"与"初九"爻辞"闲有家"，意思完全一致。所谓"教"，就是诸多禁忌，诸多防范，诸多服从。一言以蔽之曰"闲"。

行文至此，我相信我已经把《家人》卦的确切含义弄清楚了。现在要做的就是拿语言材料来证明。下面两个例子在古代都是很有影响的。

例一，取自《汉书·游侠传·原涉》：

或讥（原）涉曰："子本吏二千石之世，结发自修，以行丧推财礼让为名……何故遂自放纵，为轻侠之徒乎？"涉应曰："子独不见家人寡妇邪？始自约敕之时，意乃慕宋伯姬及陈孝妇，不幸壹为盗贼所污，遂行淫失，知其非礼，然不能自还。吾犹此矣！"

（《汉书》卷九二，3715页，中华书局，1962年）

这是一段名言，也是一个名典。南宋戴埴《鼠璞·柳子厚文》（丛书集成初编本，43页）、俞文豹《吹剑录》"原涉"条（10页）、清人钱大昕《十驾斋养新录·河间传》条，都认为柳宗元的小说《河间传》，"盖本于此"，"其意正相类"。

妇人河间，原本是一个很"有贤操"的女子，"自未嫁"至"既嫁"，"谨甚，未尝言门外事"，恪守为妇之道，"以贞顺静专为礼"，是当地声望甚佳的模范"新妇"，后因"族类丑行者""必坏之"，逐渐堕落为"淫妇人"[8]。戴埴等人将柳宗元这篇小说溯源于原涉的"家人寡妇"论，完全正确。可我现在要进一步提问：原涉所谓的"家人"又出自何处？答案只有一个：出自《周易·家人》。原涉的话正好是"初九，闲有家"及俗谚"教妇初来"生动、贴切的演绎。

可是，杨树达谓"家人谓庶民，汉人常语"时，亦举原涉此话为证（《汉书窥管》卷一，31页），这显然是讲不通的。不唯"庶民"与"寡妇"不能相提并论，而且下文"壹为盗贼所污，遂行淫失"，也与"庶民"毫不相干。何谓"污"与"淫"，柳宗元笔下的河间即是一例。唯一可信的结论，原涉所谓的"家人"只能是"利女贞"之"女"，"教妇初来"之"妇"，也就是《河间传》中称之为"新妇"的已婚女子。总而言之，是妇道人家。

---

[8]《柳河东集·外集·河间传》卷上，67页，商务印书馆国学基本丛书简编本。

例二，这个例子涉及到本文副标题中所谓的"女强人窦太后"。

  窦太后好《老子》书，召辕固生问《老子》书。固曰："此是家人言耳。"太后怒曰："安得司空城旦书乎？"乃使固入圈刺豕。景帝知太后怒而固直言无罪，乃假固利兵，下圈刺豕，正中其心，一刺，豕应手而倒。太后默然，无以复罪，罢之。居顷之，景帝以固为廉直，拜为清河王太傅。久之，病免。
（《史记·儒林列传·辕固生》3123页，中华书局，1959年）

这是一段气氛相当恐怖而又妙趣横生的史文，今日读来犹如身临其境。现场人物有三：窦太后、书呆子辕固先生、汉景帝。还有一只猪。古今中外，以刺豕来对决学术胜负，大概仅此一例吧。窦太后的狂野风度，可谓空前绝后。

全部矛盾是由"家人"这个词引起来的。

司马贞《索隐》："服虔云：'如家人言也。'案：《老子道德篇》近而观之，理国理身而已，故言此家人之言也。"（《史记》3123页）

《汉书·辕固传》师古注："家人言僮隶之属。"（《汉书》卷八八，3613页）

俞正燮《癸巳存稿·家人言解》："宫中名家人者，盖宫中无位号，如言宫女子、宫婢。……'家人言'本意谓仁弱似妪媪语，而家人又适为宫中无位号者……窦太后始为家人，故怒，怒其干犯，非仅以有仁弱之讥也。"[9]俞说与颜注接近，"宫婢"与"僮隶"无本质差别。

杨树达谓"家人谓庶民"，亦举此例为证。杨说与颜、俞大不相同。博学多闻的钱钟书为了证明此例之"家人"即"人家"，即"匹夫"、"庶人"之义，还援引魏收《魏书·崔浩传》浩论《老子》曰："袁（盈按：原书作韦，钱先生误为袁）生所谓家人筐箧中物，不可扬于王庭也！"（钱说见《管锥编》第一册，372页，中华书局，1979年）崔浩说的"韦生"，为三国时的韦曜。曜在回答孙晧问"瑞应"时说："此人家筐箧中物耳！"（《三国志·吴书》1462页）应该说，韦曜所说的"人家"与袁固所说的"家人"毫无关系。而崔浩改"人家"为"家人"，又与批判老庄之书联系起来，已与韦氏原意大不相同，倒是与辕固相呼应了。所以，我认为这个"家人"未必不是指妇道人家。何谓"筐箧中物"？当然不是指书本或男士的衣物，应该跟妇女有关。《周易·归妹》"女承筐"，《诗·豳风·七月》"女执懿筐"。"筐"也可以是妇女盛衣物的箱子。这里"筐箧"连用，喻老庄书为妇女所用衣物，"故不可扬于王庭也"（《魏书·崔浩传》812页）。

现代辞书举辕固语证时，多取颜注。如《辞源》、《汉语大词典》、《汉语称谓大词典》均释为"仆人"、"仆役"。《辞海》"家人"的义项③"旧时称仆人"，只举《红楼梦》中的例子为证，大概是有意回避"家人言"这个例子吧。杨氏的"庶民"说也有一定的影响。如台

---

[9]《癸巳存稿》卷七，第199页，辽宁教育出版社，2003年。

湾六十教授合译的《白话史记》译为：

> 这只是庶人之言罢了。

（《白话史记》下册，1051页，岳麓书社，1987年）

从服虔到杨树达、钱钟书，对辕固这句"家人言"有四种不同的解释。不仅杨、钱不同于颜，司马贞与服虔也是不同的。司马的案语似乎是对服注的申说，实则大相径庭，下文再细说。

辕固这句话为什么如此难解呢？

如果仅从字面求解，必然难以定论。只有联系当时的环境，深入分析窦、辕、景帝三人的情态，尤其是景帝与窦、辕的微妙关系，这个谜是不难破译的。

矛盾的主要方面是窦太后。

窦太后这个人物，无论从哪种意义来说，都是值得一论的。本文副标题说她是"女强人"，是从身世、政治权力、学术专制三方面来立论的。

窦太后乃汉初赵地清河郡观津县人。景帝年间观津又划归分置的信都国，其地在今之衡水市武邑境内。"吕太后时以良家子选入宫"，这是《汉书·外戚传》的说法；《史记·外戚世家》不用"选"字，只说"以良家子入宫侍太后"。《汉书》的表述远不如《史记》准确。窦氏的出身是很凄苦的，早年丧父，其弟四五岁被人"略卖"，家贫且贱。她的入宫实为生活所迫，与"选"妃子根本不是一回事。《史记》说"侍太后"，表明了她的身份只不过是吕后的贴身丫头，与《红楼梦》里的鸳鸯、平儿差不多。

可窦丫头运气实在太好了，幸福之花似乎专为她而开。她碰上了一个有利于自己攀升的时代，当时的皇帝们不计较后妃的出身门第，故"汉初妃后多出微贱"[10]。她又碰上"太后出宫人以赐诸王"的机会，她原本想"如赵，近家"，结果却被主持此事的宦者"误置代伍中"，感谢上苍这一"误"，"至代，代王（即后来的文帝）独幸窦姬"。"独幸"的原因似非色与艺，按年龄她应该长于代王，之所以取得代王"独幸"，恐怕与其少也贱，故谦谨、历练、勤敏，善于体贴年轻的代王有关。她又为年轻的代王生了一个儿子，即后来的景帝。上帝又让她一枝独秀，代王王后及王后所生四男全都自然死亡，故代王立为皇帝时，景帝没有任何竞争就被立为太子，窦姬也理所当然地成为皇后。文帝崩，景帝立，窦皇后就成了皇太后；景帝崩，武帝立，她成了太皇窦太后。她卒于武帝建元六年（前135年）。文帝去世之后她还活了22年。这22年中，她管着儿子（景帝）和孙子（武帝），直接干预朝政，操纵学术方向，功大于过，所谓"文景之治"，窦氏乃关键人物。如果从立为皇后之日（前179年）算起，她在位有45年之久，始终未离开权力中心、学术中心。她既保护了景帝、武帝（即位时才16岁），又必然

---

[10] 赵翼《廿二史劄记》卷三，第46页，辽宁教育出版社，2000年。

会和自己的儿子、孙子在政见及学术趣味上产生种种矛盾。

在窦太后与辕固这场火药味极浓的学术论战中，同时也暴露了儿子景帝与母亲窦太后之间存有不可明言的矛盾。书呆子辕固敢于当面口出狂言顶撞窦太后，而又没有被窦太后整死，留下了一条老命，居然还拜为太傅，显然是景帝为他撑腰，巧妙地保护了他。景帝为什么不站在母亲一边打压辕固反而支持辕固呢？

就学术趣味而言，景帝乃至后来的武帝，都不喜欢黄老之言。道理很明显，儒术是为加强巩固君权服务的；黄老之言只能削弱君权，有利于母后干政。《外戚传》说得很清楚：

> 窦太后好黄帝、老子言，景帝及诸窦不得不读《老子》尊其术。
>
> 　　　　　　　　　　　　　　　　（《汉书》卷九七，3945 页）

"不得不"三字显示了母后的威权，也道出了景帝无可奈何的处境。景帝即位时已经 32 岁了，身后还站着这样一位强势母亲来管着自己，帝王的权威何在！他多么渴望用儒术来为自己的皇权造声势，辕固这样的儒术中坚正是反对妇人干政、皇权的铁杆捍卫者，他能不保护辕固吗！

这母子二人更深层的矛盾还不在学术取向，而在"窦太后心欲以孝王为后嗣"[11]，这是景帝无论如何不能容忍的。窦太后为文帝生了两个儿子，小儿子即梁孝王刘武。太后偏爱这个小儿子，必欲以刘武来继景帝位，梁王也因此无法无天，派出刺客杀害朝中那些反对由他"为后嗣"的"议臣"。当景帝要查办刺客且"由此怨望于梁王"时，梁王有意"匿于长公主园"，造成失踪假象。太后泣曰："帝杀吾子！"后来梁王薨，"窦太后哭极哀，不食，曰：'帝果杀吾子！'"[12]给景帝造成极大压力。

不难理解，学术趣味的对立正是皇权遭遇母后挑战的意识形态化。按儒学的机制，妇人是不能干政的；君为臣纲，子承父业，梁孝王的行为完全违背了"三纲"学说。

讲清了这些背景、关系之后，我们应该明白了：辕固说的"此是家人言耳"，乃一语双关，有双重指向性。既指向《老子》其书，也指向窦太后其人。

所以，这里的"家人言"就是指妇人之言，即妇道人家的见解。

辕固一语出口，捅了马蜂窝。此言刺伤了太后的自尊心，直挑太后的价值观。

从表层意义来看，是说《老子》提倡"无为"、"不争"，提倡"绝学无忧"，"以贱为本"[13]，提倡"无为自化，清静自正"[14]，等等，全是妇人之见。从深层看，窦太后原本就有过"家

---

[11]《史记·梁孝王世家》卷五八，第 2084 页，中华书局，1959 年。
[12] 同上书，第 2086 页。
[13] 见《老子》。
[14]《史记·老子传》卷六三，第 2143 页。

人"(宫婢)经历,如今虽然能管着皇帝,一个无法改变的事实是,她还是女人身。女人不宜过问朝政的礼制,她当然心知肚明。窦太后焉能不愤怒! 她的回答充满了杀机:到哪里去找让罪人"司空城旦"读的书呢!

辕固这个时候应该是七八十岁的老年人了[15],要辕固去"刺豕",无异于让他去送死。好在景帝"假固利兵",又好在那头猪"应手而倒",才"无以复罪"。设若辕老头子遭遇的是王小波笔下那种"特立独行的猪",他就死定了。即或不死,也得与"城旦"为伍了。

这绝对不是危言耸听。武帝初年,窦老太太还逼死了两位儒生。《史记·儒林列传》有明文记载:

> 太皇窦太后好老子言,不说(yuè)儒术,得赵绾、王臧之过以让上(斥责武帝),上因废明堂事,尽下赵绾、王臧吏,后皆自杀。
>
> (《史记》卷一二一,3122页)

《汉书·武帝纪》于建元二年(前139年)也记载了赵绾、王臧自杀事件。应劭有一条很重要的注:

> 礼,妇人不豫政事,时帝已自躬省万机。王臧儒者,欲立明堂辟雍。太后素好黄老术,非薄《五经》。因欲绝奏事太后(即不再向太皇太后奏事),太后怒,故杀之。
>
> (《汉书》卷六,157页。案:"请毋奏事太皇太后"者,乃御史大夫赵绾。因此案受牵连的丞相窦婴、太尉田蚡均被免职。武帝本人也受到皇太后的警告,要他设法取悦太皇窦太后。)

将应劭此注与服虔在《史记·儒林传》中那条注联系起来分析,我们就会发现:在颜师古之前的东汉,应劭、服虔他们对辕固说的"家人言"还是能正确理解的。

《索隐》引服虔云:"如家人言也。"比原文只多了一个"如"字,几乎是同语反复,等于没有解说。

没有解说就是解说。他没有用"僮仆"或"庶人"来作注,就已经证明:辕固所说的"家人"既非仆人也非平民。"家人"就是"家人",而"老子言"毕竟不就是"家人言",所以要加个"如"字。"如"什么呢?"如"《周易》中的"家人",即妇人。

应劭并未给辕固的话作注,而他指出了"礼,妇人不豫事",事实上就是拿儒家"闲有家"的根本大法来指责窦太后。

有"闲"者就有被"闲"者。辕固、应劭、服虔乃至景帝,在理论上都是"闲"者,而窦太后在理论上却处于被"闲"者的地位,可事实上实权为窦太后所牢牢控制。这就如同王夫之说的:"阴杂其间,干阳之位,而反御阳以行。"辕固、景帝作为"闲者",就是要"御其

---

[15] 汉武帝元光五年(前130年)辕固90余岁。见《资治通鉴》卷一八,第602页。

邪而护之使其正也。"正如王夫之所言：

    闲之于下，许子以制母；威之于上，尊主以治从。

  "家人言"三字，涉及到辕固本人、窦太后、景帝这三个人的核心价值观。因此，辕固不能不"直言"，窦太后不能不发"怒"，景帝不能不保护辕固"以制母"，全都取决于核心利益。看似闹剧，实则各有大义存焉。

  辕固要捍卫的是儒术的核心价值——三纲学说；窦太后要维护的不只是自己的权威，还有政权的稳定；景帝要维护的是手中的皇权，他与辕固有共同的契合点。

  所以，将这里的"家人"释为"僮隶之属"，既与《老子》一书的内容不切合，也有悖于当时的语言环境、人物身份。辕固虽然敢于"直言"，还不至于以"僮隶"来直射太后，这样的用语也不符合其儒者的身份、学术理念；再则，景帝虽与其母在内心深处有某些龃龉，但绝不可能容忍辕固以"僮隶"这样的恶语来伤害自己的亲生母亲，为人子者岂能听了"尔母，婢也"这样的攻击还能肯定其"直言无罪"吗？如果自己的母亲喜欢的是"僮隶"之言，景帝本人岂不成了"家人"子吗？景帝的现场反应是解开"家人"之谜的重要依据。

  为什么"庶民"说也是错的呢？如果辕固说的"家人"就是"庶民"，窦太后犯不着如此怒不可遏，犯不着用"使固入圈刺豕"的狂野手段来决此争端，而且《老子》学说也不代表"庶民"的主张，辕固也没有必要拿"庶民"来说事，儒家什么时候反对过"庶民"呢！

  我既非帝党，也非后党，更不是辕派，只是就事论事而已。

  就事实而言，用人性的眼光来看历史，所谓"闲有家"，所谓"礼，妇人不豫政事"，以及所谓"家人之言"，都是违背人性、大成问题的。而中国数千年的史书都是男性写出来的，是非折衷于夫子，几乎听不到妇女的声音。窦太后是第一个敢于公然"非薄《五经》"的女性，是第一个批判"儒者文多质少"[16]的女性，是第一个用"刺豕"的方法来处罚儒生的女性。说她是女强人，是女中豪杰，我以为不算过分。

  据《妒记》一书记载，晋代谢安的刘夫人反对谢安"立妓妾"，有人拿《关雎》、《螽斯》"有不忌之德"来讽喻。这位刘夫人乃问："谁撰此诗？"答云："周公。"夫人曰："周公是男子，相为尔。若使周姥撰诗，当无此也。"[17]尽管周祖谟师的老丈人、也是我的乡先贤余嘉锡先生"疑是时人造作此言，以为戏笑耳"[18]，而"戏笑"之言也道出了颠扑不破的真理。

  同理，我们也可以替窦太后发问：应劭所谓的"礼"是谁制的？答案也是："周公"。

---

[16]《资治通鉴·汉纪九》武帝建元二年，卷一七，第564页。
[17]《艺文类聚·人部·妒》卷三五，615页，上海古籍出版社，1965年。
[18] 余嘉锡《世说新语笺疏》，第696页，中华书局，1983年。

窦太后一定会说:"若使周姥制礼,当无'妇人不豫政事'之理也。"

要之,"妇人之见"与男子之见,不论高下如何,从话语权而言是同等的,是神圣不可侵犯的。

何况,汉朝初年,经连年战乱之后,民不聊生,社会破败,黄老的清静无为之术,有利于休养生息,恢复元气,促进社会稳定。"文景之治"就可以为证。在中国历代的皇帝中,汉文帝是体恤民生疾苦,严格节俭克己的典范,那是一个大体上没有贪官没有酷吏的时代,黄老术岂能一概否定。文帝死后,窦氏作为母亲监督景帝,景帝死后又以祖母太皇太后的身份,监管16岁的小孙子武帝,她不也是为了刘氏王朝能平安无事吗?她在干预朝政时也有各种各样的错误,尤其是褊祖梁孝王,对儒生过于严酷,都无益于社会发展,可人世间有不犯错误的统治者吗!

不得不指出的是,窦太后一驾崩,武帝就迫不及待地"绌黄老、刑名百家之言,延文学儒者数百人"[19],汉王朝从此进入了矛盾重重的多事之秋。可以说,窦太后之死,标志着一个清静无为时代的结束,也意味着儒术独尊的开端。研究中国学术思想史,如果抛开窦太后不论,历史的拐点就成了盲点,我说的不对吗?

三

最后,我们讨论"家人"的第三个来源。在封建制度时代(指周王朝的封土建国),天子诸侯曰国,卿大夫曰家。家有主,有隶属于主家的奴仆。具有这种隶属身份的人就是"家人"。封建制度崩溃之后,各色各样的"家主"还存在,奴仆也一直存在。所以,"家人"的奴仆义在整个古代社会也一直存在。这个"家"字既不是"家庭"之家,也不是特指"妇"、"妻",而是指"主家"。《汉书·外戚传·孝文窦皇后》说:"(窦后之弟)少君独脱不死。自卜,数日当为侯。从其家之长安,闻皇后新立,家在观津,姓窦氏。"[20]何谓"从其家"?颜师古注:"从其主家也。"这时候的少君就是奴仆,是隶属于"之长安"的主家的奴仆。靠其姊为皇后的关系,一夜之间由奴仆而封侯,身份产生了质的变化。

古代的僮奴大体上有四个来源。

一是战俘。俞正燮说:"《史记》列国《世家》所谓'家人',即奴虏。"[21] "奴虏"意为以俘虏为奴(引申为泛指奴隶)。

---

[19] 《史记·儒林列传》,第3118页。
[20] 《汉书》卷九七上,第3944页。
[21] 俞正燮《癸巳存稿》卷七,第199页,辽宁教育出版社,2003年。

《史记·鲁周公世家》:"二十四年,楚考烈王伐灭鲁。顷公亡,迁于下邑,为家人,鲁绝祀。"[22]

日人泷川资言《史记会注考证》引冈白驹曰:"家人,齐民也。"又引韦昭云:"庶人之家也。谓居家之人无官职也。"[23]

《史记·晋世家》:"静公二年,魏武侯……灭晋后而三分其地。静公迁为家人,晋绝不祀。"[24]

泷川资言《会注考证》云:"家人,庶人也。"[25]

这两例中的"家人",《会注考证》的释义均与俞说相矛盾。我以为《史记》用"家人"而不用"庶人",说明这两个词是有原则性区别的。如果仅仅是削职为民,可以说是"免为庶人"或"废为庶人",而鲁顷公、晋静公都是亡国之君,为敌方所俘,与"居家之人无官职"者大不相同,他们不仅失去了土地,失去了君位,更重要的是失去了人身自由。比较而言,我以为俞之"奴虏"说是可信的。

下面这个例子也是有分歧的。

《史记·魏豹传》:"魏豹者,故魏诸公子也。其兄魏咎,故魏时封为宁陵君。秦灭魏,迁咎为家人。"[26]

《汉书·魏豹传》将"迁咎为家人"五个字改为"为庶人"[27]。杨树达据此断言:"尤家人即庶人之明证。"[28]

事情恐怕不这么简单。《汉书》不只是改"家人"为"庶人",尤应注意的是删去了"迁"字。按《汉书》的文意是,秦灭魏国之后,魏咎变成了庶人,也就是平民。而按《史记》的文意,魏咎被强制迁徙到别的地方去了,这意味着他失去了人身自由,受到刑法制裁。

如果不是《汉书》编者所见的原始材料与《史记》不同,那么这种文字加工就完全是错误的。《汉书》乱改《史记》,使《史记》的原意走样,这样的例子不少。

因此,我对杨树达所谓的"明证",不敢苟同。此例也应依俞说才是。

二是罪人。所谓"罪人"不见得都有罪,权势者认定他(她)有罪就成了"罪人"。也不是所有的罪人都等同于"家人",只有那些没入官府或豪门从而成为男女僮仆的人,或被废黜的后妃等同罪犯的人才有可能成为"家人"。如:

---

[22] 《史记》卷三三,第 1547 页。
[23] 《史记会注考证》卷三三,第 55 页,北岳文艺出版社,1999 年。
[24] 《史记》卷三九,第 1687 页。
[25] 《史记会注考证》卷三九,第 94 页,北岳文艺出版社,1999 年。
[26] 《史记》卷九〇,第 2589 页。
[27] 《汉书》卷三三,第 1845 页。
[28] 《汉书窥管》卷一,第 31 页,上海古籍出版社,2006 年。

《汉书·宣元六王传·东平思王宇》:"姬朐臑故亲幸,后疏远,数叹息呼天。宇闻,斥朐臑为家人子,扫除永巷,数笞击之。"[29]

颜师古对"家人子"的注释是:"黜其秩位。"[30]

这条材料要说明的有两点:"家人子"是一个词,并不等于"家人"的子女。此例中的"家人子"很显然是一个完整的称谓,不能拆开来讲。这个"子"是什么意思呢?《后汉书·王符传·浮侈篇》"葛子升越"注:"子,细称也。"[31]在"家人子"中"子"既表示年幼、细小,也表示地位低下,带有词尾性质,这是一;第二点,"家人子"是一种身份,据《汉书·外戚传》载:汉代宫廷女子共有 14 等爵位[32],而"家人子"在等外,是地位最低的仆人。朐臑斥贬为"家人子"的境遇也可以为证。颜注"黜其秩位"是对的。由"姬"黜为"家人子",身份、待遇、处境,有天渊之别。

《汉书·外戚传·中山卫姬》:"卫后(汉平帝之母)日夜啼泣,思见帝……(王)宇(王莽长子)复教令上书求至京师。会事发觉,莽杀宇,尽诛卫氏支属。卫宝(平帝之舅)女为中山王后,免后,徙合浦。唯卫后在,王莽篡国,废为家人。"[33]

由母后"废为家人",降为仆役,无以存活,故"岁余卒"。

在《外戚传》中,"庶人"与"家人"完全是两种不同的身份。请注意下列各例:

《孝昭上官皇后》:"且用皇后为尊,一旦人主意有所移,虽欲为家人亦不可得。"[34]

此例的"家人"颜师古注为:"言凡庶匹夫。"[35]当然也解得通。我以为这个"家人"与上例卫后"废为家人"意思一样,也是仆役。上官安(霍光女婿)的意思是:如果"谋杀(霍)光"、废除皇帝而立上官桀(安之父)的阴谋一旦败露,即使想当仆役也不可能,言外之意就是会招来杀身之祸。结果桀、安皆被处以死罪,皇后因为"年少不与谋",又是霍"光外孙,故得不废"[36]。

《孝成赵皇后》:"哀帝于是免新成侯赵钦、钦兄子成阳侯䜣,皆为庶人,将家属徙辽西郡。"[37]

又:"今废皇后为庶人,就其园。"[38]

---

[29]《汉书》卷八〇,第 3323、3324 页。
[30]《汉书》卷九七上,第 3959 页。
[31]《后汉书》卷四九,第 1635 页。
[32]《汉书》卷九七上,第 3935 页。
[33]《汉书》卷九七下,第 4009 页。
[34] 同上书,第 3959 页。
[35] 同上书,第 3960 页。
[36] 同上书,第 3959 页。
[37] 同上书,第 3996 页。
[38] 同上书,第 3999 页。

《孝元冯昭仪》:"上不忍致法,废为庶人,徙云阳宫。"[39]

又:"(宜乡侯)参女弁为孝王后,有两女,有司奏免为庶人,与冯氏宗族徙归故郡。"[40]

又:"(张)由前诬告骨肉,(史)立陷人入大辟……以取秩迁,获爵邑,幸蒙赦令,请免为庶人,徙合浦。"[41]

上述五例中的"庶人",皇后为"废",其余为"免",都是贬黜为平民。例中的"庶人"均不可改为"家人"。因为这两类人有性质上的差别。

所谓"上(哀帝)不忍致法",说明黜为庶人,并不是法律制裁。而"废为家人",就人身自由也没有了,户籍也没有了。

"庶人"乃"良人"、"良家子","家人"乃罪人,乃"奴婢",根本没有自己独立的户籍。据王仲荦考证,"奴婢上户籍始于北魏",但也只是"可以附载在主人的户籍之上"。(《蜡华山馆丛稿》,77页,中华书局,1987年)

"家人",也就是奴仆,其身份不等于"庶人",从元帝时贡禹上书所言也可以得到确证。他说:"诸官奴婢十万余人戏游亡事,税良民以给之,岁费五六钜万,宜免为庶人,廪食,令代关东戍卒,乘北边亭塞候望。"[42]"官奴婢"有男有女,均非民籍,与"家人"身份是一样的。所谓"免为庶人",即免除其"奴婢"身份使之成为"庶人"。汉高祖时也赦免过私家奴婢,诏曰:"民以饥饿自卖为人奴婢者,皆免为庶人。"(《汉书·高帝纪》,54页)。王后"免为庶人"是黜贬,而奴婢"免为庶人"是解放。

贡禹建议元帝解放奴婢以代戍卒,因为这些奴婢属于皇家。如不转换其身份,他们是不许离开皇宫的。

汉代的从军者也有民间富豪的"家人子"。《史记·冯唐传》云:

夫士卒尽家人子,起田中从军,安知尺籍伍符?

(《史记》卷一〇二,2759页)

例中的"家人子"应作何解?也有分歧。

司马贞《索隐》:"谓庶人之家子也。"[43]杨树达所谓的"家人谓庶民,汉人常语"亦举此例[44]。《汉语大词典》"家人子"有专条,第一个义项"平民的子女"即举此例[45]。此

---

[39] 《汉书》卷九七下,第4007页。
[40] 同上。
[41] 同上书,第3996页。
[42] 《汉书·贡禹传》卷七二,第3076页。
[43] 《汉书·冯唐传》颜师古注与《索隐》一字不差,第2315页。
[44] 《汉书窥管》卷一,第30页。
[45] 《汉语大词典》(缩印本)上卷,第2060页。

解有以今律古之嫌,在后代的文献中,"家人子"确有此义,但西汉时代冯唐所说的"田中""家人子",应从俞正燮解。俞云:

> 《冯唐列传》:"士卒尽家人子,起田中从军,安知尺籍伍符。"即苍头军亦私属,朱家买季布置之田是也。又与"七科谪"皆非民籍,故不知尺籍伍符。

(《癸巳存稿》卷七,199、200 页,辽宁教育出版社,2003 年)

俞正燮为了证明自己的观点,用了三种资料。一是由"家人子"组成的军队"即苍头军"。何谓"苍头"? 奴仆即苍头。《汉书·鲍宣传》:"奈何独私养外亲与幸臣董贤,多赏赐以大万数,使奴从宾客浆酒霍肉,苍头庐儿皆用致富! 非天意也。"注引孟康曰:"汉名奴为苍头,非纯黑,以别于良人也。"臣瓒曰:"《汉仪注》官奴给书计,从侍中已下为苍头青帻。"[46]第二条材料以季布为例。季布被汉高祖定为罪人,"罪及三族"。逃匿于濮阳周氏家。周氏为他设一藏身之计,即"髡钳季布,衣褐衣,置广柳车中,并与其家僮数十人,之鲁朱家所卖之。朱家心知是季布,迺买而置之田"[47]。朱家为高祖时大侠,"所臧活豪士以百数,其余庸人不可胜言"[48]。周氏一次卖给他的家僮就有"数十人"之多,可证汉初在"田中"从事劳动的"家人子"其数量之多不可胜记[49]。冯唐说"夫士卒尽家人子",这有什么奇怪的呢! 第三条材料是将"家人子"与"七科谪"相提并论。所谓"七科谪"[50],就是汉代的"黑七类"分子,"皆非民籍"而谪戍边疆。据《大宛传》张守节《正义》引张晏云,这七种人指吏有罪、亡命、赘婿、贾人、故有市籍、父母有市籍、大父母有籍等七类[51]。汉武帝时代,"贾人有市籍者,及其家属,皆无得籍民田,以便农。敢犯令,没入田僮"[52]。但在六七十年前冯唐与汉文帝对话时,还没有"禁兼并之涂"[53],那个时候戍边的"家人子"应来自豪门及商贾人家的"田僮"。俞正燮这三条材料可以确证,冯唐说的"家人子"非"庶人之家子"。而且,我在前文已说过,"家人子"为一词,司马贞将其拆开来解,已曲解了原意。"子"的词尾化迹象,王力先生认为:"在上古时代……特别是象《礼记·檀弓下》'使吾二婢子夹我'(疏:婢子,妾也。),只有把'子'字认为词尾,才

---

[46] 《汉书》卷七二,第 3090 页。
[47] 《史记·季布传》卷一○○,第 2729 页。
[48] 《汉书·游侠传·朱家》卷九二,第 3699 页。
[49] 汉武帝元鼎三年实行"告缗"法,"得民财物以亿计,奴婢以千万数,田大县数百顷,小县百余顷"(《汉书·食货志下》,第 1170 页)。
[50] 《史记·大宛传》:"发天下七科適(zhé),及载糒给贰师。"
[51] 《史记》卷一二三,第 3176 页。
[52] 《史记·平准书》卷三○,第 1430 页。
[53] 《汉书·武帝纪》卷六,第 180 页。注引文颖曰:"兼并者,食禄之家不得治产,兼取小民之利;商人虽富,不得复兼畜田宅。"

容易讲得通。"(《王力文集·汉语语法史》卷十一,11页,山东教育出版社,1990年)日人太田辰夫举的例子为《左传》僖公二十二年:"寡君之使婢子侍巾栉……"[54]

《史》、《汉》中的"家人子"与先秦时代的"婢子"一样,"子"均表细称、贱称,处于词尾化的进程中。

三是良家子。这是僮奴的又一个来源。何谓"良家子"?《史记·李将军列传》司马员《索隐》引如淳云:良家子"非医、巫、商贾、百工也"。(2867页)"良家子"原本属于民籍,而一旦入宫,又无位号,就落入"家人"行列了。俞正燮说:"宫中名'家人'者,盖宫人无位号,如言宫女子、宫婢。"[55]《汉书·外戚传》序中有"上家人子"、"中家人子"。颜师古曰:"家人子者,言采择良家子以入宫,未有职号,但称家人子也。"[56]颜师古这条注是很好的,好在将"家人子"看作一个完整称号,而不是拆开来讲。可换一个语境,他就又糊涂了。如《汉书·娄敬传》:

"上竟不能遣长公主,而取家人子为公主,妻单于。"

(《汉书》卷四三,2122页)

师古注:"于外庶人之家取女而名之为公主。"(2123页)此"家人子"即《外戚传》里的"家人子"。高祖放着宫中的"家人子"不用,有必要到宫外"庶人之家取女"来冒充吗?这样做岂不泄密,能骗得了单于吗?所以周寿昌批评说:"颜注讹。"[57]可是周寿昌也只知其一不知其二。他接着说:"《冯唐传》:'士卒尽家人子',则是庶人之家子,不能与此同解也。"另一个湖南老乡王先谦又说:"据《匈奴传》'使敬奉宗室女翁(《史记》作"公")主为单于阏氏。'是'家人子',乃宗室女也。"[58](王氏所据为《汉书·匈奴传》)

话分两头。先说周寿昌对《冯唐传》的"家人子"的理解,还是受前人解诂的影响,不可取,我在前文已有讨论。

至于王先谦所言,有《汉书·匈奴传》为据,如何解说?

《娄敬传》(《史记》作《刘敬传》)与《匈奴传》的矛盾,《史》、《汉》完全一样。《汉书》后出,并未纠正、统一。从事实层面而言,有两种可能:一是实为"家人子","而令宗室……

---

[54] 太田辰夫著、蒋绍愚等译《中国语历史文法》,第85页,北京大学出版社,2003年。按:周法高《中国古代语法·构词编》亦举此例为"名词的后附语"。

[55] 《癸巳存稿》卷七,第199页。

[56] 《汉书》卷九七上,第3935、3936页。按:元帝时,"单于自言愿婿汉氏以自亲。元帝以后宫良家子王墙(嫱)字昭君赐单于。"(《汉书·匈奴传》卷九四下,第3803页)这里说的"良家子",实即"后宫"之"家人子"。

[57] 转引自泷川资言《史记会注考证·刘敬传》卷九九,第9页。

[58] 同上。

诈称公主"[59]。二是原本打算用"家人子""诈称",后来实际奉送的乃"宗室女翁主"。这种矛盾,今人已无法说得清了。从语言层面而言,"家人子"正如周寿昌所言,即《外戚传》中的"家人子",所以刘敬说是"诈称"。如果"家人子"等于"宗室女",就与"诈称"之"诈"不符了。而且刘敬的诈谋中有两种身份完全不同的人,一是"宗室"之女,二是"后宫"之宫人,即"家人子"。依《史记·匈奴传》奉送的是"宗室女公主",仍然是"诈称",却与"后宫"之"家人子"无关;若依《汉书·匈奴传》,奉送的是"宗室女翁主",乃诸侯王之女。虽非"诈称",可与"后宫"之"家人子"也不相关。颜师古曰:"诸王女曰翁主者,言其父自主婚。"[60]天子不自主婚,故其女为"公主"。王先谦将"宗室女"与"家人子"混为一谈,纯属望文生义,失之深考。

其实,刘敬建议"以适(dí)公主妻"单于事,史家已指出:"此事未可信"。高祖长女鲁元公主早已嫁给了赵王张敖为后,钱大昕说:"讵有夺赵王后以妻单于之理乎?"[61]

还有,《史》、《汉》关于此次和亲的记载,两《传》内部自相矛盾,两书之间又有抵牾:嫁给单于的到底是"公主"还是"翁主",还是"家人子",要另加考证。不过,从后来"文帝复遣宗人女翁主为单于阏氏"[62]的记载来看,这个"复"字告诉我们:似乎以"翁主"说为可信(《史记·匈奴传》作"……宗室女公主")。

"家人"多指宫女,也指男性"宫人"。《史记·孝武本纪》云:"栾大,膠东宫人。"《集解》引服虔曰:"(膠东)王家人。"[63]这位栾大"家人"是一个超级大骗子,骗得汉武帝晕头转向,连女儿都搭进去了。最后戏法败露,被诛。如果老祖母太皇窦太后还在世,这样的丑剧能上演吗!老祖母的经验智慧,是汉王朝的福祉祯祥。

四是略卖。汉代略卖人口为奴的情况颇为常见。前文说到窦太后之弟少君四五岁时就"为人所略卖",而且"其家不知其处。传十余家"[64]。还有,"(栾)布为人所略卖,为奴于燕。为其家主报仇"[65]。这些被"略卖"为奴的人也就是"家人"。又:"始梁王彭越为家人时,尝与布游。穷困,赁佣于齐,为酒人保。"这条材料有两点分歧:《索隐》以为这个"家人""谓居家之人,无官职也"[66]。这条注是不正确的。"彭越为家人"就是彭越

---

[59] 《史记·刘敬传》卷九九,第2719页。
[60] 《汉书·匈奴传上》卷九四上,第3754页。
[61] 《廿二史考异》卷五,第72页,上海古籍出版社,2004年。
[62] 《汉书·匈奴传上》卷九四上,第3759页。
[63] 《史记》卷一二,第462、463页。
[64] 《史记·外戚传》卷四九,第1973页。
[65] 《史记·栾布传》卷一〇〇,第2733页。
[66] 同上。

为仆役。宋人叶廷珪《海录碎事》的"奴婢门"就引此例为证(中华书局 2002 年版,298页)。另一点分歧是:有人以为"穷困,赁佣于齐"的主语为栾布。如台湾六十教授合译的《白话史记》译为:

> 栾布家里穷困,在齐国当佣工,做了酒店的酒保。
>
> (《白话史记》886 页,岳麓书社,1987 年)

这段译文是错误的。"为人酒保"的主语是彭越,所谓"家人",在这里就是指被人雇佣为酒保。为什么当雇工?"穷困"。在字面上看不出彭越是被"略卖",但"赁佣"也有卖身为奴的性质。"奴婢"虽与"佣保"有别,若对主家而言,他们都是"家人"。故《艺文类聚》卷三五"佣保"类引《史记》:

> 又曰:栾布与彭越为家人。
>
> (《艺文类聚》卷三五,636 页,上海古籍出版社,1965 年)

按唐代欧阳询的理解:栾布、彭越都曾"赁佣于齐为酒人保",所以都是"佣保",又都是"家人"。依欧阳询解,则"穷困"的主语为彭越、栾布二人,"游"的具体内容就是一起为"佣保"。此解可能更合原意。

汉代的奴隶买卖情形如何?蜀郡王褒于宣帝神爵三年(59 年)写的《僮约》[67]提供了许多细节知识。虽为文学作品,当有事实为据。

奴仆,这种既黑暗又丑恶的压迫制度,在中国有数千年的历史,直到清王朝仍然盛行。清人福格《听雨丛谈·满汉官员准用家人数目》云:

> 本朝康熙年,粤都周有德(?~1680)……值吴三桂之叛,起为四川总督,闻命陛辞,选带家丁四百名,星夜前进。时四川文武已降贼,周有德至广元县,大败之,遂克其城……初未尝以仆从多寡定其人也,后因督抚置买奴仆太多,有至千人者,迨于康熙 25 年,议准外任官员,除携带兄弟妻子外,汉督抚准带家人 50 人,藩臬准带 40 人,道府准带 30 人,同通州县准带 20 人,州同以下杂职准带 10 人,妇女亦不得过此,厨役等不在此数。旗员外官,蓄养家人,准照此例倍之。按此则仆从多寡,不以所司繁简而论,均以职分尊卑而定,以示等威也。

福格说的是清王朝明令规定的"蓄养家人"制度,这些"家人"是怎么来的?乃由"置买奴仆"而来。如何"置买"?不外乎"略卖"、拐卖、设计骗卖,自愿卖身为奴等等。

在此,福格还追溯了古代的情况。他说:

> 古之为将者,必有家卒。《春秋传》"冉求以武城人三百为己徒卒"[68]。《三

---

[67] 唐徐坚等著《初学记·奴婢》卷一九,第 466 页,中华书局,1962 年。
[68] 《春秋左传正义》卷五八,《十三经注疏》,第 2166 页,中华书局,1980 年。

国志·吕虔传》：":"(太祖以虔)领泰山太守","将家兵到郡",郭祖、公孙犊等皆降[69]。《晋书·王浑传》:为司徒。"楚王玮将害汝南王亮,浑辞疾归第,以家兵千余人闭门拒玮,玮不敢逼。"[70]是古人家兵之多,于此可见。

(《听雨丛谈》卷五,117、118 页,中华书局,1984 年)

冉求与吕、王二人似有不同。后二人的"家兵"是完全隶属于自家的军队,其成员带有僮奴性质。冉求的"己徒卒"其社会身份乃"武城人",当为自由民,非僮奴为兵。

《司马法》中有一个名词叫"家子"。曹操注《孙子兵法·作战篇》云："家子一人,主保固守衣装。"杜牧注引《司马法》云："炊,家子十人,固守衣装五人。"[71]蓝永蔚认为："家子当即《汉书·冯唐传》的'家人子'……指乡遂未成年的奴隶子弟。"[72]他的看法在一定程度上印证了我对《冯唐传》中"家人子"的解释。蓝永蔚将这两条材料沟通,很有意义。

本文对"家人言"、"家人子"做了新的解释,也纠正了有关"家人"例句的错误认识;同时,也探讨了对"家人"这样的社会制度词的研究方法,联系历史实际,伦理意识,溯源竟流,祛含混,别同异,求真求实,这后一点更为重要。

2013 年 4 月清明节

(何九盈:北京大学中文系,100871,北京)

---

[69] 《三国志·魏书》卷一八,540 页,中华书局,1959 年。按:《吕虔传》云:"郭祖、公孙犊等数十辈,保山为寇,百姓苦之。"
[70] 《晋书·王浑传》卷四二,第 1204 页,中华书局,1974 年。
[71] 《十一家注孙子·作战篇》卷上,第 21 页,中华书局,1962 年。今传《司马法》此文已佚。
[72] 《春秋时期的步兵》,第 75 页,中华书局,1979 年。

钟敬文中日印故事类型比较研究(下)

董晓萍　王邦维

提要： 钟敬文研究民俗学和民间文艺学的最初起点之一是译介印欧故事类型和编制中国故事类型,再发展成中日印故事类型比较,开辟多元文化框架下的故事与民俗比较研究领域,这对他后来建设中国民俗学和民间文艺学的资料系统、问题和方法都有帮助。在新时期兴起的跨文化对话中,对钟敬文的这批论文做集中整理和研究,扩大参考钟敬文与季羡林就其中的一些关键题目进行的对话,可以促进继承这笔学术遗产,吸取历史经验,推动跨文化研究走向深入。

关键词： 钟敬文　季羡林　中日印故事类型　跨文化研究

三　四种个案及其方法论

钟敬文于1927翻译《印欧故事型式表》时参考了日本学者冈正雄的译本,这也许是一个预兆,说明日本的学术工作可以延续他对印欧故事类型的兴趣,中日双方学者也多少因印欧故事类型研究而相聚。他于1928年编制中国故事类型,1931年在日本以《中国民谭型式》为题发表[1],果然引起日本同行的反应。在日本期间,他的研究以日本民俗学界研究中国故事的学者的学术问题为切入点而展开,引起了日本学者的呼应。双方共同促进了中国与东亚和东南亚故事交叉研究的个案和比较研究领域的建设。

自1931年至1937年,钟敬文共发表5篇与日本同行对话的重头论文,主要就日本研究中国故事的学者的观点和方法,提出中国学者的反馈,表达不同意见。在这场讨论中,双方学者都是以印欧故事类型和印度故事研究为基础进行。从文化渊源上说,东亚和东南亚国家都是深受印度文化影响的国家,他通过中日对话的渠道,加深了对印度故事的理解和阐释,这点也反映在他的论文中。当然,对他在日本学术活动的评价,中日

---

[1] 钟敬文《中日民间故事比较泛说》,钟敬文《钟敬文学术论著自选集》,第372页,首都师范大学出版社,1994年。

学者从各自角度出发，反响不同，但这不是本文讨论的主旨[2]，在这里就不多谈了。

他在当时已最具影响的研究中国故事的学者中，选择讨论个案，利用国际同行的问题，发展自己的思想。他使用本国历史文献和口头资料的方法不变，但问题意识增加了。他开始在中、日、朝、越等国家做国别文化史研究，建立了一组中国故事个案，他的理论和方法也因此在东南亚国家产生了相当影响。他在与日本学者对话论文中，以丰富的中国文献和现代口头资料为依据，这种工作，无论许地山、郑振铎或赵景深都没有上手[3]。在这一过程中，钟敬文从印欧故事开始的学术研究，最终是同日本理论嫁接获得成功，这也是一段学术史。他在赴日前和在日本期间所写的几篇故事类型分析的重头论文，如对洪水型、天鹅处女型、槃瓠型和老獭子型的研究[4]，都形成他的代表作，也在国际同行中被视为达到当时历史最高水平。他的工作启发了德国学者艾伯华（Wolfram Eberhard），艾伯华后来在芬兰出版了《中国民间故事类型》[5]。以下讨论四个个案，同时说明他的方法论是怎样炼成的。

（一）洪水型与乌龟

日本学者小川琢治在《支那历史地理》一书中提出，中国史料中的故事，如"女娲止淫水，精卫填东海，蜀王化杜鹃，伊母化空桑"等，相互之间"也许有眷属的关系，或竟是由于同一故事的'异传'"。日本历史学者出石诚彦《有关中国古代的洪水故事》一文，将小川琢治的假设改造成研究中国民俗学的假设，即印欧故事类型中的洪水母题，在中国故事中是一个异式群在不同时态中变迁传承的"主题"。1931年，钟敬文在此基础上完成了《中国的水灾传说》的论文。这篇论文所产生的价值有三个。一是在解决历史文献与民俗资料的矛盾中，创造了异式群有不同时态传承变迁的观点，为

---

[2] 1930年代前后钟敬文制作的中国故事类型和故事文本分析，中日学者从各自角度有不同的看法。中方学者认为，日本学界对此给予很高评价，日方撰文的学者有直江广治、泽田瑞穗、铃木健之等，参见马昌仪《求索篇——钟敬文民间文艺学道路探讨之一》，上海民间文艺家协会编《民间文艺集刊》1983年第4集。马昌仪的看法是："自'五四'至今，我国还没有一部民间文学著述在国外引起过如此广泛的注意，时间竟长达半个世纪之久。"日方学者认为，钟敬文留日期间发表文章达32篇，其中译述17篇，有关日本的不过4篇，真正的论文5篇。所以，他的中日比较研究目标是"着眼世界而不着眼日本"。参见日加藤千代《钟敬文之留学日本——成果及其地位》，杨哲编《钟敬文生平、思想及著作》，第747页，河北教育出版社，1991年。

[3] 钟敬文补充的现代口传民间文学资料，在表四各文中皆可见到。兹仅举他补充的个人在浙江搜集故事资料《民间传说丛稿》（未刊）为例，参见钟敬文《老獭子型传说的发生地》，钟敬文《钟敬文民间文学论集》（下），第142页注①，上海文艺出版社，1985年。

[4] 参见文末所附《表六、钟敬文故事类型个案与中日印朝越故事文学比较一览表》。

[5] [德]艾伯华（Wolfram Eberhard）《中国民间故事类型》，王燕生、周祖生译，商务印书馆，1999年。

中国民俗学者从历史学中寻找资源空间,提出了一种不同时态分层法。二是在解决民俗学与故事学的矛盾上,提出同一情节故事异式建组分析的个案,避免单一直线分析给中国文献和故事的复杂联系造成简单化。三是在故事类型学上,首次完成了中国的洪水故事类型研究。

日本学者小川琢治的研究颇与顾颉刚相契合。他使用了中国人不大注意的古史文献,兼及史料中夹带的大禹、女娲、精卫等故事记载,没有随意地删除它们。但这位日本学者又不是顾颉刚,他对中国古代史料中的故事问题,唯假设而已,未做历史与民俗矛盾的处理。他是不把民俗学作为本行对待的。钟敬文说,顾颉刚的不同在于,顾颉刚并不回避历史与民俗的矛盾,相反,为了对历史文献辨伪,大胆疑古,还"曾把笔尖触动过这事件(见《古史辩》第一册)"[6]。

在国内,这时顾颉刚的历史地理研究法已经建立,包括研究上古故事的古史辩法,这给年轻的钟敬文以充足的底气。钟敬文还可以使用当时占主流地位的民俗学理论,包括运用日本学者洪水故事研究成果,从民俗学的侧面呼应顾颉刚。到了1931年,小川琢治的假设带了历史与民俗的双重问题而来,自然被他纳入视野。小川琢治的学术倾向更像顾颉刚,而不是沈雁冰。当然他不是民俗学者,但在当时中国民俗学界多学科参与的氛围下,小川琢治就成了合适的讨论对象。钟敬文以此为背景"来做这篇小文论述的起点"[7],带头开荒。需要说明的是,中国洪水故事是一篇大文章,他写了近60年,并没有到水灾传说一文止步。1990年4月,钟敬文再撰《洪水后兄妹婚再殖人类神话》一文,又对这个假设做了新的补充,并继续与日本学者伊藤清司和大林太良展开对话[8],为了从总体上认识他的思想,兹将前后两文一起分析。

钟敬文将小川琢治的问题改造成对中国洪水故事异式群的假设,原文如下:

> 本文的任务在于述说一些自战国(指被记录的时间)直至现在仍活在民间的"水灾传说"。这些传说并不仅限于题目的共同,在传述上,似也有着源流的关系。退一步说,后起者倘不是先行者的嫡系子孙,最少也有某种程度上的"瓜葛"。这不是笔者有意的牵合,从它们的主要形态上考察,实在不容许我们不承认其有着血统或亲眷的关系。自然,从其已变化的方面观之,它们各自的相貌却已是那么异常。[9]

---

[6] 钟敬文《中国的水灾传说》,钟敬文《钟敬文民间文学论集》(下),第163页,上海文艺出版社,1985年。

[7] 同上书,第163页。

[8] 钟敬文《洪水后兄妹婚再殖人类神话》,原载1990年《北京师范大学学报》,收入钟敬文《民俗文化学:梗概与兴起》,第220页,中华书局,1996年。

[9] 钟敬文《中国的水灾传说》,钟敬文《钟敬文民间文学论集》(下),第164页,上海文艺出版社,1985年。

钟敬文对中国洪水故事所提出的异式群,由20个相同情节的不同时代故事异式组成,这为这类中国故事描述了叙事特色、历史文献形态和现存口述传统的面貌。

伟人奇异出生型。 钟敬文称之为"伟人(或英雄)产生的神话",指上古名人伊尹在洪水空桑中诞生的故事,同类异式有简狄生契、姜嫄生稷、夜郎侯生水中竹木、孔母生孔丘于空桑等。它们在先秦至汉代文献中被记载,但钟敬文认为,这些异式的流传时态要比文献记录的时间更早,他将之归纳为"初期的"洪水故事[10]。

地方传说型。 它们由神话故事变为地方传说,同类异式有神物启示、妇人避难、陆地沉没、治水型和下沉型等。它们在汉魏文献中记载而延至唐宋,不过故事记录的时间与文献传抄的时间彼此错出,历时大约从汉魏到近代。钟敬文指出,这部分洪水传说在异式流传过程中,已被地方化。它们"被解释的'对象'和'人物'(伟人、英雄)转为'地方'",拥有地方性新特征。他把这群异式归为洪水故事的"第二期"[11]。

现代洪水故事。 钟敬文把现代意义上的Folktale中的洪水故事称为第三期,分两类:一类是普通民间故事,同类异式有傻子型、云中落绣鞋型和石狮子型;一类是人类毁灭及再造神话,同类异式有姐弟婚型、再造人类型、肉团型、城陷型、恩将仇报型等。对现代故事,钟敬文强调它们有两个特点:一是它们有文化耐力,能"从上古一直传播下来",二是它们有社会黏性,能附着在不同社会中,延续为"后裔或变形物",或"颇有瓜葛"的情节[12]。

钟敬文在1990年代续写的洪水故事论文中,就1931年的遗留问题,进行了补充探讨,主要有三:一是这类故事的背景是血缘婚的禁忌期还是解禁期,二是洪水母题和兄妹婚母题是否是复合性主题,三是起预告和报恩作用的石狮子和石龟,原是两种并存的动物,还是后者衍生前者。

禁忌故事。 讨论第一个遗留问题。钟敬文的看法是,这是洪水故事中的婚姻异式群,在汉族和少数民族中都有流传。它们是血缘婚制度的非禁忌与禁忌背景彼此连接的超时间叙事,又分三个异式组:①人类两性自动结合型;②在神或动物助手的劝导下,在举行占验仪式后,人类完婚型;③人类占卜成婚,但回避性关系,以捏泥人造后代。其中,第②种异式的文本居多。后两种异式中的卜婚情节,是这类长时段传承异式在后世被文献或口传"加以修改、增益的结果"。持此时态观视之,"也就不必在学术解释上再

---

[10] 钟敬文《中国的水灾传说》,钟敬文《钟敬文民间文学论集》(下),第169页,上海文艺出版社,1985年。
[11] 同上书,第168页。
[12] 同上书,第178页。

绕弯子了"[13]。

兄妹婚故事。讨论第二个遗留问题。同类异式有洪水为灾型、兄妹婚再殖人类型。钟敬文认为,这是汉族和少数民族共同传承的类型,洪水型与兄妹婚型两者,可分可合,并没有统一的定势,分开居多,而两者结合在一起的故事反而"比较少见","很可能是由于后来的拼合"[14]。

石狮和石龟故事。讨论第三个遗留问题。钟敬文通过文化史分析和故事文本比较的方法,提出,在中国的洪水故事中,狮子和乌龟曾经发生角色更替。"乌龟是原始的角色,狮子则是后来者。"[15]同类异式有河伯型、鳖驼大山型、龙伯国大人钓大龟型等。

钟敬文通过洪水故事研究所回答的理论争论要点如下。

对故事异式群不同时态传承与历史文献记载的矛盾,钟敬文说,从文献上看,存在汉魏笔记杂纂从别人抄书和互相抄书的现象,不过也有前代流传下来的本土文献。

> 现本《搜神记》,自然已非干宝的原书,但证以唐宋古书所引,其大部分的材料,必出自原著是无疑的(其中有拉杂地抄入别的古书的地方,如第六、第七两卷,全抄《续汉书》、《五行志》,前人已经指摘过;但大部分,仍是辑录自前世类书所引的——即等于"辑佚"性质)。所以,除了一部分外,大都不妨信为晋代人的记述。[16]

他使用了《搜神记》二十卷中的第十三卷和第二十卷所记录的三则洪水故事,认为相对而言是可资参考的资料。季羡林则对我国六朝以后抄书的印度背景做了研究,特别指出汉魏志怪小说与印度文学的相似性[17],这对民俗学者是大有启发的。

从口头传统上看,钟敬文指出这三期洪水故事的不同时态异式群结构的差异,在于其叙事的"注重点"不同:"第一期的伟人产生神话,若说它是注重'人'的,那么,第二期的地方传说是注重'地'的,这第三期的'民间故事'则是注重在'故事的本身'的。"[18]现代洪水故事记录文献与民俗思维传承,在不同步时态分布上,差异反而极大,文字功能与民俗功能的反差也大,他说:"到了现代,一方面变为失掉严肃性的民间故事,另一方

---

[13] 钟敬文《洪水后兄妹婚再殖人类神话》,原载 1990 年《北京师范大学学报》,收入钟敬文《民俗文化学:梗概与兴起》,第 230 页,中华书局,1996 年。

[14] 同上书,第 235、236 页。

[15] 同上书,第 238 页。

[16] 钟敬文《中国的水灾传说》,钟敬文《钟敬文民间文学论集》(下),第 169 页,上海文艺出版社,1985 年。

[17] 季羡林《印度文学在中国》,季羡林《比较文学与民间文学》,第 103 页,北京大学出版社,1991 年。

[18] 钟敬文《中国的水灾传说》,钟敬文《钟敬文民间文学论集》(下),第 172 页,上海文艺出版社,1985 年。

面却衍成了极具'原始性'与'认真性'的'人类毁灭及再造的神话'。"[19]他的这个观点为他人所未道。

对故事与民俗思维的矛盾。他以洪水中的动物为对象,分析了两者的关系。在《中国的水灾传说》中,他分析了一组动物,如龟、龙、鱼、蛇、猴、乌鸦、蚂蚁、鼠和蜜蜂,他指出,它们都是预言洪水的神异灵物,但有两种情况:一种是借助童谣谶语预言洪水的动物,包括龟、龙、蛇和鱼;一种是动物报恩式预言洪水的动物,包括猴、乌鸦、蚂蚁和鼠。这让"我们明白同一'母题'的故事、神话,以时间与地域之不同,而相当地变异其形态,是一般的通例"[20]。在《洪水后兄妹婚再殖人类神话》中,他分析了另一组动物,如(石)狮和(石)龟。这组动物与中国和东南亚文化传播有关,但它们在中国扎根后,具有中国特点。故事异式的时空变迁多种多样,只用人类早期文化进化学说去说明这些变迁,是没有足够的解释力的。此外,文学家还要接受由民俗思维的变异性造成的故事异式群之间不可思议的离合现象,他还说:"这种变化,竟致使现代一些拘泥于文学作品(其实是作家个人的书面文学作品)创作原则的学者,不敢承认后者是前者故事的蜕变。这种地方就不能不让我感叹那些汉、唐等古代学者的更有见解和胆识了(因为他们敢于把它的前后传说汇集在一起,承认彼此是有关系的)。"[21]他的这种看法对现代作家是一种婉言批评,但是,现在看,对汉唐文人接受民间故事的态度,除了钟敬文的肯定评价,我们还应该参考季羡林从另一角度的评价,即汉唐抄印度[22]。我们需要把两者的评价综合起来,可能会得到更全面的认识。

对故事中的古老观念与现代思维的矛盾。他认为,可以将故事与谚语做综合研究,去发现其中蕴含的智慧。有些古老谚语在初民时期和现在看来都是"合理的",而谚语往往是故事的内容。他说:

> 尽管初民以及近初民的思想、观念等,有许多是我们不免发笑的,但并不是整个如此。就是说,初民的思想、观念,有好些是在我们现代看去也仍然"合理的"。我国从古代传下来的关于事物的谚语,不合理的(从我们现在的眼光去看)虽然很多,但近于真理的见解的,并不是没有。譬如:"础润而雨"这个谚语,即使它的确实性是有限制的,但却不是闭着眼睛的胡说。……(洪水故事情节单元)第一条的白

---

[19] 钟敬文《中国的水灾传说》,钟敬文《钟敬文民间文学论集》(下),第177页,上海文艺出版社,1985年。

[20] 同上书,第170页。

[21] 钟敬文《洪水后兄妹婚再殖人类神话》,原载1990年《北京师范大学学报》,收入钟敬文《民俗文化学:梗概与兴起》,第236页,中华书局,1996年。

[22] 季羡林《印度文学在中国》,季羡林《比较文学与民间文学》,第103页,北京大学出版社,1991年。

出水,当即"础润而雨"之意。[23]

对动物故事中的动物功能的分析。钟敬文在洪水故事中提到 14 种动物,包括鸟、狮子、狗、巨鱼、鲤鱼、石龟、龙、蛇、石狮子、猿猴、乌鸦、蜜蜂、蚂蚁和鼠,动物故事是洪水故事异式群结构的有机组成部分,这种现象是十分显眼的。从另一方面说,在洪水故事中,动物的组合关系,动物的传统文化含量,与动物在空间场合中的作用轻重等,也表现得十分复杂,仅研究洪水中的动物就是一个重要课题。我们看到,钟敬文对此颇为留意,经过长期思考,他在《洪水后兄妹婚再殖人类神话》一文中,对动物故事做了较长篇幅的阐述。

熟悉神话、传说以及民间故事的学者,大都知道在这些种类的民间传承中,常常要出现动物(或其精灵)及神灵的角色。在故事中,他们有时是配角,有时却是主角。中国洪水后兄妹结婚传衍人类的这种类型神话,就现有的汉族大量民间口传的记录看,作为配角的动物(或其精灵),一般就是石狮子或石龟。这种情况在中原地区的神话资料中表现尤其明显。这类神话的配角,尽管还有传说是别的动物,如野猪等,也有的说是神仙的,如太白星君、洪钧老祖之类,但是占较大数量因而也较有意义的,却是它们两类。

在目前几乎传播到我国大陆各地(实际上也并及隔海的台湾)的这种类型的神话里,石狮子与石龟是同时在各种异式里扮演着同样角色的。在故事较完整的形式里,它们的任务约有三项:1.对主人公(兄妹或姊弟)预告灾难将来临的信息;2.在灾难中救助他们(或预告以避灾的方法);3 劝导他们结婚以传衍后代(有的还在此点上给以助力或充当媒人)。在故事比较简略的形式里,它们也担任其中的两项或一项任务(例如只进行预告、救助或只劝婚、当媒人)。这类神话,如果没有它们的参预,该不仅是减声减色,而且会比较难以构成故事的相对完整形态(自然,在少数记录里,它们的任务是被别的"人物"——如神、仙等代替的)。[24]

在与洪水有关的所有动物中,他特别注意到乌龟和狮子两种动物的作用,进行了长篇讨论。

我认为,现在故事呈现的这种情景,是它们(石狮子和石龟)在历史发展过程中身份更替的结果。而从两者更替的时间顺序看,乌龟是原始的角色,狮子则是后来

---

[23] 钟敬文《中国的水灾传说》,钟敬文《钟敬文民间文学论集》(下),第 180 页,上海文艺出版社,1985 年。

[24] 钟敬文《洪水后兄妹婚再殖人类神话》,原载 1990 年《北京师范大学学报》,收入钟敬文《民俗文化学:梗概与兴起》,第 237 页,中华书局,1996 年。

者——它的替身。

乌龟是我国历史上出现的古老和它在文化上的显著足迹,是稍有史学常识的人都知道的。它被认为是能预知自然变化及人类吉凶、祸福的灵物,被看作是长生不老的表征。人们给它以高贵的称号:灵龟、神龟及宝龟,又把它去跟其它一些神异动物龙、凤、麒麟结合起来,合成"四灵"。

被认为能预知事物变化及人类吉凶,是乌龟在文化史上的一大特点。从殷墟大量出土的龟甲卜辞看("先商"出土文物中已有陶龟,但未见有占卜用的龟甲),可以知道殷商的统治者,不论国家大事或日常风雨,都要凭藉龟甲、兽骨去占卜。周代以来,用龟甲占卜吉凶的事,史传不绝于记载。我国最伟大的史学家司马迁在他的《史记》里,就专门设了《龟策列传》。随着时间的不断进展,历史不知翻过了多少篇章,但是,直到现代,我们依然能在古庙闹市或街头巷尾的卖卦先生的小桌子上,看到那些被认为有关人生命运的龟壳和金钱。这点大概足以说明乌龟与我国传统文化关系的长久和密切了。

这种传统心理和文化现象的灵物,自然要反映到民间传承中来。在有关这方面资料的古代典籍记录里就早有它的踪迹。例如《庄子》所记宋元君夜梦清江使河伯(乌龟)告以将为渔人豫且所获的故事,《列子》所记上帝命十五匹大龟(鳌)首戴五座大山及龙伯国大人钓走六匹大龟的故事,都是很著名的。秦汉以后,关于龟(或龟精)的传说更是枚举不尽。在现代汉族口头传承中,也有不少是说乌龟帮助人的。这大概是关于它的比较古老的观念的反映。但也有一些是说它偷吃东西或侵犯民间女子而受罚的,这就说明它已经由神圣的灵物变成邪恶的精灵了。

……

狮子在我国历史上的出现是比较迟的;它在文化史上经历的足迹也是比较稀疏的(特别是中古以前)。……能够使我们较为安心承认的,还是像史书上所说汉章帝时,西域安息贡狮子一类的事情。自东汉以后,直到元代,都有外国(主要是西域)进贡这种动物的史实,而且有关它的记载也逐渐多起来。当然,谈到它跟中国人民生活、文化、信仰等的关系程度,它到底比不上龙虎或龟蛇。有关这一点,只要看唐代学者欧阳询所编纂的著名类书《艺文类聚》的兽类部分里没有"狮子"这个项目,就可以参透其中的信息了(同时代徐坚编的另一部类书《初学记》,所收录的也不过《尔雅注》等文献及一些诗文罢了)。

尽管如此,这外来的异兽狮子,终于进入中国人民的生活圈、文化圈了。如名画师顾光宝所画的狮子,就为治疟疾;逸人诬李泌受人金狮子而终于受到惩罚的传说或历史故事等在文献上出现了。但是,大概由于时间的及实物接触的限制吧,在民间传承方面到底不多见,像宋代官修中国古代小说之海的《太平广记》,记录龙、虎一类传说,故事多到八卷,而狮子却只寥寥三则。……

情况终于有了变化。像前文提到了,明代那位无名氏所编著的《龙图公案》中便载有《石狮子》一篇。尽管这种小说情节并不是与现在汉民族广泛流传的洪水后兄妹婚再殖人类神话的说法没有出入的地方,如石狮子不是灾难的预言者,结局也不是兄妹结婚传人类(它的主题是清官审判负心汉)等。但在这个故事里首次出现了石狮子眼中流血预兆水灾的情节,并有洪水泛滥广大生灵受害,以及善良人因善行得到救助的情节。它与今天民间所传的洪水后兄妹结婚再殖人类类型的神话,在基本上有相当多的类似之处。这无疑是我们今天研究此类型神话应当注意的一种历史资料。……我以为,现在汉族流行的这种类型的神话,部分记录中石狮子及其预告灾难等情节,是从较早时代地陷传说中的石龟角色及其作用所蜕变而成的。而明代小说中的石狮子及其预兆作用的叙述,正是现在这种故事有关情节的较早形态。在同现代同类型神话的另外记录里,那角色仍然是乌龟,这是原始说法的遗留。它说明故事情节的演变并不是一刀切的。[25]

乌龟和狮子的故事角色十分复杂,故事类型所涉及的学术史问题也很多,但不管怎样,钟敬文将乌龟和狮子这两个动物放在一起讨论是第一次。他在现有资料和思考程度的条件下,将动物与故事异式群的关系分为三组:①动物是有宗教色彩的神族或宗教故事的角色,能变形,能预言,能占卜,能充当传达最高神旨的使者发布神谕,如太白星君和洪钧老祖;②动物是创世故事的中心角色,人也是创世故事中的中心角色,有时动物和人都是创世故事的中心角色,两者组合成双角色,不分轻重,而是合作;③动物是宇宙起源类故事的助手角色,可以给宇宙生成或人类繁衍充当帮助者。他提出这三点,想得很深,要覆盖多元故事比较研究的目标也很明确。

钟敬文指出,洪水故事与印度同类故事是有关系的。他在1930年代就提出,中国的洪水故事异式之一《狸猫换太子》,在印度也有,原来它"是流播于东西洋(尤其是东洋的印度,波斯等国)各地的民间故事。(关于此事,胡适之作《狸猫换太子故事的演变》时,未曾提及,暇当为文专论之)"[26]。1990年,钟敬文再撰《洪水后兄妹婚再殖人类神

---

[25] 钟敬文《洪水后兄妹婚再殖人类神话》,原载1990年《北京师范大学学报》,收入钟敬文《民俗文化学:梗概与兴起》,第238—242页,中华书局,1996年。

[26] 钟敬文《中国的水灾传说》,钟敬文《钟敬文民间文学论集》(下),第174页,上海文艺出版社,1985年。

话》，再次强调，有洪水故事记录的国家，包括"巴比伦、希腊、罗马、印度和希伯莱"，洪水故事在亚洲的地理分布，"也不限于中国境内，而是扩展到东南亚等地区"[27]。这时季羡林也发表了对印度洪水故事的看法。

钟敬文在乌龟故事分析中，对后起的某种文本中龟与女子之间的人兽婚，解释为失去神性的邪恶者。季羡林通过翻译和研究印度《五卷书》等，有大体相同的观念，但持印度来源说。不过季羡林讲龟类动物都是积极角色[28]，这是两人的不同。

钟敬文把包含以上各主题的故事编成一组，创用了一个中国命名，叫"水灾传说"。他译介的印欧故事类型已描述了洪水主题，他的工作是使用中国资料，编制了中国的洪水故事类型，再经过分析，将之命名为灾害主题故事，这是一个转变，符合中国这类故事类型的特点。他还把经印度佛典文献渠道传到中国的一般动物故事，把经中印僧人翻译传抄后流入民间宝卷进行传播的动物故事，把中国东西南北不同地区和不同民族已有的洪水故事，统统纳入这个主题中，也为这批资料正确地安装了一个类型的骨架。他从撰写《中国的水灾传说》始，到完成《洪水后兄妹婚再殖人类神话》止，前后近60年，终于为这个庞大而复杂的主题研究奠定了理论基础。多年来，他和季羡林从两个学科角度进行的工作，也推动了这个类型的研究。

（二）洗澡型和鸟

1932年，钟敬文发表了《中国的天鹅处女型故事》一文。此文源自日本学者西村真次的同类型故事研究和问题。钟敬文说，西村搜集了世界同类型故事近50个，仅有1个是中国故事，"并且是蒙古族的，这至少在我们中国人，是要感到相当的遗憾"[29]。但是，他撰写此文所用理论和方法却自印欧故事类型而来。在此文中，他第一次直接引用雅科布斯(Mr. Joseph Jocobs)的英文名字。下面是钟敬文的原话：

在约瑟·雅科布斯氏(Mr. Joseph Jocobs)所修正的哥尔德氏(S. Bring Could)的《印度欧罗巴民间故事型式》中，也载了这故事的型式，它的情节如下：

一、一男子见一女在洗澡，她的"法术衣服"放在岸上。

二、他偷盗了衣服，她堕入于他的权力中。

三、数年后，她寻得衣服而逃去。

---

[27] 钟敬文《洪水后兄妹婚再殖人类神话》，原载1990年《北京师范大学学报》，收入钟敬文《民俗文化学：梗概与兴起》，第220页，中华书局，1996年。

[28] 季羡林译《五卷书》，《译本序》第7页，人民文学出版社，2001年重印本。

[29] 钟敬文《中国的天鹅处女型故事》，钟敬文《钟敬文民间文学论集》（下），第36页，上海文艺出版社，1985年。

四、他不能再找到她。[30]

钟敬文这段资料,不是直接从许地山的翻译本中来的,也不是直接看雅科布斯的原著,仍是对班恩手册的移植品。钟敬文在"天鹅处女型"故事的引文注释中说:"原文见伯恩女士(Miss Burne)编著的《民俗学手册》附录C,中文有我和友人杨成志先生合译的单行本出版(国立中山大学语言历史学研究所印行)。"我们从钟敬文在印欧故事类型和日本故事研究之间的选择中,能看到两点信息:一是他研究天鹅个案的准备要更早,是在1927年翻译印欧故事类型时开始的,此前他已经在中国民俗学界搜集、编辑和研究故事资料,这是他敢于与西村对话的本钱。二是他以天鹅型为学术问题,却是从西村真次开始的[31],西村的《神话学概论》和《人类学泛论》给了他新的启发。他还要通过撰写此文,用民俗学研究的结果,声援顾颉刚的历史地理研究法,他因此在此文的副标题上写道:"献给西村真次和顾颉刚两先生"[32]。当然,从此文中还能看到,如我们在上面多次说过的,钟敬文所受到的学术影响是多方面的,他还吸收了西方人类学理论,在这方面要借助周作人译著,他在谈到对天鹅处女中的中国原型"毛衣女"分析时,就表示同意周作人在《儿童文学小论》中的分析[33]。他还使用了日本松村武雄、德国格林兄弟和英国弗雷泽的著作[34],可见他的理论来源比较复杂。

不论钟敬文这一个案论文是怎样以日本问题发展的,他的工作始于印度故事。赵景深在钟敬文发表天鹅处女研究文章之前,就曾发表对印度故事"生命指示物"类型的意见,题目为《孟加拉民间故事》。原文写于1931年5月11日,刊于《开展月刊》1933年第十、十一期合刊"民俗学专号"。赵景深此文还谈不上是结合中国实际的研究,只是以书抄,但此文是呼应许地山的新译著《孟加拉民间故事》的[35]。赵景深抄录了许地山的5个"生命指示物(Life Tokens)"型故事,共涉及动物4个,分别是鱼、马蜂、鸟和蜂。这些动物都是罗刹生命的本身。他还提到其他16个故事中的动物。包括狼、猫、开口说话的鸟和田螺。此文被钟敬文收入《民俗学集镌》(第一辑)中,说明钟敬文对与许地山相关著作的关心。

就天鹅处女故事的研究而言,钟敬文说,他引用了赵景深《童话ABC》中的文字;在

---

[30] 钟敬文《中国的天鹅处女型故事》,钟敬文《钟敬文民间文学论集》(下),第38页,上海文艺出版社,1985年。
[31] 同上书,第39页,注释②。
[32] 同上书,第36页。
[33] 同上书,第40页,注释⑤。
[34] 同上书,第66—68、72页,并见这几页的注释。
[35] [印]戴伯诃利(Lal Behari Day)原述、许地山译《孟加拉民间故事》(*Folk Tales of Bengal*),据美国1912年版译,1956年第6版,商务印书馆,1929年初版,1956年再版。

研究天鹅处女型故事的类型划分时，钟敬文也从"赵景深先生编著《童话学 ABC》转引了哈特兰德的观点"[36]，对此类型的现代文本搜集，他引用了赵景深编《中国童话集》[37]。钟敬文特别提到赵景深不仅关注这个故事变异的各种体裁，还关注它的现代流传文本，并予以记录和保存。

现在，中国境内，尚存活着的天鹅处女型故事，因在流传上经过了改削、增益、混合等种种自然的作用，它的姿态不但和古代的显出差异，便是同时彼此之间，也有很大的悬殊。……首先要提到的，是赵景深和赵克章二君所记述的《牛郎》。[38]

与此同时，他也透露了对日本学者分析天鹅处女型故事的"变形"母题要素的关注，如记录了"西村氏引用哈特兰德博士的话"[39]。我们能看到，在他脑子里，当时有一个中、印、日、英学者在一起讨论的大圈子。印度故事在钟敬文的思考中是有位置的，正是在这篇天鹅处女研究文章中，他指出他所了解的印度古童话集《佛本生故事》：

（天鹅处女型中的"难题"母题，正如）古代印度的故事中，象耶沙怕尼王误听了恶臣的谗言，使正直的和尚去做种种超越人力的工作。[40]

在这篇论文中，钟敬文通过研究鸟（天鹅），首次对动物故事做了比较系统的分析，对动物故事的森林空间，包括草和树（竹），钟敬文也给予留意。对这些植物在故事类型所具有"生命指示物"特征，如赵景深在半年前发表评述许地山译印度故事中所提到的，钟敬文在此文中补充了赵文所没有的中国文献。同年不久，他还专门在《中国的植物起源故事》一文，讨论动植物故事的关系[41]。

他对动物故事的变形性质做了独到分析，指出，在中国故事中，动物变形对故事体裁产生影响，从动物变化而成的对象成分看，它可以在宇宙中，变幻天地万物，无所不包，最后因中心角色身份的转化，造成动物故事体裁的转化。这些动物故事大体可以转化为：①历史人物传说、②自然神话、③人文神话[42]。在变形的形式上，可分为自动变形和被动变形，中国动物故事大都自动变形，产生人兽婚的情节；西方动物故事大都

---

[36] 钟敬文《中国的天鹅处女型故事》，钟敬文《钟敬文民间文学论集》（下），第 38 页，注释②，上海文艺出版社，1985 年。

[37] 同上书，第 46 页，注释①。

[38] 同上书，第 45 页。

[39] 同上书，第 63 页。

[40] 同上书，第 72 页，本页的注释①。

[41] 钟敬文《中国的植物神话》，钟敬文《钟敬文民间文学论集》（下），第 149 页，上海文艺出版社，1985 年。

[42] 钟敬文《中国的天鹅处女型故事》，钟敬文《钟敬文民间文学论集》（下），第 62 页，上海文艺出版社，1985 年。

被动变形,是动物受到魔法的作用或惩罚所致。西村真次将之解释为洗澡的理由,而钟敬文则拿出广东海丰流传的人脱蜕重生的故事为例提出,按照民间解释,将脱毛变形理解为动物蜕皮发育的过程,也是说得通的[43]。这些看法,在国内没有第二人提出。

他还提出动物故事的母题组合问题,主要是一系列相关可以独立成篇或彼此粘连的母题类型,包括"洗澡"、"动物或神仙的帮助"、"仙境的淹留"、"季子的胜利"、"仙女留居人间"、"缘分"、"术士的预测"和"出难题"[44],这些命名所指的故事类型,即洗澡型、禁忌型、动物助手型、狗耕田型、仙妻型和难题求婚型。钟敬文重点对其中的三个与印度佛教故事有关的类型做了分析。

第一,中日印洗澡型故事。钟敬文认为,洗澡故事有民俗内涵,可以将之与"许多印度欧罗巴民族间多有相似的风习"做比较。在对印度故事的比较分析上,他使用了许地山译《孟加拉故事》中的一篇《豹媒》:

> 在印度,也有王女到外面的池里洗澡,遇着了豹的一类故事。[45]

他分析说,印度的同类故事能帮助理解我国历史文献上记载的"野浴"风俗,也能在与人类学者所谓向神"献贞或净化"的方向上,推测出"或多或少地这种意味"[46]。

第二,中日印缘分型故事。他说,在中国的动物故事中,出现人与动物结缘的类型,其中很多情节都含有印度佛教思想。他举了洪振周在辽宁奉天搜集的《牛郎》和孙佳讯在江苏灌云搜集到的《天河岸》例子加以分析:

> 中国天鹅处女型故事中关于缘分的情节(洪振周、孙佳讯二君所记述的),是很近于通常的形式的。本来缘分的思想,不是中国的固有物,这只要查考一下汉、魏以前的神话、传说便了然了。它大约是跟佛教一道传入中国的。所以,六朝以来的故事中,多浓郁地带着这种色彩。自然,我们晓得一种思想或制度,由甲地传至乙地,在那里所以能够发育滋长,是要有相当的土壤的。[47]

中国人现在也很讲究因缘,因缘故事到处都是。怎样就钟敬文提出的这个课题继续加强中印度佛教文化比较研究,显然还有很多工作可做。

第三,中日印难题求婚型故事。钟敬文曾将印度《佛本生故事》(Jātaka)中的难题

---

[43] 钟敬文《中国的天鹅处女型故事》,钟敬文《钟敬文民间文学论集》(下),第63页,上海文艺出版社,1985年。
[44] 同上书,第67页。
[45] 同上书,第65页。
[46] 同上。
[47] 同上书,第70页。

故事与中国的《李太白识破蛮书》和《孔子穿九曲明珠》做比较,也将这个类型与日本的《大国主命逃出根坚洲国》做比较。他指出,这个类型的特点是,主人公被要求做常人根本做不到的事情,或者承受常人根本无法承受的苦难,或者猜测关系常人生死问题的谜语,最后经动物帮忙,难题破解,摆脱困境,主人公获得成功。

古代印度的故事中,象耶沙怕尼王误听了恶臣的谗言,使正直的和尚去做种种超越人力的工作,也是这种故事的适例。关于试验智力一类的故事,中国现在民间颇丰富。要求和女子结婚的青年,被女子的家族课以种种困难的工作或可怕的危害,但他卒因女子(或超自然者)的帮助,得以成功。这是所谓有名的"求婚故事型"。我国古代记录中,如杨伯雍求婚于著名徐氏之女,徐氏故索白璧一只为聘仪,杨氏因超自然者的助力,终于达到他的目的。虽然这故事的一部分情节,和一般的求婚故事型略有出入,但因求婚而被课以自己力量上所难办到的事物,而终由于"他力"的帮助解除了那困难,这种要点是赫然存在的。天鹅处女型故事的古记录中,田章被召回的时候,有解答奇异问题的情节。这大体上可看作"答难题故事"一类的说法。[48]

难题型故事在东方国家普遍流传,钟敬文是在东方国家的故事群中进行该类型研究的开拓者。他的工作引来了中日几代学人的追随,日本著名民俗学者伊藤清司就对中日难题型故事进行了接续研究[49]。

(三)风水型和鱼

1932年,钟敬文完成了天鹅处女故事型的研究之后,接着研究跨国境流传的故事类型,撰写了重要论文《老獭子型传说的发生地》。此文在国内起草,1934年在日本写完并发表[50]。在此文中,他根据在中国搜集到的故事,与日本研究此类型故事的重要学者松本信广教授进行了对话。在这里,为了方便讨论,我们也称此类型为"风水型和鱼"。

20世纪初,日本学者鸟居龙藏最早对这个故事类型展开了日韩比较研究。故事讲,乌龟精变成男子,与女子同居,生下一子,儿子长大后,将父亲龟骨放入水中龙穴,自

---

[48] 钟敬文《中国的天鹅处女型故事》,钟敬文《钟敬文民间文学论集》(下),第72页,上海文艺出版社,1985年。

[49] [日]伊藤清司《中国古代文化与日本——伊藤清司学术论文自选集》,张正军译,云南大学出版社,1997年。

[50] 钟敬文《老獭子型传说的发生地》,钟敬文《钟敬文民间文学论集》(下),第131页,注释①,上海文艺出版社,1985年。

己当上皇帝。1930年代,日本学者今西龙将之扩大到中日朝比较研究,提出该类型源自朝鲜。1933年,日本学者松本信广以从越南获得的新资料,推翻了今西龙的朝鲜说,认为该类型在朝鲜和越南都有流传,并假设其中与风水皇帝有关的异式出自中国,然后流传到朝鲜和越南。钟敬文再次迎接挑战,对松本信广的假设再改造,提出新的假设,即中国是该类型在东亚和东南亚国家异式群的共同起源地。

钟敬文参加这场对话的背景是,当时日本学者已开始了对日、朝、越、中的同类故事比较,但缺乏中国学者的声音。钟敬文此前已有洪水故事和天鹅处女故事的中日比较研究成果,在了解到这个学术动态后,决心继续参战。他除了准备了熟悉日本资料和理论,还准备了中国与朝鲜的相似故事类型文本[51],并搜集了一些越南故事和文化资料[52],他在1933年6月10日写给艾伯华的一封信中,踌躇满志地透露了一个"少壮学者"的心迹。

我近日颇注意于中国和日本、印度、朝鲜等邻国的神话、童话的比较研究。关于这一类的论文,我已答应了日本神话学者松村武雄博士盛情的要约,写成的时候,将发表在他们所主持的《民俗学》月刊上。

总之,中国今日一些少壮学者,在这类学问上,是已经深感到有自己起来动手的必要,而且事实上已经在努力地进行了。[53]

在老獭子类型的比较研究上,钟敬文将比较研究的范围定为中、日、朝、越四国,比松本信广的范围扩大了。在理论上,他的目标是使用中国资料,确定中国故事类型的位置。他陈述自己的假设如下:

在这篇小文里,我所企图尽力的,不是要重新来讨论老獭子传说是否为朱蒙传说的原形问题(关于这,我同意松村教授的结论),也不仅是为论定这两个传说同出于一源的问题。我的主要工作,是一方面提供出他们所不曾发现的同型式(老獭子型)的中国的资料,一方面根据这新资料而做出比较确切的论断——关于这些同型传说发生地域的决定。[54]

---

[51] 关于钟敬文撰写中国和朝鲜故事类型比较的文章,参见钟敬文《老獭子型传说的发生地》,第147页,注释③,原文为:"详见拙著《中鲜共同民谭的探究》(未刊)"。他使用的其他朝鲜故事资料,见本页注①所举述孙泰晋编《朝鲜民谭集》和中村亮平编《朝鲜童话集》,另见第146页注释②所引僧一然《三国遗事》。

[52] 钟敬文使用越南故事和文化资料,如李根仙《越南杂记》,参见钟敬文《老獭子型传说的发生地》,第147页,注释②。

[53] 钟敬文《与W.爱伯哈特博士谈中国神话》,钟敬文《钟敬文民间文学论集》(下),第496页,上海文艺出版社,1985年。

[54] 钟敬文《老獭子型传说的发生地》,钟敬文《钟敬文民间文学论集》(下),第130页,上海文艺出版社,1985年。

从他在此段假说前后的解释看,他已估计到这种多国比较研究要有两处冒险:一是使用口头故事资料研究国别之间的民间传承,不一定能成功;二是没有充分资料和理论积累,也"极不容易成功"。但他满怀理想完成了这篇奇文。在他之后,再没有中国学者去做承续性的研究。

对第一种冒险,钟敬文认为,他可以采用民俗学与文化学相结合的理论和"比较研究"的方法去解决。

> 我们邻国的学者,各自运用专门的学识,来从事这类颇近于冷僻的"民间传承学"上的比较研究工作,他们的热心和毅力,是叫人钦佩的。正因为这样,我们不能不利用自己的方便,在他们赤足踏过了的道径上做更进一步的探险。这结果不一定就是成功,但我们总算尽了自己可能尽的责任,也是人类文化演进史上的一种必须的共同协力。[55]

由此可见,比起天鹅处女式的单纯故事类型研究,作者的文化史意识十分突出。运用这种观点和方法,在故事母题、民族文化观念和本国历史文献的关系的考察上,也许更为切近。他还干脆把这种类型研究的实质称为"人类文化演进史"的研究。

对第二个冒险,他认为,他占有日本学者不曾发现和使用的中国新资料,他更有建设中国民俗学的"责任心",因而他也理由充足。

> 自然,这工作是很困难的。本来关于诸种民族间文化流传的问题的考察,是极不容易成功的一桩事情,而这类问题属于"民间传承"方面的,那尤其是难于把握的了。何况笔者的学殖是这样荒落,更何况眼前环境不大适宜于从事这种细致的工作,但是,明明晓得这样,却仍执笔来做这冒险的尝试,那正是为前面所说过的责任心所推动着的缘故吧?假如这小文能够相当地把我的本意大体表达出来,并且使读者于读完之后,觉得还不算是一种太不近情理的胡说,那就是笔者无上的满足了。[56]

这时他已对英国人类学和日本民俗学有了综合消化的心得。他认为,在东方相邻国家之间开展这种比较研究,有文化交流和故事传播的历史基础,比西方人类学夸张的心理相同说,条件更为优胜。

> 我们早就明白,因为民族或部族间彼此文化阶段的相近,而产生了相似的神话

---

[55] 钟敬文《老獭子型传说的发生地》,钟敬文《钟敬文民间文学论集》(下),第 130 页,上海文艺出版社,1985 年。

[56] 同上书,第 131 页。

和传说等,这种神话学上所谓的"心理作用相似说"(即英国人类学家所主张的),是具有颇大的解释一般神话事象的能力的。但是,象前面所列述的那些传说主要情节高度的类似,不,简直该说是相同!却不能尽在这种原则(心理作用相同说)之下,去求正确的解释。换一句话说,我们与其把它们(流行朝鲜、越南和中国的三个同型式的传说)看作各自独立发生了的,怕不如看做从同一根源传布出来的更为符合事实。更简截一点说,就是对于这些相类似传说的解释,用神话学上的"传播说",似较胜于应用那"心理作用相同说"。[57]

他借助了当时先进的故事类型学和民俗学观点,判断这个类型源于中国。

我们以为,这三个分布在亚细亚的东南部的同型式的传说,它发生的地域以位置于中国境内为适宜。

我们支持这论断的根据在哪里呢?

第一,因为中国的这个传说,比于朝鲜和越南的,较近于原始的形态。关于这,我们试举出几点看看:

一、中国这传说中,把水里的灵物(龙穴)说是活龙(或有灵的龙),这比于越南传说中的说是马形物(或神马),朝鲜传说中的卧龙石,都较近于原始的意味。

二、中国这传说中,说水獭骨殖的埋葬,从灵物(活龙)的口中送进去,比于朝鲜传说中说是挂在角上,显然更属于传说的原来的型式。

三、中国传说中,后来成为天子的,是水獭的亲生的儿子,而在朝鲜传说中,他却成为老獭的孙子,后者无疑是被变形了的结果。

四、朝鲜这传说中的女子试夫一段情节,从这类型式的故事看来,实是一种添附的成分,所以在中国传说中便看不到,越南传说中也一样。

……

再次,因为老獭子型传说中所表现的"风水思想",是中华民族的最有特征的民俗信仰之一种。

自然,关于风水思想的发源地及其流布的区域等问题,这在没有做过精密的学术上的检察的现在,我们是不能够随便武断的。但是,至少我们可以大胆地这样说:风水思想即使不是发源于中国,即使不仅仅流行于中国的整个的民间,但它老早已在中国人民的思想中占着势力(这是从文献上便可以考知的),它流传的广泛

---

[57] 钟敬文《老獭子型传说的发生地》,钟敬文《钟敬文民间文学论集》(下),第 138 页,上海文艺出版社,1985 年。

和深入,也恐怕要以在中国境内为最。[58]

我们应该考虑到,钟敬文将故事类型学与民俗学结合的倾向,促进他吸收日本的民俗文化传承学思想。而这种思想发展的趋势,又加强了他的东方文化史比较研究,促使他扩大利用中国文献,并将之用在故事类型比较研究的解释上。这还有助于他大量使用同类型的故事现代调查记录本,将历史文献和现代口传资料综合利用,以解决多元国别文化环境中的故事类型传承问题。但是,我们已经知道,民间传承论的"中心圈"观点是杜撰的,它的发明者、日本民俗学之父柳田国男,后来受到了激烈批评。钟敬文要寻找老獭子类型的最初起源地,也是他那个时代的中日学者的一般做法。

朝鲜和越南,因为地理上接近中国国境的缘故,在古代,在政制上不用说,就是一般制、习惯和信仰(简括地说:一切国民的文化),也都是和中国有着极为深切的关系,这是在历史书上,在考古学上,在民俗学上等,都可以历历证明的。仅从朝鲜方面来说,她现在的民间传说中,和中国所有的大体相同,且可以断定,必是从中国流传过去的着实不在少数。

假如我们真的承认流布在亚细亚东南部的三个境地的老獭子传说,是必出于一个根源的,那末,把它的最初发生地域安置在中国境内,这仅仅从这同型传说流传地的三个国度的从来文化的关系上看,也不见得是很不妥当的。

此外,如果我们从这些同型传说(老獭子传说)的三个流传地域相关的地理位置看,以至于从朝鲜和越南传说中所谓"天子"的那实在人物(清太祖和丁部领)和中国政治的关系来看,把它们的共同的起源断说在中国,也都是有很大的可能性的。[59]

现在我们知道,这个鳖或鱼与人类结婚的故事,也是印度佛典故事中所长期保存的类型[60]。既然老獭子故事还有印度传承地,印度传承地的这种类型不一定是中国流传过去的结果,所以中国起源说也就不一定可靠。但是,今天指出此文不足,不等于否认它在当时的创新价值。钟敬文的老獭子型研究所推翻的是原来盛行的朝鲜起源说或朝越双起源说。他否认外国学者不正确的假设,以及他这一过程中进行的民俗学分析,还都是有道理的。下面是他在撰写此文期间,在使用另一篇《古今图书集成》所收白鱼与人结婚故事资料时,对这类比较研究所表达的感想,其理念至今令人感叹,值得回头一读。

---

[58] 钟敬文《老獭子型传说的发生地》,钟敬文《钟敬文民间文学论集》(下),第139—141、146页,上海文艺出版社,1985年。

[59] 同上书,第147页。

[60] 王邦维选译《佛经故事》,第91—95页,《十、六度集经》,《鳖达龙王》,中华书局,2009年。

提起"民间故事型式"的问题,真是"说来话长",在这里,我不准备怎样清算这麻烦的陈账,只想稍微表白出我的一点意见。我以为,神话、故事(乃至于一般的风俗习惯)的研究,是可以从种种方面去着眼的。型式的整理或探索,是从它的形式方面(同时当然和内容也有关系)去研究的一种方法。这自然不是故事研究工作的全部,但这种研究,于故事的传承、演化、混合等阐明上是很关重要的。我不愿引什么外国学者的话来助证自己的论点,我想脑子稍为清楚的人,总该不至否认我这里说的话吧。是的,故事内容的研究是重要的,(至少,我自己,无论过去或现在,都不曾在理论上或实践上忘记这个原则)同时形式方面的研究,也是不容许疏忽的。或者更确切地说,这两方面的研究,是应该相辅而行的。约瑟·雅科布斯(Joseph Jacobs)所修订的《印欧民间故事型式》,不但在它的本土欧洲,就是东方的日本,也被专门学者们所郑重地介绍,且承认它是很足供参考的东西。可是,它在中国却被一部分人赐以和这极相反的命运——蔑视!这是颇使人感到难堪的事。(虽然另一些人,把它过分地看成唯一的法宝,这也是我所不赞同的。)拙作《中国民间故事型式》,不过是一个未完成的尝试,但自信不是全无意义的工作(这并非因为它在国外发表的时候,颇受到称许的缘故)。在我国某些青年学子的眼中,它或仍要遭受那恶毒的讥评也未可知。[61]

这种西方主流研究方法在中国会遇到水土不服的问题,但它终究是中国民俗学起步时期的一种轨迹,要放弃它,或者要改造它,都要在解决问题后再行思考。

(四)始祖型和狗

钟敬文于1936年写了《槃瓠神话的考察》一文。这篇文章是他在日本期间对松村武雄所撰《狗人国试论》观点的补正与发展[62]。从他的这篇论文中可以看出,这时的中日印故事类型研究对他有两个意义。首先,他通过故事类型的途径,体验到民俗学的民族性特征。他这时已经认识到,自我想象优势文明的汉族古人,在记录和评价少数民族故事时,表现出了傲视的态度和"理性"民族的优越感。此时钟敬文通过中日印故事类

---

[61] 钟敬文《〈中国民间文学探究〉自叙》,钟敬文《钟敬文民间文学论集》(下),第405页,上海文艺出版社,1985年。

[62] 钟敬文《槃瓠神话的考察》,钟敬文《钟敬文民间文学论集》(下),第103页,上海文艺出版社,1985年。钟敬文就撰写此文与松村武雄就槃瓠神话展开讨论的原文是:"去年松村武雄博士的着笔而比较有力地展开了。博士那篇《狗人国试论》的论文中,引用了关于这个神话的历史文献及其它记录,从而推断说槃瓠是某个南方少数民族的图腾。……看到这一情况,笔者不敢偷安,决心要尽力来耕耘那些尚未开拓的部分。"另,在第120页,他也阐述了与松村武雄在干宝《搜神记》文献使用的讨论意见。

型研究,已接受少数民族故事类型中的怪诞母题,不再用汉族文化的优势文化眼光评价少数民族类型,也不同意以非理性的说法贬低少数民族故事类型的价值。在此文中,他再次使用班恩手册作为他提到印度故事的思想基础[63]。他指出,槃瓠与印度故事相关的例子是马头娘故事,他在文章的"引言"中说,早在1928年,他为友人余永梁写了一份《后记》,就已经考虑"槃瓠故事与马头娘的传说"的关系。而马头娘传说是有印度影响的中国故事。他说:

> 一九二八年,笔者的朋友余永梁首先在《西南民族研究专号》上发表了《西南民族起源神话——槃瓠》,我在为他写的论文《后记》中指出这篇文章提出了两个问题:一个是"槃瓠故事与盘古故事",另一个是"槃瓠故事与马头娘传说"。余文的断论虽然未必是定论,但是这种探讨是一种开创性的而且合理的研究。余文发表两年之后,笔者在起草《种族神话起源》一文时,除了引用《搜神记》中关于这个神话的记录之外,还引用了明代邝露及近人某君的记述,希图证明槃瓠原是南方少数民族的动物祖先——自认为血统所由来的"图腾"。但是笔者那篇文章只不过是简略的论述。[64]

他怎样在故事类型资料以外证实自己的观点呢?有意思的是,他没有继续通过日本的传承说去分析,而是使用松村武雄本人使用的欧洲人类学和民俗学分析印欧故事类型的观点,分析类型与图腾的密切关系,在两年前,他就开始从这个角度关注松村武雄。

> 松村博士在他的《印欧民谭型式》译注中,说世界上这类同型的故事从童话学者麦考劳克氏的称呼,可叫做"蛙女婿型"(Frog-Bridegroom Type)。他又说这类故事的产生,在文化低的民族里,是有着下列的民俗背景做根据的。
>
> 一、相信自己的祖先是某种动物,即所谓图腾(Totem)的信仰。
>
> 二、相信人、动物都能够自由地变形为自己所喜欢的东西。
>
> 三、事实上存在,部落的少女被类人猿一类的动物抢夺,而成了它的妻子。
>
> ……
>
> 关于中国的乃至于世界的这型式的故事,我希望将来有较详细地讨论一下的机会。[65]

---

[63] 关于钟敬文在日本期间研究槃瓠神话时使用班恩书,参见钟敬文《槃瓠神话的考察》原文第117页注⑥,第124页注②,上海文艺出版社,1985年。

[64] 同上书,第102页。

[65] 钟敬文《〈中国民间文学探究〉自叙》,钟敬文《钟敬文民间文学论集》(下),第404页,上海文艺出版社,1985年。

两年后,他果然使用了松村武雄的方法,这种方法帮助他找出槃瓠类型中的动物图腾遗痕,发展了他的思想,他说:

> 本文主要论证两个问题,即对槃瓠神话诸记录(文献的和口碑的)的搜集和比较研究,以及确定主人公槃瓠的图腾性质。[66]

这是怎样的新观点呢?他又说:

> 为什么会产生这种地域相隔较远,而其流传的故事却相似的情况呢?是由于人种迁移,还是由于故事本身的传播,或者还有其他的原因?探讨这类问题,对传承学的研究是有意义的。然而这不是本文的主意,因此不准备去讨论它。[67]

我们看到,他提出了自己的"修改说"。

> 一、产生和传承这个神话的少数民族,后来他们的文化发展的相当的高度(不论是全体或是一部分),所以一面承继着远祖的传说,一面又有意识或无意识地进行了修改。
>
> 二、当这个神话由少数民族传到汉族的时候,汉族人民不知不觉地把自己比较高级的社会文化色彩掺和进去,因而改变了它的原形。
>
> 三、出于记录者有意无意的改动。
>
> 上面所说的第一条,是造成各民族大部分是神话先后异形的一个重要原因。然而对于这个特定神话的变形考证来说,却不能作为主要的理由。
>
> ……
>
> 众所周知,神话、传说很容易变形,这是"传承学"上的一条规律。至于变化的程度、原因,却是各不相同的。无论如何,只要经过相当的时间或空间的流传,任何神话、传说恐怕都不可能完全保持着产生时的固有形态。一部族、一种族、或者一民族的神话,必然分化成若干大同小异或小同大异的型式。流传的时间愈久、范围愈广,差异也就愈大。[68]

他这时对故事类型的变异性有了新的认识,他不完全同意简单地使用日本的"传承论"[69],这也影响了顾颉刚的看法。他对狗祖先故事的分析,引用涂尔干的理论,使用了成年礼仪式的分析法,对这个类型的民俗含义给予解释,法国结构人类学派在半个

---

[66] 钟敬文《槃瓠神话的考察》,钟敬文《钟敬文民间文学论集》(下),第104页,上海文艺出版社,1985年。

[67] 同上书,第111页。

[68] 同上书,第113页。

[69] 钟敬文《槃瓠神话的考察》,钟敬文《钟敬文民间文学论集》(下),第114页,重点看注②。上海文艺出版社,1985年。

世纪后还使用这种方法。

　　狼氏族的少年战士达到成年的时候,用狼的皮包住身体,和其他同样装束的少年战士一齐把两手放在地上,做四脚走路的样子并且学狼的叫声。住在中国南部的黎族,传说着少年和犬配合而成为那一族祖先的神话,据前人记录:"醉即群作狗号,自云狗种,欲祖先闻其声而为之垂庇也。"

　　……

　　如上所述,信奉图腾的民族,在举行宗教仪式时,通常都要学那图腾动物的各种举动,有的部落,其司祭者或全体,都要服用那种动物的皮革或羽毛(或身体的其他部分),把自己装扮得和图腾动物相似。这样做的目的,不用说就是为了表明或促进和图腾的密切关系。[70]

他给自己的这项研究归结为图腾说有当时的局限,但他的这些说法也肯定了我国西南地区苗、瑶、畲等少数民族存在着动物始祖故事类型,这是他的贡献。他还指出中国故事类型所必备的民族性,这就很接近民俗学研究的本质。他对故事类型采用的仪式分析法在当时也是先进的。他还有一种理想,就是通过社会制度研究,深化少数民族动物故事后面的民俗文化史研究,他在文末说:"本文对于槃瓠神话的考察,应该说还是不够充分的。如对外婚制、氏族制度等与图腾主义有关的问题,本来也有一一加以探讨的必要。但是,因为时间、学力等的限制,只好等待将来有条件的时候再续笔了。"[71]正是在这几层意义上,我们同意他的说法,即这种研究具有"高度的文化史的意义"[72]。

他在少数民族动物故事分析中,表现出"五四"新文化运动的理想价值观,他在故事类型研究的目标上,有建设新国民素质运动和社会改革的理想化倾向。在这些问题上,他更像是"五四"科学精神的追求者和社会运动的革命者。他还补充使用了人类学的理论,提出古人对少数民族有误解,主要是持汉族的优势文明观记录少数民族的民俗和故事,却"不能正确地理解"它们。这种文献渗透到国民中,国民听信了这种误导,就会否定少数民族故事,现代学者应该清除这种误解。在这里,他把故事类型研究与"五四"以来的社会思想启蒙运动联系起来了,我国后来的新中国社会主义文化体系建设吸收了"五四"传统的精华,加强汉族与少数民族文化的共同建设,从社会主义先进文化的角度认识和保护少数民族文化,在这些方面,中国民俗学的研究是有独立贡献达到中心的。在1930年代,其他学科也在这个领域中进行了不同程度的探索,钟敬文把当时与民俗

---

[70] 钟敬文《槃瓠神话的考察》,钟敬文《钟敬文民间文学论集》(下),第119、122页,重点看注②。上海文艺出版社,1985年。

[71] 同上书,第126页。

[72] 同上书,第101页。

学相邻学科的这类论文都收入到他主编的《民俗学集镌》中,共32篇,包括人类学者黄石的《满洲的跳神》,历史学者顾颉刚的《苏州唱本叙录》、民族学者杨成志的《川滇蛮子新年歌》和文艺学者刘大白的《故事拾零》等[73]。

四 对钟、季讨论中日印故事类型的历程、观点和方法的再评价

在钟敬文的民俗学和民间文艺学研究中,动物故事研究起到关键作用,他解释这样做的原因很早,从1936年就开始了。他那时已看到,讲述动物故事是一种从古延续至今的漫长的人类文化过程,古人站在这个过程的一端,现代人站在这个过程的另一端。对"全没有一点近代人类学、民族学、民俗学等常识"的现代人来说,动物故事至今是帮助理解"怪异的(在我们看来)观念、行为和叙述"的钥匙[74]。他晚年还是坚持这种观点的。我们从钟敬文的研究中可以看到,动物故事是世界扩布最广、传承最久的故事类型,比起神话传说,它才属于长时段的故事类型。我们由此也能看到中国民间文艺学和中国民俗学之间的内在联系。

(一) 从中印到中日印

在接触印欧故事类型7年后,钟敬文去了日本,他晚年对他的中日印比较故事类型研究做总结说,"此行决不是为了游览或访问、考察",而是为了"学习民间文学和民俗学的主要理论和相关的各种人文科学知识"。从此,在理论上,日本成了他的福地,印度成了西方主流学术的目标国。

  1934年晚春,我抛下浙江大学的教鞭,乘轮到了东京。记得那正是樱花盛开的时节。但我此行决不是为了游览或访问、考察。我的目的是颇明显的:学习和探究。学习什么呢?学习民间文学和民俗学的主要理论和相关的各种人文科学知识。因为过去10年,我从事这两种学科的资料采录和理论探索(同时还从事这方面学术的组织、传播等活动)。不用说,多少取得了一些成绩(有些论文,后来被国际学人认为是"力作"),也坚定了在中国学术上牢固地树立这种学科的决心。但当时我也清楚地认识到,我的专业学识和能力还不足以担负起我要完成的事业。因

---

[73] 中国民俗学会编《民俗学集镌》,杭州景山书局,上海开明书局代售,1932年。上海文艺出版社,影印本,1989年。

[74] 钟敬文《中国古代民俗中的鼠》,原文写于1936年,《民俗》季刊,1937年第1卷第2期,收入钟敬文《谣俗蠡测》,第66页,巴莫曲布嫫、康丽编,上海文艺出版社,2001年。

此,我必须创造条件,填补这种缺陷。我必须正确把握机会,到国外去学习一段时间。这是我出国的主要目的。其次,因为从 20 年代末到 30 年代前 3 年,我在教授民间文学功课和写作民间故事等论文之余,阅读了一些日本语文的著作(包括高木敏雄自费出版的《日本传说集》之类)。我感觉到中、日两国(还有朝鲜)的民间故事、传说,类型和母题相同或者相似的颇多,值得联系起来研究;而且当时我国在人文科学里,比较研究的方法已相当时髦。所以,我想在学习之余,也进行一些研究,把题目定为《中日民间故事(包括传说)的比较研究》。……到了东京……民间文艺学、民俗学的理论及其历史的著作外,还要涉及民族学、人类学、社会学、语言学等社会、人文科学的著作。[75]

钟敬文没有去过印度,日本便成了桥梁。要把比较研究的范围扩大到中日印,日本正好具备条件。日本学者对中日故事类型的比较研究大有兴趣,并且发展势头快,不仅注重型式,还注意母题、主题和类型细微差别,这些与钟敬文的想法都是一致的。

　　日本这方面研究权威、已故关敬吾教授(日本民间故事类型索引等著作的编撰者)。他说,他重读我在 30 年代前期在日本《民俗学》(月刊)上所发表的《中国民谭型式》一文(这是一篇未完成的著述,它只列举了 50 个左右的型式,尽管所取材的故事是比较重要的),认为"中国的民间故事有一半以上与日本民间故事相同或类似"(关氏的《寄语》——给他编著的《日本民间故事》中文选译本的序言)。关氏的话虽然是一种概说,但是所估计的数量,跟丁教授所说有明显的差异——升高了。然而他这话,没有明确指出所比较的是否仅限于相同类型的、或者还包括相同母题的在内。因为两者的分或合,估计结果相当不同。但是,从大体上说,我是比较倾向于他的估计的。[76]

钟敬文也强调比较研究的复杂性,例如,不同国家之间的相似故事中,表面上看起来同型,但实际上存在着"相同类型的或者还包括相同母题的在内",这"两者的分或合,估计结果相当不同"。他也指出,中国民俗学发展坎坷,他"单枪匹马作战",在条件有限的情况下,他采用的方法是,在日本学者所述类型中,"有中国同型式的,就把它登记下来"。他还讲了很重要的一条意见:他根据多年的经验和思考,考虑到相同母题在不同

---

[75] 钟敬文《中日民间故事比较泛说》,钟敬文《钟敬文学术论著自选集》,第 367 页,首都师范大学出版社,1994 年。
[76] 同上书,第 372 页。

国家、不同时期纠缠串联成适应本国文化的故事串的实际,认为这种形态应该称"主题"更合适,他说自己做到"记上主题或中国同型故事的"[77]。我们还注意到,他补充列举了一些中国主题,如"龟与雁(开口招害型)"。在季羡林的著作中,已指出印度《五卷书》有此类型。但是,谁来支持钟敬文完成印度故事类型的研究?在这个表面是亚洲国家而实际由西方主流研究占据绝地地盘的印度故事学领域,谁有公认的国际话语权,并能给他助一臂之力?自然也只能是季羡林。以下引季羡林对"龟与雁"型的介绍:

> 《五卷书》第一卷第十六个故事的内容是:两个天鹅和一个乌龟做朋友。天旱的时候,两个天鹅让乌龟咬住一个木棒,它俩各叼一头,准备把乌龟运到有水的地方去。后来乌龟不遵约言,张嘴说话,从天空里掉下来,摔死。这个故事当然也是印度人民的创作,通过佛经传到中国来。[78]

季羡林此文写于1958年,不是与钟敬文同步的研究,季羡林的讨论对象是沈从文的小说,也不是钟敬文的故事学,但他们隔时空相遇。季羡林把这种故事类型的生成比喻为故事树,即"有一个主要的故事做骨干,上面穿插了许多小的故事",这个说法用来概括印度故事很合适,用钟敬文的概念说,是一种"主题"形态。季羡林随后也说"这种体裁对中国可以说是陌生的,而在印度则是司空见惯的事"[79],这对民俗学者是个提醒,而钟敬文在很长时间里发展起来的对故事主题、母题和类型的差异的研究意见,对季羡林又是一种来自相邻专业的参考意见。

(二)中日印动物故事与印度佛教文化

我们在前面已多次谈到钟敬文对动物故事的研究意义的分析。在这里还要补充一点,那就是他在动物故事研究中,曾多次指出印度佛学、印度佛教文学和印度佛教文化传播史的历史价值。在故事类型学上,有一个世界性的类型叫"难题型",钟敬文通过大量分析记载中国动物故事的书面文献,指出这个类型来源于印度,他本人也曾引用了印度的《本生经故事》和《佛本生故事》。季羡林曾指出,这些佛典故事中的动物,"既然降生,必有所为,或善或恶,不出两途。有因必有果,这就决定了它们转生的好坏"。这些善报恶惩的思想,被活泼可爱的动物故事带到中国,给中国民俗带来深刻的影响,至今还在发挥作用,这也是分析中日印动物故事的历史价值和现实作用。

---

[77] 钟敬文《中日民间故事比较泛说》,钟敬文《钟敬文学术论著自选集》,第372页,首都师范大学出版社,1994年。

[78] 季羡林《印度文学在中国》,季羡林《比较文学与民间文学》,第115页,北京大学出版社,1991年。

[79] 同上书,第106页。

不同专业的学者得出相同的结论,除了使用各自专业的科学方法,还要靠出示原文资料说话,将资料与方法相结合。季羡林就曾指出,印度是否影响中国,不能单纯根据文学艺术作品"某一'型'"相似与否,就决然做出论断。我们知道,在"五四"学者中,有些名家对《西游记》中孙悟空的一些情节,就做过这种大胆的判断,乃至产生了不少追随这类观点的著述。但终因资料不落实,大胆推测也成悬空之论。

(中日印戏剧类型)有没有直接的影响呢?少数的学者倾向于肯定的答复。他们想证明,某一"型"的中国戏剧是受了印度的影响,譬如"赵贞女型"。也还有人想证明,某一个杂剧受了印度的影响,譬如《陈巡检梅岭失妻记》。但是,我们必须承认,这些证明都是缺乏根据的。[80]

季羡林还有一篇文章《"猫名"寓言的演变》,直接使用了自己从梵语翻译得到第一手译。此文资料权威,分析方法和观点也令人赞叹。所谓"猫名",在民俗学和民间文艺学领域,也叫"猫鼠型"主题,里面包括了四个猫与老鼠不同组合关系的母题,其中三个母题西方都有,唯有一个母题"老鼠嫁女"只有中日印有,而且可以肯定是印度故事,以后又漂流到了中国,再漂流到了日本。钟敬文从1936年开始研究这个故事,但一直没有下定论,看到了季羡林的文章,他坚定了自己的正确看法,即老鼠嫁女型母题的传承和变异,主要是在中印之间进行的,日本的同型故事是从中国传过去的,同时他也修正了个别在缺乏原文资料的情况下难免预料偏差的异式推测,如"猫"的出身问题。

我原以为中国第二式的猫及关于它的命名活动,是由印度故事传入后所产生的异文。现在觉得中国古代记录中的此类故事中的"猫"同样也是外来货。

……

中日两国民间传承中不但存在着同样类型的老鼠嫁女故事,并且同样具有鼠女择婿和异猫命名的两式。此种特殊现状,加上过去两国长期的一般文化及口头传承的密切关系的事实,就不能不使我想起它们之间的传播关系,更明白一点说,即我认为日本的这类故事是从中国传过去的。在没有得到相反的证据之前,暂时我们只能作此判断。因为对这一现象的解释上,任何"各自创造"和"偶然相似"的理由,都不大容易令人信服。同此道理,我们也推断两国这种类型故事的渊源大概都在印度和锡兰等处。[81]

---

[80] 季羡林《印度文学在中国》,季羡林《比较文学与民间文学》,第111页,北京大学出版社,1991年。

[81] 钟敬文《中日民间故事比较泛说》,钟敬文《钟敬文学术论著自选集》,第395、398页,首都师范大学出版社,1994年。

钟、季对话有学问互补的深层需求。以此个案为例,钟敬文在肯定了印度佛典文学的影响之后,对印度佛教故事落地中国后,再与中国原有故事结合,产生了新的中国元素,他会做更仔细的研究。对看似印度故事的中国异式,他在核对季羡林译自印度梵语原文的文献后,也会对其"外来货"部分做出还原的解释。在这两方面,民俗学者都是可以发挥专业作用的。

五　前人工作的历史经验

钟敬文从接触班恩的《民俗学手册》时,就对印欧故事类型十分敏感,接着就马上上手去做,这是他的天分。他起初的学术路径是搜集中国历史文献中的相似故事,一并搜集口头故事,然后开展分析,并不断地发表文章,有的还是相当长的论文,相当于一本小书。印欧故事类型之于钟敬文,以其外来和简约,正好适合以他为代表的当时的中国民俗学者的素质,也符合中国民俗学运动起步时期的水平。通过这条路径,钟敬文把西方民俗学的主流方法引进中国。在这方面,他比其他任何学者都用力更勤,钻研更多。他到日本后,从中印扩大到中日印,积极吸收西方人文社科理论,将中日印故事类型比较研究理论化。他在日本也没有放弃对印度故事的关心,印度故事类型成为他与日本学者对话的一个焦点。他从这里走向故事类型背后的民众思维文化的研究并在这条路上形成了自己的学术特点和治学成就。

印度是一个富于口头传统的国家,中国是一个富于文献传统的国家。当然中国也有丰富的口头传统,但与印度相比,还不如印度。从现代人文科学研究的结果看,这是两种十分不同的文化传统,会给民族性格和国家形象带来不同的影响。两种传统之间有交叉,有互动,但两种传统本身就很强大,能产生相当伟大的世界级作品,提供现代学者做完整的研究。从这个角度说,钟敬文和季羡林在各自领域的工作是适应两国文化传统的需求的。总结他们的历史经验,对后学的研究也是宝贵的启示。

第一,两个传统的影响力度有赖于文学化。钟敬文提出,印度故事,特别是《五卷书》等佛典文献中的口头故事,比中国故事更加国际化,这是因为它们很早就已经文学化了。借助文学文本,印度故事的流传更为广远,乃至被多国文化所接受。

从文学角度看,印度的古寓言在艺术构思上是比较精巧的。这可能是原有的民间创作经过了记录文人的加工的结果。中日两国的同型故事大都比较朴素,大体反映了两国民间传承的一般现象。自然,有些被记录者润色了的,如《应谐录》所记的中国故事和蔡美连所译的日本故事,也在这里或那里多少映现着执笔者加工过的痕迹。它们也因此会跟广大群众创作和口传的作品有一定程度的差异。从科学(包括民间文艺学、民俗学、民族学、语言学等)研究的角度看,固然要求记录的民间故事绝对忠实于民众的口述,但从一般文艺创作和广泛阅读的角度看,则一定的加工,及至于再创作,只要符合一般艺术的要求而能对读者产生预期的教养的、审美的效果,那也并不是什么坏事。[82]

季羡林论证了《五卷书》和《沙恭达罗》等非口语化和成书的各种社会、宗教、著名文人作品的作用等综合因素,证明印度故事存在一个被高度文学化的过程。

> 婆罗门祭司在印度古代是垄断文化知识的社会阶层……靠给酋长、国王当帝师,举行祭奠谋取利养。从《梨俱吠陀》起,经过梵书、森林书、奥义书、经书,一直到《摩诃婆罗多》和《罗摩衍那》两部大史诗,以及后来的叙事诗和戏剧,这些典籍多半出自婆罗门之手。……据说印度近代大诗人泰戈尔,除了《沙恭达罗》以外,不喜欢其他梵语文学作品。这事虽然难免有点偏激,但是不能说是没有一点理由的。
>
> ……
>
> 《五卷书》现在流传的本子是用梵语写成的。
>
> 梵语是一种什么样的语言呢?到现在还没有定论。但是从种种方面看,它大概从来不是一种口头使用的语言。……梵语的复兴,这与婆罗门教的复兴是密切相关的。[83]

季羡林推断,佛典故事曾与普通民间故事有相同的题材、性质和叙事结构,但在经过特殊的文学加工和文献化处理后,印度经典故事才会插翅飞翔。

我们还看到,季羡林不但评估了印度故事的文学化现象,而且指出印度口头传统保持下来的另一个原因,是保留了民族志诗学所十分强调的吟唱的形式。吟唱是口头传统的高级形式,不吟唱的口头传统是家庭式的,吟唱的口头传统才是社区的、民族的、国家的。口头传统经过吟唱,才能实现专业化,产生专业化的歌手和艺人,形成专业化的戏剧和仪式。季羡林指出印度故事有"最受人欢迎"的说唱形式,即吟唱,这应该不仅来自他的理论洞见,也应该来自他的翻译和现场观演的体验。能翻译和能观演的学者才能找到口头传统的生命律动。可惜文学化的代价是损失吟唱,这时又要求研究者和一般爱好者带着文与吟的双重意识去读口头传统的文本,近年民俗学和民间文艺学在这方面加强了训练。

---

[82] 钟敬文《中日民间故事比较泛说》,钟敬文《钟敬文学术论著自选集》,第 399 页,首都师范大学出版社,1994 年。

[83] 季羡林译《五卷书》(1958 年出版,2001 年重印本),第 389、392 页,人民文学出版社。

《五卷书》)为什么在印度国内外这样受到欢迎呢?……大体分析起来,这一部书包括两部分,散文与诗歌。说故事的任务由散文担负,而诗歌(除了一个是例外)是分插在散文里面的。……从《五卷书》各种异本衍变的历史上来看,用诗歌形式写成的格言谚语这一部分大概是后加进来的。[84]

　　在古代印度,最受人欢迎的讲故事的形式是诗歌与散文相结合,估计佛本生故事也不会例外。后来收入《大藏经》的时候,只收了诗歌的一部分。诗歌固然也有连续成为故事的;可是也有不少的诗歌,如果没有散文叙述,就不知道是何所指的。因此,宣传佛教教义的僧侣就只好根据自己的理解用散文加以补充。现在,在巴利文《佛本生故事》中,诗歌与散文常有矛盾,而诗歌的语言总比散文显得古老,原因就在这里。……汉译大藏经里有不少的经内容都是佛本生故事。……在1000多年以前,佛本生故事已经在新疆一带流行了。[85]

　　阅读季羡林的研究,再读钟敬文的研究,我们能看出,他们都使用了同一种表述,即把口头传统所达到的文与吟的境界叫作"散韵相间"。季羡林指出,在印度故事文学中,这种诗歌与叙事相间的特点,推动了印度故事的传承,连巴利文的佛本生故事也如此。钟敬文也认为,印度故事有很多散韵相间的底本,这种文本适合说唱,这是印度故事广泛流传的优势。季羡林作为梵语专家,他更深刻的地方,还不在于指出这种散韵相间的形式,而是在于他将不同的翻译文本做对照,并比较"各种异本衍变的历史",指出,印度有些故事的韵文"是后来加进来的",这是需要我国民俗学者深思的。为什么呢?中国是多民族故事的海洋,故事进说唱,说唱讲故事,故事变戏曲,戏曲讲故事,总之散韵相间是故事天生的特点,这是中国民俗学者头脑中不争之概念。虽然我们还不知道这种概念是怎么来的,但大家似乎都接受了这种概念,从来也没人提出问题。民俗学者也了解印度变文对中国宝卷和口头叙事的散韵结合的影响,但会以为,这不等于说中国自己就没有土生土长的散韵结合的东西。季羡林的研究让我们看到另外一种可能性,就是口头传统中的韵文吟唱也会在文学化的过程中发生。因此,研究工作不能先入为主,要靠占有具体资料,要经过仔细的研究再下结论。季羡林还有一个观点值得参考,就是印度故事被文学化后,添加了符合人类听故事的基本需求要素,即"智慧"和"娱乐"[86],有了这两个元素,"文学化"才能成为将口头传统国际化和未来化的功臣。

---

　　[84] 季羡林译《五卷书》(1958年出版,2001年重印本),第3页《译本序》,人民文学出版社。
　　[85] 季羡林《关于巴利文的〈佛本生故事〉》,季羡林《比较文学与民间文学》,第125—126、128页,北京大学出版社,1991年。
　　[86] 季羡林译《五卷书》(1958年出版,2001重印本),第2页《再版新序》,人民文学出版社。

第二，两个传统的深扎根有赖于历史性。钟敬文在中日印故事类型比较研究上使用的一个重要方法是文献法。所谓文献法，就是在中国富于文献传统的环境中，借助传统国学的方法，使用故事类型理论，去搜集历史文献。这样做的目的不是要搞历史研究，而是还原故事类型传承的动态的历史。他从孟姜女开始，到天鹅鸟、槃瓠狗、老獭子鱼和娶亲鼠的重要个案研究，一直在做这项工作，特别是在对天鹅、狗、鱼和猫鼠等动物故事类型的研究上，他所引用中国文献成倍增加。他把历史文献与故事类型理论对接，与历史学家使用历史文献的眼光不同，结果有了一个个新的发现。

在中国这个文献传统大国中，这种做法要得到学术认同，也不是很容易的。钟敬文曾借助评价黄石的艰辛，多少透露了他的压力。

> 最近友人黄石先生，在《青年界》上发表了一篇关于植物的神话传说的论文，我读了深感到愉快。黄先生为了要证明中华民族的神话资料，在质或量上，并不象近人所揣测的那样穷乏，于是，便把个人在杂记中所辑出的关于植物神话传说方面的材料揭示于众。黄先生文章的末段说："以上七节，是作者费了不少的工夫才勾稽出来的。"或者有人要怀疑这话的过于夸大也未可知，但我却因为这而更敬重作者努力于这门学艺的苦心。[87]

使用文献一向是历史学家的专利。钟敬文当时用文献传统的优势，去补充口头传统的优势，这是中国文化造就的中国学者之必然选择，但要使这种方法成熟起来，还需要打磨。在"五四"新文化运动中，汉魏志怪小说等非正统文献的地位有所提高，但在如何使用上仍有争议。民俗学者不能简单地利用进步社会观去直取文献包藏的故事原料，也不能笼统地使用西方人的主流方法去解释中国文献传统。民俗学者要与历史学者相结合。但民俗学者不能与保守的历史学者结合，因为保守的历史学者是不能接受怪力乱神的故事记载的。民俗学者要与有现代思维的历史学者结合，因为这种历史学家要有更深厚的中国文化修养和更高端的科学探索追求。在这方面，钟敬文与顾颉刚的合作是成功的。

再看季羡林的作用。学者在将中印两个国家、两个传统中的故事类型交流进行比较时，还要考虑汉魏以来佛典文献输入中国的影响，这就需要民俗学者与印度佛典文献研究者的联合。钟敬文曾指出，汉魏笔记杂纂存在着向外抄书和互相抄书的现象，不过也有本土的先秦文献羼杂其中。如何鉴别？如何利用？在这方面，我们不但需要翻译家，也需要对中国先秦汉魏文献和印度佛典文献有双向了解的学问家。这位开创者正

---

[87] 钟敬文《中国的植物起源神话》，钟敬文《钟敬文民间文学论集》（下），第149页，上海文艺出版社，1985年。

是季羡林。他在 1950 年代就回答了这个问题:

> 到了六朝时代,印度神话和寓言对中国文学影响的程度更加深了,范围更广了。在这时候,中国文学史上出现了一类新的东西,这就是鬼神志怪的书籍,只要对印度文学稍稍涉猎过的人都能够看出来,在这些鬼神志怪的书籍里面,除了自秦汉以来中国固有的神仙之说以外,还有不少印度成分。……

> 从内容方面来看,这些鬼神志怪的故事里面有一些对中国来说是陌生的东西,最突出的是阴司地狱和因果报应。……连中国的阎王爷都是从印度来的"舶来品"。

> 六朝时代有许多小说,全部书都谈的是鬼神的事情,譬如荀氏《灵鬼志》、祖台之《志怪》、《神怪录》,刘之遴《神录》、《幽明录》、谢氏《鬼神列传》、殖氏《志怪记》、曹毗《志怪》、《祥异记》、《宣验记》、《冥祥记》等等。这些书,只要一看书名,就可以知道内容。……有一些故事已经中国化了,有的正在化的过程中,有的才开始,印度气息还十分浓厚。谁也不会相信,它们与印度无关。[88]

这批志怪笔记小说民俗学者早就熟悉,但对它们的印度背景并不熟悉,所以吸收季羡林的研究成果是十分必要的。这无疑能增加民俗学者对印度佛典文献的关注度,并提高引用这类资料的准确性,避免随意解释。

第三,两个传统的相遇有赖于动物故事。动物故事在钟敬文的中日印比较研究占有举足轻重的地位,这点我们已在前面一再谈到。但在两个传统的互补研究中,钟敬文与季羡林有何不同?要继续比较前人的历史经验,动物故事便是一个值得分析的例子。钟敬文分析动物故事,采用了故事学类型方法和精神民俗分析法。这是民俗学者的长项。季羡林也有自己的方法。他们都能看见对方看不见的东西,因此自动靠紧。

> 动物和动物、动物和无生物,乃至动物和超自然者间可以自由变形的观念,是文化未成熟的民众所同具有,中国民众当然不会有什么例外。[89]

> (在古代文化史中生活的人们),他们的想法和做法等,往往是要使我们很难于理解的……鸟、兽、虫、鱼等动物的部分,占着颇大的数量。这原因很显明,就是,一般地,动物在他们那种阶段的生活上,是具有比较深广交涉的缘故。[90]

季羡林的动物故事观,有印度学、翻译学、佛学和比较文学的依据。在他看来,印度

---

[88] 季羡林《印度文学在中国》,季羡林《比较文学与民间文学》,第 103 页,北京大学出版社,1991 年。

[89] 钟敬文《中国古代民俗中的鼠》,原文写于 1936 年,《民俗》季刊,1937 年第 1 卷第 2 期,收入钟敬文《谣俗蠡测》,第 69 页,巴莫曲布嫫、康丽编,上海文艺出版社,2001 年。

[90] 同上书,第 67 页。

《五卷书》就是一部动物故事集,但动物不做动物事,而是说人话和办人事,那就意味着不是动物在行动,而是文化在行动。

(《五卷书》)的特点是:在这些故事里,出现了各种的鸟兽虫鱼、狮子、老虎、大象、猴子、兔子、豹子、豺狼、驴、牛、羊、猫、狗、麻雀、白行鸟、乌鸦、猫头鹰、埃及獴、乌龟、虾蟆、鱼、苍蝇等等都上了场,也是五花八门,应有尽有。

这些鸟兽虫鱼,虽然基本上还保留了原有的性格,比如狐狸和豺狼狡猾,驴子蠢笨;虽然还没有摆脱鸟兽虫鱼的样子,没有像《西游记》和《聊斋志异》上那样,摇身一变成人;可是它们说的话都是人的话,它们的举动都是人的举动,而思想感情也都是人的思想感情。因此,我们必须弄清楚,这些鸟兽虫鱼实际上就是人的化身,它们的所作所为也就是人类社会里的一些事情。[91]

在1950年代的特定时期,季羡林还曾用这些故事做过社会史的研究[92]。从他们的研究结果看,在故事类型上,动物故事可分为以下六种。

1. 动物星宿。很多中国故事类型中的牛、鸟和兔子都是天上的星宿,或神灵的下属,如狗耕田型和嫦娥奔月型。

2. 动物预言。能预言洪水灾害的神异动物是乌龟和狮子,有时是它们的石像代为发出预言,如洪水型。

3. 动物大王。指动物排序谁是第一,或者通过竞赛获胜称大王,例如十二属相型、黔之驴型、狐假虎威型和青蛙王子型;或者以智力斗胜,如狐狸偷篮子型、兔子判官型。

4. 动物女婿。蛇、青蛙、鼠、狗和鱼等动物成为人的女婿,如蛇郎型、青蛙儿子型、老鼠嫁女型、槃瓠型和老獭子型,或者猴子、熊、鸟、蛇和田螺等动物成为人的妻子,如猴娃娘型、熊妻型、天鹅处女型、白蛇传型和田螺娘型。

5. 动物命名。指给动物起名字的故事,如异猫命名型。

6. 动物助手。有两种情况,一种是动物给某中心角色当助手,如鹦鹉型等动物开口说话型;一种是弱小动物联合起来战胜强势动物,如老虎精或猪哥精型。

这六类不能涵盖全部动物故事的分类,但我们指出这些类型,是因为它们都被钟敬文讨论过,已指出它们是中日印日相似故事类型。季羡林指出它们有印度故事文学和佛典故事的出处,这些动物故事源自印度,中国也有相应的本土动物故事流传,但在受到印度影响后,中国故事会产生变异。钟敬文同意季羡林的这个观点。钟敬文晚年还

---

[91] 季羡林译《五卷书》(1958年出版,2001重印本),第4页,《译本序》,人民文学出版社。
[92] 关于季羡林用动物符号做社会史研究,如"我们可以说,这些故事里的鸟兽虫鱼所表现的思想感情,基本上是印度奴隶社会和封建社会里老百姓的思想感情"。详见季羡林译《五卷书》,第5页《译本序》。

提出,这些动物故事从印度或其邻国传到中国,再从中国传到日本。至于这个过程是怎样发生的? 它对动物故事研究有何意义? 还有待后学去探讨。

第四,中日印故事类型比较研究的核心是中印。钟敬文曾绕道日本研究印度,而在中国民俗学和民间文艺学发展了近一个世纪的今天,我们有了直通中印的条件。季羡林和他的后学团队已提供了印度史诗巨制、三大佛经故事集和汉译佛典的几乎全部代表作的中译本,我们只待行动。而对直面印度的重要性,季羡林已有很多论述:

> 印度文化给我们的影响太多了,时间太长了,头绪太复杂了。……我们只要想一想那部浩如烟海的大藏经,谁也说不清它究竟在中国文学上,哲学上、宗教上、民间信仰上发生了多么大的影响。这影响的范围可以说是上至学士大夫,下至贩夫走卒,大至京城皇居,小至穷乡僻壤,没有一个人没受到,没有一个地方没受到。连我们的语言里都加入不少的印度借来的字。有的我们还可以知道,有的我们连知道都不知道了。倘若没有印度文化到中国来的话,谁也不敢说,中国文化现在会成了什么样子。[93]

按照季羡林的话,我们当鼓足勇气,从民间信仰开始,去追溯"上至学士大夫,下至贩夫走卒,大至京城皇居,小至穷乡僻壤"的民俗承担者、讲述人、传承空间和上中下层整体文化,而这正属于钟敬文所谓的"民间文化"系统。印度文化中国民俗学资料系统的研究,可知很多印度因素的影响都是基础的、历史的和多民族化的。

日本学者加藤千代曾看到钟敬文从日本看世界[94],但没有看到钟敬文从中日印看世界。在钟敬文、季羡林奠基后,对民俗学和民间文艺学的研究,必须顾及两个问题。一是比较研究,而中日印比较是个远未充分利用的大舞台。这里大家云集,值得投入。二是从故事中找到本土文化符号,而文化符号又是给别人看的,让别人懂的,它要在比较中产生,要经过研究和创新阐释发挥作用。

(董晓萍:北京师范大学民俗典籍文字研究中心,100875,北京;

王邦维:北京大学东方文学研究中心,100871,北京)

---

[93] 季羡林《东方语言学的研究与现代中国》,季羡林《比较文学与民间文学》,第39页,北京大学出版社,1991年。

[94] [日]加藤千代《钟敬文之留学日本——成果及其地位》,杨哲编《钟敬文生平·思想及著作》,第747页,河北教育出版社,1991年。

再论中国民俗文化特征

萧 放

提要： 中国地域辽阔,环境复杂,历史悠久,民族众多。中国的地理环境、生计方式与人文历史传统决定了中国民众的生活文化习惯,形成了中国民俗文化的总体特色。从形态看,它具有多样性与共享性;从表现形式看,它具有象征性与模式性;从性质看,它具有伦理性与日用性;从传承方式看,它有着稳定性与变异性。从中国民俗文化特征的论述中,加深我们对中国民俗文化内涵的认识,理解与把握民俗文化的传承与变异关系。

关键词： 中国 民俗文化 特征

中国地域辽阔,环境复杂,历史悠久,民族众多。中国的地理环境、生计方式与人文历史传统决定了中国民众的生活文化习惯,形成了中国民俗文化的总体特色。关于中国民俗文化的主要特征,学者有不同的归纳,笔者通过对民俗文化的理解做如下归纳。

一 多样性和共享性

多样性与共享性是中国民俗的突出特征,二者相互区别又相互依存。

首先看多样性。

民俗文化属于文化体系中的基层文化,它具有与地理环境、人文环境密切相关的原生性质。从中国民俗文化整体的空间分布看,有华北、东北、西北、中南、华东、西南等六大区域,在960万平方公里的国土面积上生活着56个民族,这些民族都共享并传承着自己的文化。因此,民俗文化的多样性,在中国有着丰富的表现。形成民俗文化的多样性原因简要归纳有以下三种情形：

一是地域空间、自然环境模塑的生存方式与生活传统。这是人们为适应自然、选择生计方式而形成的生活文化传统。比如西北干旱地区居民与江南丰水地区的居民所依

---

* 本文是在2012年7月5日北师大汉教学院对外汉语教学培训班专题讲座的演讲稿基础上修改完成的。

赖的生存环境与生活资源截然不同,由此形成不同的民俗文化形态,这些民俗文化形态在空间上是并存的。

二是长时间的历史积累与发展变化所形成的民众状貌。中国自先秦以来,民族活动的舞台很少离开中原中心,但随着历史发展变化,民情如水势向东向南汇聚,几千年以来,我们的社会习俗古今杂陈,丰富多彩,既有古老的寒食节的遗存,也有新兴的情人节的出现。

三是众多民族或族群的文化创造。除了地域模塑、历史交融之外还有民族文化传承,中国有56个民族,还有若干称为某某人的族群。民族是近代的发明,开始只讲五大民族,汉、满、蒙、回、藏,中华人民共和国成立后划分了56个民族,各民族有自己的历史与文化,民族民俗文化异彩纷呈。

地域生态、历史进程、民族文化传统构成中国民俗多样性的基础与丰富的表现。

中国民俗历史传统中,特别强调风土。当代日本学者和辻哲郎写了《风土》一书,说中国人很早就建立了风土传统。民俗的风土性解释在先秦礼俗观念中有明确表述,《礼记·王制》中说:"凡居民材,必因天地寒暖燥湿,广谷大川异制,民生其间异俗。刚柔轻重,迟速异齐,五味异和,器械异制,衣服异宜,修其教不易其俗,齐其政不易其宜。"[1]认为民俗性格、行为、嗜好、工具、衣服形制等都与气候、地理等风土有关。晋人周处写了一本书叫《阳羡风土记》[2],开创了风土记的传统,后来历代都有《风土记》体裁的著作出现。中国有两大民俗著述传统,一个是岁时记传统,一个是风土记传统。风土是传统中国人解释各个地方民俗性格的依据,认为地方水土条件不一样,人们的声音、性格、脾气和爱好都会不一样。"一方水土养一方人","十里不同风,百里不同俗"。以民俗性格论,山区与平原,南方人与北方人,沿海地区与内陆地区人,都会有不同习性。

中国民俗风土性很强。比如东北人性格很豪爽,大家到东北去看看那里的自然环境,天高地阔,粗犷是自然的。南方村庄山环水复,人们长期生活其中,性格难免细腻曲折。宋代庄绰说:"大抵人性类其土风,西北多山,其人重厚朴鲁;荆扬多水,故其人亦明慧文巧,而患在轻浅。"(《鸡肋编》)不仅民性与地理环境有一定的关系,人的秉性还与饮食方式有关。水边人灵动,因为"饭稻羹鱼",他的食物蛋白质补充多;山边人则很少吃这些食物,人性就相对憨厚。再者山与水流比起来,山安稳不动,因此水乡人与山区人

---

[1] 孙希旦《礼记集解》卷一三《王制》第五之二,第358页,中华书局,1989年。
[2] 周处《阳羡风土记》,王谟辑,金武祥补,《中国风土志丛刊》第32分册,广陵书社,2003年。

的性格禀赋不一样是有一定道理的。当然地方性格还要考虑到它的文化传统。

下面这段话也讲到了南方人和北方人的性格问题,孔颖达在《礼记·中庸》疏文里说:"南方谓荆扬之南,其地多阳,阳气舒散,人情宽缓和柔假之。""北方沙漠之地,其地多阴,阴气坚急,故人性刚猛,恒好斗争。"[3]他从阴阳二气的运行角度解释评述南、北方人的性格差异,其实是生活方式、生活环境使他们形成这种性格,在北方艰苦的环境下,只有刚猛才能生存下来。

民俗的多样性是以地方、历史、民族为主体的,其中地方性非常突出。独特的自然环境、经济生活会形成地方性习俗,即使是一些通行习俗到了地方也会发生变化。我们理解民俗的时候,概而化之讲的时候说大家都这样,但实际上不同的地方都有不同的民俗表现,通行习俗会有地方变异。如果我们做社会调查,一定要去了解地方的民俗、民情。"入竟(境)而问禁,入国而问俗,入门而问讳"[4],到一个国家要了解它的法律,到一个地方要了解它的民俗,到别人家里要了解他家的禁忌。我们以前特别讲规矩,自己父亲的名字不能随便说,别人不能随便提。六朝是世家大族为主体的社会,南朝齐梁时期有一个叫王僧孺的名宦,他熟悉各家家谱,"日对千人,不犯一人之讳"。这个"讳"非常重要。我小时候家教被告知,父亲的名字不能随便说,要说就说上面是一个什么字,下面是一个什么字,这就是民俗规矩。

由于时间、地域与族群的原因,中国民俗文化具有色彩斑斓的状貌。

其次看共享性。

中华民族之所以成为共同体,是人们几千年的共同生活使然,互相之间有很多文化交流与共享。不仅上层的文化,如《论语》的语录、李白杜甫的诗歌是共享的东西,在民俗生活里很多传说、故事、歌谣,以及人生仪礼、岁时节日、神灵信仰也都是多民族共享的。比如春节,三十多个民族过春节,端午节也有十几个民族过;梁祝故事在很多民族都有流传,虽不是都叫梁山伯与祝英台,会改成苗族小妹或侗族大哥之类,但故事梗概基本是相同的。共享是在长期的共同生活中的互相模仿、交流、借鉴形成的传统,所以民族的凝聚力主要在传统习俗文化的共享方面。我的博士论文是做《荆楚岁时记》研究,写的是六朝时期的南朝荆楚地方的民俗生活,其实这本书里记载的习俗是当时中国的习俗,南朝、北朝都共享这样的习俗模式。在中国分裂了四百年之后能走向统一,不仅仅是政治原因,在很大程度上是文化的认同。

趋同性和共享性是中国民俗的重要特征之一,这种共享性可以从两个角度理解:一

---

[3] 阮元校刻《十三经注疏》,第1626页,中华书局,1980年。
[4] 孙希旦《礼记集解》卷四《曲礼》上第一之四,第91页,中华书局,1989年。

是超越地域、民族的民俗资源共享,二是跨越城市乡村各个不同社会阶层的共享。我们的共享除地域、民族之外还有阶层。如传统社会,官员要放假过年,过去正月初一和十五之间官印要封起来的,西方社会不能理解,大家回去过年,社会就会处于静止状态。实际上没有静止,民间生活活跃起来,不要当官的政治管理,大家都在共享传统生活,不同阶层都在共享这个习俗文化。费孝通先生曾强调,中华民族的多元一体,更重要的不是政治层面,而是在民族民俗文化层面。民俗文化的趋同与共享特性是强化中华民族心理认同的胶合剂。

二 象征性和模式性

民俗文化和其他文化不一样的地方就在于它是行动的文化,口传的文化,在很多情况下还是感受的文化。民俗中文化有很多地方依靠符号、仪式和行动来显示,它不发声,却很有影响,你看到这个东西自然会想到它指代的意义。

象征性。

象征是用具体的事物表现某种特殊的意义,这是《现代汉语词典》的定义。具体的事物表示什么东西,这是大家认同的一个结果,如果你说的这个事物象征什么东西,别人不理解那就失去了其象征意义。民俗里有很多约定俗成的象征符号。民俗文化主要是非文字表达的行为与心态文化,重视用特定的物象与程序化的行为指代与表达某种意涵。这些经过民众选择传承的物象、行为,作为特定的符号与仪式,它具有很强的象征性。

首先看符号性象征。在民俗生活中,人们对于特定的物象,以大家约定俗成的方式解读,以此直观生动地反映与表达民众的情感、愿望与价值评判。其中我们特别多的象征符号是通过谐音的方式来表达,或者用事物的特殊性质做符号象征的依据。

民间歌谣中大量运用生活中习见的物象作为象征,生动地表达情感与意愿。比如《诗经》里讲婚姻不直接讲婚姻本身,会讲"桃之夭夭,灼灼其华";两情交流的时候不说男人和女人怎么样沟通,而是说"关关雎鸠";讲生殖力强大的时候,会讲蝗虫怎么跳,怎么蹦,诗中讲蝗虫之间怎么交流,实际上讲的是男性和女性之间的情况。

民间歌谣里特别重视用藤和树来象征男性和女性,比如说世上只见藤缠树,没有看到树缠藤,讲男女主从关系。"藤生树死缠到死,树生藤死死也缠",是讲感情忠贞的两性关系,用藤和树的关系来表达女性对男性的依恋。还有一个歌谣是"天雨蜘蛛结夜网,想晴只在暗中丝",用蜘蛛结网来表达女性对意中人的暗恋情感。民间用这样的象征符号表达一种真实、强烈的情感力量。

过去婚姻仪式里有非常多的象征符号,如婚姻关系的缔结强调姻缘,姻缘如何表现?那就用月老的红线。传说青年男女能走到一块的原因是在冥冥世界中月老用红线把两个人拴在一块儿了,要不然天南海北的人如何有机会相遇相亲。台北有个霞海城隍庙,霞海城隍庙里不是城隍有名,而是月老有名,说月老的红线是最灵的,所以很多人去求月老,在那儿拿一个红线,婚姻会美满。现在婚姻对知识分子、白领阶层来说是很困难的事情,台湾有不少优秀的女博士学问做得非常好,人也非常漂亮,就是找不到合适的结婚对象,所以,霞海城隍庙的月老香火才这么好。

其实仅仅有月老的信仰是不够的,人间社会婚姻关系的建立需要有中间牵线搭桥人。周代就有媒官。媒人在过去地位很高,叫媒官,后来变成普通媒人时,成为一个很尴尬的社会角色。没有媒人婚姻不成,但媒人两头取巧的工作又两头不讨好,所以媒人又被人讨厌。元代的媒人会带两个工具,斧头和秤,百姓一看就知道是媒人。为什么斧头与秤是媒人的职业标志?因为早在《诗经》里就曾讲:"伐柯如何?匪斧不克。取妻如之何?匪媒不得。"也就是说,只有明媒正娶的婚姻才是正当的婚姻,所以必须要媒人,媒人少不了,就像砍树需要斧头一样。媒人拿个秤干什么呢?他要衡量、比较男女双方的条件,王子找仆人结婚,那是神奇传说,事实上婚姻双方大都门当户对。我们不能全然否定门当户对,门当户对是两个人大致生活成长环境之后有共同的爱好、趣味,婚姻比较牢固。王子配穷人,或者穷小子找公主那都是幻想,不是现实。所以媒人很重视衡量,带着斧头和秤,有很强的象征性。

婚礼过程中有很多礼物都具有象征性。东汉郑众对当时的婚礼礼物有一个记录,说"其礼物凡三十种,各有偈文"。这三十种礼物(文中所载实际只有二十九种)是:玄、纁、羊、雁、清酒、白酒、粳米、稷米、蒲、苇、卷柏、嘉禾、长命缕、胶、漆、五色丝、合欢铃、九子墨、金钱、禄得香草、凤凰、舍利兽、鸳鸯、受福兽、鱼、鹿、乌、九子妇、阳燧。这些物品之所以被选出作为礼物,不是因为它的实用和经济价值,而是因为它是一种文化符号,是一种象征,"总言言物之印象也"。如:

玄,象天。纁,象地。

羊者,祥也,群而不党。

雁则随阳。清酒降福。

白酒,欢之由。

粳米,养食。稷米,粢盛。

蒲,众多性柔。苇,柔之久。

卷柏,屈卷附生。

嘉禾,须禄。长命缕,缝衣延寿。

胶,能合异类。漆,内外光好。

五色丝,章采屈伸不穷。

合欢铃,音声和谐。

九子墨,长生子孙。

金钱,和明不止。

禄得香草,为吉祥。

凤凰,雌雄伉合俪。

舍利兽,廉而谦。

鸳鸯,飞止须匹,鸣则相和。

受福兽,体恭心慈。

鱼,处渊无射。

鹿者,禄也。

乌,知反哺,孝于父母。

九子妇,有四德。

阳燧,成明安身。又丹为五色之容;青为色首,东方始。[5]

每一件礼物都有一偈文,如:雁,"雁候阴阳,待时乃举,冬南夏北,贵其有所"[6]。卷柏,"卷柏药草,附生山巅。屈卷成性,终无自伸"[7]。金钱,"金钱为质,所历长久。金取和明,钱用不止"[8]。

每个礼物背后都有它的寓意,有的象征子孙繁衍,有的强调婚姻关系缔结与两性关系维持得牢固,有的象征孝道和谐、生活安定富裕、生命长久幸福。

婚礼是终身大事,不像今天可以闪婚,过两天不合适就闪掉了,还有裸婚,裸婚也是不得已,这种没有保证的婚姻是不会长久的。过去婚姻有很多复杂的程序,周公六礼从名字开始问起,最后新郎把新娘接回来。婚前六道程序,是六道保证,把夫妻牢固地连结在一起,这是非常重要的事项。

值得一说的是婚礼中的大雁。过去举办婚礼一定要带着雁,它具有巫术性意义。雁按时南北,按阴阳变化往南往北归,所以雁代表信用,代表男女之间的信任和信用关系的牢固。后来用鸡替代,在山西民间抬新娘回家的时候要带一只鸡,叫"轿鸡",有的

---

[5] 《通典》卷五八。

[6] 欧阳询《艺文类聚》卷九一,鸟部中,引郑众《婚礼谒文赞》,第1579页,上海古籍出版社,1999年。

[7] 《太平御览》卷九八九引郑众《婚礼谒文赞》。

[8] 《太平御览》卷八三六。

叫长命鸡,女方带一只母鸡过来,南方新郎家一定要备只公鸡,把两只鸡绑在一块儿,日后这鸡是不能杀吃的,只能让它老死。还有撒帐。《撒帐歌》"一把栗子,一把枣,小的跟着大的跑",意味着多子多福。还有新娘偷筷子、跨鞍、踩芝麻秆等很多,这些东西都有象征意义。

民俗里符号象征特别丰富,过年的时候大家看看门上贴的,家里摆的,很多都是民俗象征符号。比如蝙蝠,这是我们经常看到的图案,墙上的五蝠,五只蝙蝠代表五福临门。还有凤梨,凤梨用闽南话讲叫"旺来",凤梨有这个谐音,所以在仪式上都当作一个幸福的符号。神灵祭祀中也有许多符号象征,如台北龙山寺文昌神前面要摆粽子,粽子叫包粽,谐音"包中"(包你考中),这是考生的愿望。

其次看仪式性象征。民俗文化里很多文化不是靠文字来传承,而是靠行动来记忆的,通过仪式来加强社会团结,传承文化。比较上层社会来说,民俗社会的维系和生存需要更特定的文化模式,不依赖学校教育和正规的文字书写。人们在家庭与民俗社会的环境中得到潜移默化的熏陶,从心理感知、语言传授和行为模仿中获得一些生活知识,所以仪式在民间特别丰富。

仪式(Ritual)是具有特定目的的程序化行为,它往往与一定的精神观念相关,是人们思想观念的表达与实践,是民俗社会自我服务、自我肯定、自我调节的象征性手段。仪式有世俗仪式与神圣仪式两类。仪式行为通常是一个身份状态的转换过程,因此仪式主要表现在过渡仪式(Rites of passage)方面,包括人生仪礼(Ritual of life cycle)、岁时仪式(Calendrical rites)两类。法国民俗学家范热内普(Arnold van Gennep)的名著《过渡礼仪》(商务印书馆,2010年)是民俗学的经典,研究岁时仪式和人生仪式。民俗社会依赖仪式来调节生活过程,比如成年礼。我们从小到大,是一个自然过程,怎么知道你长大了,不仅是生理问题,还是文化问题,是否成人在民俗社会是由仪式来划分的,仪式提示你进入新的年龄阶段。现在许多成人没有切断与幼少时的联系,总是依赖家庭,二十多岁了还没有一个成人的感觉,有时候甚至做一些违法乱纪的事情。看来今天的社会需要成人仪式的复兴与传承。

仪式有处理生活危机的功能。社会如果遭遇重大危机时靠什么去恢复它的正常秩序?靠特定的仪式。比如在汶川大地震,我们怎么去平复这个伤痛呢?我们会有佛门举行盛大的超度亡魂的仪式。仪式是渡过危机的一个行为。比如家庭中一个人去世,使家庭恢复常态要经过一道道仪式,头七、二七、三七,直至七七,通过这些让亡人逐渐走远,到另一个地方去,实际上也是让我们亲人有一个情感缓缓释放的过程。

仪式增进社会团结。在一定的群体与社区里,我们会有一个仪式把大家团聚起来,比如龙舟赛。我们可以组成一个队,大家同心协力开展活动,增进社会的凝聚力。

仪式还有传承历史记忆的功能,通过演唱史诗、编修家谱、讲述故事等实现民俗传统的传承,这也是民众自我教育的方式。

在中国民俗社会,岁时节日与民间信仰中的民俗仪式十分活跃,我们今天的生活平淡无奇,与缺乏仪式的关怀有很大关系。我们曾经认为很多仪式是封建的或资产阶级的东西,所以加以抛弃,实际上抛弃的是很多有实际文化功能的东西。其实仪式对我们今天的生活仍然很有帮助,我们应该重视重建合乎人性与社会需求的仪式文化,仪式应该是我们进一步推进的文化建设项目,不仅民间做,政府也应该有所作为,这样我们才可以把社会置于正常的秩序中,社会才能和谐。比如中国年节放鞭炮,也是传统的民俗仪式。在前十多年禁放的日子里,过年冷冷清清,没有鞭炮,没有声音,像日本人过年一样很安静,但这不符合中国人的性格。现在放了几年鞭炮之后,又说要禁放。是考虑个别人的身体伤害与一时间的空气指标,还是考虑大家长久的情感伤害,这是现代社会管理必须面对的问题。所以,民俗与社会管理是有关系的,民俗文化资源怎么利用,非常值得研究。

民俗社会中有大量的仪式行为:如祭祀典礼上的三跪九叩;诞生礼仪中的"洗三"与"抓周";婚礼中的传袋,合卺仪式;丧葬仪式上的摔盆与压棺;岁时中的驱傩与祓禊、守岁与拜年、取午时水、乞巧、走桥、登高等;还有日常生活中收惊、叫魂等。仪式是民俗社会对生活状态与事件的象征性处理。

以上是就符号的象征性与仪式行为的象征性来谈民俗的特点的。下面谈谈模式性。

模式性也是民俗文化的重要特征。民俗文化是普通大众的文化,它是民众在长期的共处过程中形成并传承下来,具有相对固定思维、言语与行为模式特点的文化。民俗文化的模式性适应了广大民众在文化认知、文化沟通与实践操作上的便捷需求,定型化的思维与约定俗成的行为模式,是传统社会赖以稳定的基础。精英讲文化的独创性,而基层的民俗文化特别强调类型和模式。今天社会上流传的谣言都有模式,通过民俗研究就能知道它的一般情况。我曾经做过历史谣言的比较。"非典"时期有很多谣言,谣言是怎么形成的?我也曾写过《"非典"时期的传言的研究》[9]的论文。这种民俗模式性特点在民间文学中有生动表现,如四大传说的结构,故事的三段式;还有民间故事的主题,比如女性主动,相爱的人不能常相厮守,传错话,巧媳妇与呆女婿等;再如日常生活中的习惯性心理期待,比如报应观念、圆满的观念、大团圆结局等,习惯性的行为模式,比如右手拿筷子、宴席的座次、礼尚往来,以及各种民间的模式化仪式,歌谣中词句的反复,等等。都构成民俗生活的模式性特点。

---

[9]《民俗学刊》第四辑,澳门出版社,2003年。

模式性与类型性近似,让民俗文化容易认知与实践,也为民俗的传播、传承提供了便利。

三　伦理性与日用性

伦理与日用性是中国民俗文化另一重要特点。

首先看伦理性。

传统中国社会的主体是家族社会,服务家族社会的民俗生活有很强的伦理特性,民俗规范着家庭成员的言行,上下尊卑、远近亲疏的关系处理都需要遵循伦理原则,这些伦理原则的体现就是隐性与显性的民俗规条。

儒家伦理孝道的原则在民俗中如何贯彻?我们许多民间故事、行为方式和说话口气都体现出伦理原则。中国善于利用民俗文化传承孝道文化,只有这种结合才能使孝道文化传得久远。《二十四孝》里的很多故事,包括家谱、家训的伦理规定,这些都是我们日常生活里必须遵循的原则。我们生活中许多东西看起来普通,但都有伦理的内涵,比如男左女右,为什么看手相男人看左,女人看右?它不是生理的问题,是个文化的问题,左就是上,男尊女卑,右就是一个次要的地位。左右差异在汉代以前不是这样的,汉代以前是右为上,汉代以后变了,男是左,女是右。很多东西具有相关性,寺庙、祠堂、家户都宣示道德,"积德乃昌",对联里常有"积善人家有余庆"等,民俗文化中随处都讲伦理。

除了家户乡族生活中对他人的伦理表现外,人们在民俗生活中还将这种伦理意识扩大到历史认识上,重视对历史上具有高尚品格为国为民做出巨大贡献的人物肯定、褒扬与景仰。如寒食节中的介子推、端午节中的屈原等。

民俗生活中的伦理特性,还表现在对自然生态环境的重视上,这属于自然伦理。比如人们要依照时令季节开展生产活动,所谓"斧斤以时入山林",不是什么时间都能砍树的,春天是绝对不能砍树的,春生夏长时期不能砍树,砍树只能在秋天,这符合自然伦理。捕捞有季节的规定,严格限制渔网网眼大小,"不灾其生,不害其长"。打猎也一样,不能打正在哺乳、交配的动物和小动物。在水土的养护上,人们将水土视为生命机体,对其进行珍惜与爱护,同时也在岁时节日中以献祭的方式感谢土地,比如以祭品祭祀田公地母,以肥料"酬田"、"酬地"等。民俗里有很多这样的内容,也体现了人与自然和谐相处的伦理关系[10]。

---

[10] 参见萧放《传统生态保护民俗》,《文史知识》2012年第1期,第16—21页。

其次看日用性。

民俗文化是民众的生活文化,它的日用性不说自明。这里强调它的日常的服务意义。民俗文化主要不是用来欣赏的文化,它有着实际的生活辅助功能,即使是歌谣与故事,它也有着特定的社会功能,如《撒帐歌》的祈子功能,狗耕田故事的教化功能,狗耕田的故事强调家庭关系处理,孝道或兄弟之间如何相爱。

四 稳定性与变异性

稳定性与变异性是中国民俗文化的重要特点。

首先说稳定性。

稳定性是中国民俗的显著特点之一。民俗只有稳定才能显现它的特色,我们才能稳定传承它的文化形态。但稳定是相对的,变异常发生,我们常说:在传承中变异,在变异中传承。正如钟敬文所说:"中国社会在数千年的发展中形成了自己的民俗文化特色。这种特色是通过我国民俗文化的稳定性体现出来的。比起世界上一些发达资本主义国家,我国的民俗文化的稳定性,主要是农业小生产制度的产物。"[11]中国家族观念、节俗传统、人生仪礼习俗都有稳定的文化内涵与民俗模式。这种稳定性构成中华民族文化的底色与生活传统。

中国的很多民俗传统,从先秦开始到今天都还在生活中传承。比如年节,《诗经》里讲到,过年的时候会讲到"跻彼公堂、称彼兕觥、万寿无疆",岁末的时候,大家在公堂上聚会,拿着酒对大家说万寿无疆,一块儿喝酒,庆贺新年。汉代的时候正旦喝椒柏酒,说这种酒可以保健身体。唐宋时期变成屠苏酒,"春风送暖入屠苏"(王安石《元日》诗),屠苏酒是药酒,因为当时瘟疫流行,所以要喝这个屠苏酒预防疫病。到了明清时期喝春酒,是迎春的仪式,现在春节喝葡萄酒,以增添年节家庭团聚的气氛。年节饮酒的传统虽然有细小的变化,但依然存在于我们的年节生活中。

再看抓周的习俗。六朝的时候,北朝人颜之推《颜氏家训》里记载:"江南风俗,儿生一期,为制新衣,盥浴装饰,男则用弓矢纸笔,女则用刀尺针缕,并加饮食之物及珍宝服玩,置之儿前,观其发意所取,以验贪廉愚智,名之为试儿。"[12]六朝的时候,人们为预知孩子未来性格、职业、前程,举行"试儿"即抓周的人生仪式,将兵器、文具等试男孩,以针

---

[11] 钟敬文《民俗文化学·梗概与兴起》,第13页,中华书局,1996年。
[12] 颜之推撰,王利器集解《颜氏家训集解》卷第二,《风操》第六,第119页,上海古籍出版社,1980年。

线首饰等试女孩,看他们对何种物件有兴趣,《红楼梦》中贾宝玉在这样的抓周仪式上拿的是脂粉盒。今天民俗中仍有抓周仪式,以人民币、算盘、印章和书来测试,拿着印章会当官,拿着笔会写字,拿着算盘就会做生意。曾经有个学生说小时候抓周拿着书,家人就说这个小孩会读书,后来他一直读到硕士,这是民俗暗示和定向性培养。试儿的方式从六朝开始,直到今天还在生活中传承。

其次说变异性。

变异性是中国民俗发展变化的特性。民俗在社会中活着,自然它就会变化。民俗的变异性从总的方面看,它与历史性、地方性相关联,同类民俗在不同时代、不同地区都会有各自的特点。

民俗的变异性,一般说来有三种情况:

第一种是民俗形式的变化。比如拜年,拜年以前是真拜,跪在地上磕头,现在是口头说拜一拜,或电话或短信形式拜年。河北衡水民间拜年是真拜,如果拜年回家,膝盖没有沾土就等于没有拜,就是不懂礼,拜下去和不拜下去的情感是不一样的。第二种是民俗性质的变化。比如龙舟竞赛,以前是祭水神,后来说祭祀屈原,到今天是体育竞赛,这是性质的变化。第三种是旧俗的消亡。过去大的节日是社日、寒食,现在大部分地区都消亡。民俗在不同时代有不同的存在形态,这是习俗传承变化的情况。

我们从中国民俗形态中归纳出民俗文化的特征,以引导我们加深对中国民俗文化内涵与表现形式的认识。对于民俗文化的传承与变异关系的理解,将有助于我们对民俗文化现状的理解与把握。今天正处在民俗大变化的时代,这种变化有它的客观时代需要,也有与我们此前对传统文化的漠视与人为破坏有关。我们对传统民俗文化要进行认真的清理与研究,对于农业社会形成的民俗传统的现代生存转换需要认真思考。传统不等于过去,传统关联现在与未来,优秀的农业社会的民俗传统依然有其历史价值与现实意义,如何保持优良民俗的传承是亟待思考与行动的现实课题。

(萧放:北京师范大学民俗典籍文字研究中心,100875,北京)

论蒙古民间口头流传的
《鹦鹉的故事》的来源*

陈岗龙

提要： 本文主要讨论古代印度民间故事集《鹦鹉的故事》在蒙古地区口头流传的情况。印度的《鹦鹉的故事》和另一部故事集《健日王传》或《三十二个木头人的故事》同时传播到蒙古地区，在口头流传的具体过程中合二为一，形成了《鹦鹉的故事》的新文本。其中，印度高僧直接用蒙古语给喀尔喀蒙古佛教领袖一世哲布尊丹巴活佛口头讲述的《健日王传》中插入了《鹦鹉的故事》，由蒙古人记录了这个故事，再广泛传播到蒙古地区，从而形成了我们今天听到和读到的蒙古口头《鹦鹉的故事》的一个重要底本。

关键词： 印度故事集 《鹦鹉的故事》 《三十二个木头人的故事》 蒙古民间故事

《鹦鹉故事七十则》(Śukasaptati，以下简称《鹦鹉的故事》)是古代印度的梵语故事集。主要内容是：一个商人外出经商，妻子想在丈夫背后出去和情人约会，一只聪明的鹦鹉给她讲了70个故事，从而保住了女主人的贞节。《鹦鹉的故事》采用"大故事套小故事"的连环穿插式结构，鹦鹉讲了70个故事，和古代印度的同类故事集《五卷书》、《僵死鬼的故事》一样，深受东西方各国人民的喜欢，被翻译成多种语言并广泛流传[1]。古代印度的连环穿插式故事很早就被翻译和传播到蒙古地区，其中被誉为讲述健日王业绩的《僵死鬼的故事》、《三十二个木头人的故事》和《鹦鹉的故事》最有名，而且有趣的是《三十二个木头人的故事》和《鹦鹉的故事》在蒙古地区的流传过程中结合到一起，形成了新的文本。本文主要讨论蒙古地区口头流传的《鹦鹉的故事》的来源及其与《三十二个木头人的故事》之间的关系。

---

* 本文隶属教育部人文社会科学重点研究基地2010年度重点项目"东方连环穿插式故事研究"（批准号：10JD750001）的阶段性成果。

[1] 有关《鹦鹉故事七十则》的研究情况，见潘珊著《鹦鹉夜谭：印度鹦鹉故事的文本与流传》，"东方文化集成"即出。本文中涉及到的印度《鹦鹉故事七十则》和波斯语《鹦鹉的传说》皆引用潘珊的译文，特别鸣谢。

一 蒙古民间口头流传的《鹦鹉的故事》

我们首先看看蒙古民间口头流传的《鹦鹉的故事》的情节梗概[2]：

①从前有一位可汗,可汗的儿子得了一种病,久治不愈,有人告诉可汗,如果吃七十一只鹦鹉的脑子,儿子的病可以治愈[3]。

②可汗派一名猎人去捕捉七十一只鹦鹉,猎人找到了七十一只鹦鹉的巢。这群鹦鹉中有一只聪明的鹦鹉,告诉鸟群猎人将要捕捉大家。但是因为群鹦鹉不听聪明鹦鹉的劝告,一同落网。最后还是聪明鹦鹉出主意,大家装死,等猎人把七十一鹦鹉一只只向外扔完之后一起飞走。但是,装死的鹦鹉还没有等到猎人数到七十一就飞走,最后聪明的鹦鹉被猎人捉到了。聪明的鹦鹉对猎人说:"你把我卖了,用卖我的银子再买七十一只鹦鹉。"于是,猎人把聪明的鹦鹉卖给了一个有钱人。

③有一次富人要出远门,对鹦鹉说:"我不在家的时候我的妻子喜欢到外面去,请你帮我看住女主人并看护好我的财产。"丈夫走后,妻子就开始打扮准备出去,鹦鹉就给她讲了下面的故事。

④从前有一个可汗,他有个月亮大臣,还有太阳公主。有一天太阳公主要出宫殿到外面散步,按照可汗的命令,无论谁见到太阳公主的面貌都被处死。不料,月亮大臣在自家的阳台上被太阳公主看见了,并且太阳公主还用手语暗示他夜里到可汗的花园约会。月亮大臣的妻子看懂了太阳公主的暗号,让丈夫去和公主约会了。但是,两人被可汗的侍卫捉奸关进牢里。月亮大臣的妻子知道后以给他们送饭的名义进入牢里,让公主换穿自己的衣服后离开牢房,自己留在丈夫身边。第二天可汗审理月亮大臣和太阳公主,关在牢里的男女却变成了月亮大臣夫妇,百思不得其解,只能无罪释放。但是,捉奸的侍卫要求太阳公主在伙燕麦前发誓自己的清白。如果说谎,伙燕麦将变成一头牛那么大。月亮大臣的妻子给丈夫出主意,让他穿上破烂不堪的衣服,并且一定要让太阳公主看到自己。于是,太阳公主发誓时指着月亮大臣说,我除了这个人,没有见到过其他人。因为公主说的是实话,伙燕麦没有变大,可汗和大家就无话可说了。富人的妻子

---

[2] 本文主要分析的文本是《蒙古民间文学集成》(西里尔蒙古文)第175—178页的《鹦鹉的故事》。蒙古国立师范大学的楚勒特木苏伦(R. Chultemsuren)教授在其《古代印度〈鹦鹉的故事〉的蒙古口传变体》一文中概述了蒙古国境内流传的《鹦鹉的故事》的主干情节。海英博士把楚勒特木苏伦教授论文转写成回鹘式蒙古文发表在《西蒙古论坛》2009年第3期。

[3] 有的故事中是可汗的夫人得了重病或者可汗的眼睛失明,不过医治的方法都是吃鹦鹉的脑子。

听完这个故事就改变了主意,一直等到丈夫回来。

⑤等主人回来后鹦鹉说:"我看住了你的妻子和财产,现在让我回到鹦鹉群里去吧。"富人也感激鹦鹉,就答应了鹦鹉。鹦鹉在路上发现了一颗马头大的如意宝,就用翅膀盖住如意宝并对路人说:"快去叫我的主人过来,我快死了。"当主人赶来时鹦鹉已经死了,忠实的鹦鹉把如意宝留给了自己的主人。

蒙古口头《鹦鹉的故事》实际上由四个独立的故事类型组合而成,分别是:

①群鸟装死逃脱猎人捕鸟网的故事是一个广泛流传的动物故事类型;

②聪明的妻子救了自己的丈夫和丈夫的情妇;

③聪明的女人在神树前发誓通过测谎;

④忠实的鹦鹉给自己的主人找到如意宝。

在印度的《鹦鹉的故事》中也有上述这些故事。首先,《鹦鹉故事七十则》的第六十六个故事"聪明的天鹅装死脱网逃走"中,捕鸟人以为天鹅们已经死了,就把它们全部扔到地上,天鹅就纷纷飞走了。而乌尔都语的《鹦鹉的故事》的第九篇"讲阿黎穆—夏赫(皇帝)的不忠实的鹦鹉"中,也是母鹦鹉救了孩子,自己却被猎人捉住,母鹦鹉让猎人把自己卖给皇帝,并说自己会治好皇帝的重病。鹦鹉果然把皇帝的病治好了一半,就提出要求皇帝把它从笼子里放出来好让它到山上去采药。皇帝信了鹦鹉的话,把它放出笼子,母鹦鹉却飞回树林,再也不回去了。故事的结尾,鹦鹉说:"胡佳斯妲,我怕只怕你的爱人骗你,就像这只鹦鹉当初欺骗了那位皇帝一样。"[4]而波斯语《鹦鹉的传说》的第七个故事"捕鸟人、鹦鹉和它的孩子们"是乌尔都语的《鹦鹉的故事》的原型,也是讲不忠实的鹦鹉的故事。这两个版本的故事同样都是由"群鸟装死脱网逃走"和"不忠实的鹦鹉"两个故事类型组成,其中表达的主要是鹦鹉的聪明和不忠实,以此来忠告女主人公。而蒙古故事中则是猎人把鹦鹉卖给了富人,也就相当于印度和波斯故事中的商人,从而引出了鹦鹉看住女主人从而讲故事的主题。

在蒙古故事中,鹦鹉讲了月亮大臣的妻子如何巧妙地救了丈夫和太阳公主的故事,而这个故事在印度《鹦鹉的故事》中是独立的两个故事。

在印度《鹦鹉故事七十则》的第十九个故事"桑底迦解救丈夫和他的情人"中,桑底迦的丈夫在药叉神庙中与另一个女人偷欢时被皇家卫队捉住,关在神庙里。桑底迦知道后骗过守卫进入神庙,和丈夫的情人换了衣服并放走了她,自己留在丈夫身边,从而解救了丈夫。在印度《故事海》中也有妻子与丈夫的情妇互换衣服从而救丈夫的故事。

---

[4] [苏]M.克里雅金娜—孔德拉切娃俄译,乌国栋中译,周彤校《印度鹦鹉故事》(原本乌尔都文),第35页,天津人民出版社,1958年。

丈夫与别人的妻子在神庙中偷欢被捉,妻子只身闯入神庙,与丈夫的情人互换衣服,放走了情人,解救了丈夫[5]。印度《鹦鹉故事七十则》的第十五个故事"福田经受的考验"由两个情节组成:不忠的妻子被公公捉奸,公公把她的脚镯摘了下来。妻子发现后派情人叫来丈夫,和丈夫睡觉,并叫醒丈夫说公公摘走了她的脚镯。第二天丈夫怒斥了父亲。为了验证自己是否清白,女人要从药叉双腿中穿过,按照女人的巧计,情夫装疯掐住女人的脖子,于是女人叫起来:"要是有任何除我丈夫和那个疯子之外的人碰过我,我就无法从您双腿中穿过。"大神安然不动,暗自赞叹女人的聪慧,女人平安穿过了大神的双腿。在乌尔都语的《鹦鹉的故事》第十一篇"讲地主的妻子怎样用巧计避免出丑"中,地主的妻子在丈夫睡觉后到树下与一个青年睡觉时被公公发现并被摘走腿镯做物证。女人先让青年回去,把丈夫叫出来到树底下睡觉,睡醒后说公公取走了她的腿镯。儿子责备了父亲[6]。印度故事中讲了女人的聪明和狡猾。波斯语《鹦鹉的传说》第九个故事"店主之妻与人私通,挫败了她的公公"和印度故事一样,也是讲女人用妙计逃脱惩罚。通过比较,我们知道了蒙古故事是由印度《鹦鹉故事七十则》的两个故事连接而成的一个复合故事。而且,药叉神庙变成可汗的花园,检验妇女忠贞的药叉神变成了伙燕麦,因为蒙古人中流传的《鹦鹉的故事》和其他印度故事集都是随着佛教传播到蒙古地区来的。

我们注意到,蒙古故事中的鹦鹉是忠诚于主人的角色,这与不忠实的鹦鹉的故事截然不同,而且蒙古故事中突然出现鹦鹉在飞回森林或者山中的途中发现如意宝的情节。而这个鹦鹉发现如意宝并死去的情节显得有些突然,实际上这个情节却是在《健日王传》的蒙古文译本《阿日扎宝日扎汗》中是一个前后连贯的完整情节。

二 蒙古文《阿日扎宝日扎汗》中的鹦鹉故事

上面提到的蒙古口头《鹦鹉的故事》正好是来自于蒙古文《阿日扎宝日扎汗》第四个木头人讲的《七十个鹦鹉的故事》[7]。其中讲道:一个可汗的夫人生病了,需要吃七十一只鹦鹉的脑子才能痊愈。于是可汗的猎人去网捕鹦鹉,七十只鹦鹉装死脱网逃走,最

---

[5] 黄宝生等译《故事海选》,第 85 页,人民文学出版社,2001 年。
[6] [苏]M. 克里雅金娜—孔德拉切娃俄译,乌国栋中译,周彤校《印度鹦鹉故事》(原本乌尔都文),第 40 页,天津人民出版社,1958 年。
[7] 蒙古文《阿日扎宝日扎汗》参考印度学者 Raghu Vira 于 1960 年在新德里出版的《ARAJI BOOJI》一书。其中影印的蒙古文部分为 1928 年在蒙古国乌兰巴托出版的《阿日扎宝日扎汗》,藏文为蒙古国立图书馆收藏的藏译本。Raghu Vira 把蒙藏《阿日扎宝日扎汗》翻译成现代印地语。

后一只聪明的鹦鹉被猎人捉住。猎人按照鹦鹉说的，把鹦鹉卖给富人，得了一百两银子，用其中的七十一两银子买了七十一只鹦鹉交给可汗。鹦鹉的主人需要出远门走七十一天，鹦鹉就给富人的妻子讲了太阳姑娘和月亮大臣的故事，一直等到主人回来。故事的结尾，第四个木头人问阿日扎宝日扎汗的夫人："你如果像月亮大臣的妻子一样聪明，你可以坐在宝座上。"《阿日扎宝日扎汗》又叫《三十二个木头人的故事》，是一个宝座上雕刻的三十二个木头人每人讲了一个故事，并对听故事的帝王说："你如果像故事中讲到的主人公那样聪明和勇敢，你可以坐在宝座上面，否则你不能坐上去。"可见，第四个木头人讲的《七十个鹦鹉的故事》中是表彰月亮大臣妻子的智慧的。

《阿日扎宝日扎汗》中还有一个"王子变鹦鹉"的故事。王子和大臣做灵魂脱离身体的游戏，王子的身体被坏心的大臣占领，王子只好钻进死在路边的一只鹦鹉的尸体，大臣冒充王子霸占了王后。另一个国王买了这只鹦鹉并告诉他自己的三个烦恼：一个是王后对他不忠；一个是王宫前面的红色山挡住了阳光；一个是他想得到如意宝。鹦鹉来到王宫后发现了王后与天神之子之间的秘密，砍断了天梯，导致天神之子在王宫前面的山上摔死。鹦鹉为了躲避王后的报复，藏到山洞里，后来国王找到鹦鹉并且让他回家。鹦鹉飞回自己的王宫，在大臣和王后吃饭时把灰尘弹落到饭碗里，大臣打死了鹦鹉。王后哭死去的鹦鹉，为了取悦王后，大臣的灵魂从王子的身体里出来钻进鹦鹉尸体里。王子趁机打死了鹦鹉，大臣的灵魂因为无法找到自己的身体，就只好钻进死鹦鹉的尸体。王子就让死鹦鹉抱着如意宝送到原先买鹦鹉的国王那里去了。这就是上面口头故事中忠实的鹦鹉在路上捡到如意宝送给主人而自己死去的故事的来龙去脉。

蒙古民间口头流传的最有代表性的《阿日扎宝日扎汗》的故事是比利时神父田清波于 20 世纪 30 年代在内蒙古鄂尔多斯地区搜集记录的《阿日扎宝日扎汗》。其中也有一章是木头人讲述了鹦鹉的故事。阿日扎宝日扎汗有七十一个王后，有一天阿日扎宝日扎汗最尊贵的王后来到宝座前准备磕头，木头人就给王后讲了七十个鹦鹉的故事，并说："你如果像月亮大臣的妻子那样忠诚于丈夫并聪慧过人，你可以碰宝座。你如果像诡计多端而又淫欲的太阳公主你就不能碰宝座。"月亮大臣的妻子听懂了太阳公主的暗语，并对丈夫说："你如果不去和太阳公主约会，她不会放过你。"并把自己的金戒指交给丈夫。太阳公主和月亮大臣被侍卫捉奸关进牢里，太阳公主知道过程后对月亮大臣说："你的妻子是一个聪明的女人。"月亮大臣的妻子以送饭的名义去牢里，让公主穿自己的衣服，自己留在丈夫身边，第二天被释放了。但是，为了证明自己的清白，太阳公主在伙燕麦前发誓，月亮大臣的妻子让丈夫装疯子去太阳公主身边，公主指着月亮大臣发誓通过了测谎考验。女主人听了鹦鹉的故事之后虽然没有出去和情人约会，但是鹦鹉第二天还是听到了女主人隔着门和情人说的话。于是，鹦鹉在女主人为情人翻墙而入准备的绳索下架了一把利刀,夜里情人拽着绳子翻墙时绳子断了,情人就摔死了。女主人就求聪明的鹦鹉,如何处置尸体。鹦鹉就让女主人先把尸体埋在自己家的门槛下,后来扔到情人父亲家的井里,救了女主人一命[8]。

鄂尔多斯口传《阿日扎宝日扎汗》基本上遵循了书面《阿日扎宝日扎汗》,出入不是特别大,由此可见书面故事集在鄂尔多斯流传比较广泛,影响比较深远。同时,我们在前面引用的口头《鹦鹉的故事》中也遇到"ögülerün"(曰)这样的蒙古语书面语词汇,说明该口传文本具有书面故事集的来源。从内蒙古鄂尔多斯和蒙古国喀尔喀流传的口头《鹦鹉的故事》的结构和内容看,都与《阿日扎宝日扎汗》中的《七十个鹦鹉的故事》有渊源关系,也就是说,蒙古地区口头流传的《鹦鹉的故事》与另一部连环穿插式故事集《阿日扎宝日扎汗》中的插话《七十个鹦鹉的故事》有直接关系,而不是直接全文翻译古代印度的梵语故事集《鹦鹉故事七十则》。这说明,更多的蒙古人所熟悉的《鹦鹉的故事》是通过《阿日扎宝日扎汗》接受的。而蒙古地区流传最广泛的《阿日扎宝日扎汗》中除了上面提到的《七十个鹦鹉的故事》外,还包括了《鹦鹉的故事》的几个故事。譬如木头姑娘的故事相当于《鹦鹉故事七十则》的第五个故事"为一个女偶而争吵的金匠、木匠、裁缝和修士",嫌弃丈夫的女人的故事相当于《鹦鹉故事七十则》的第十个故事"商人之女与胡狼"。可见,《阿日扎宝日扎汗》和《鹦鹉的故事》之间具有错综复杂的关系。其中,这两部故事集的连环穿插式结构具有相同的地方。

在《阿日扎宝日扎汗》中,三十二个木头人每次讲完一个故事以后提出问题:"你如果能够做到故事主人公那样,你可以登上宝座,否则就请你离开。"而《鹦鹉的故事》中则是鹦鹉每讲完一个故事就问女主人:"你如果能做到,你就去吧。"女主人自然知趣,就收回了出去约会的想法。

三 印度《鹦鹉的故事》在蒙古地区的口头化

据蒙古国著名学者呈·达木丁苏伦(Ts. Damdinsuren)的研究,蒙古地区流传的《健日王传》由三个不同的故事集组成,其中流传最广的是传说印度高僧口头翻译讲述的《阿日扎宝日扎汗》和蒙古高僧直接从梵文翻译成蒙古文的《三十二个木头人的故事》[9]。从后者的语言风格能够看出翻译的时间比较晚,多处出现清代的官职和专名[10]。而前者的

---

[8] 阿·莫斯太厄搜集整理,曹纳木转写校注《阿日扎宝日扎罕》(蒙古文),第385页,民族出版社,1989年。

[9] [蒙古]呈·达木丁苏伦、达·岑德主编《蒙古文学概要》(西里尔蒙古文)第二卷,第297页,蒙古人民共和国科学院语言文学研究所,1977年。

[10] 《三十二个木头人的故事》(蒙古文),内蒙古人民出版社,1984年第二版。

多种版本都是比较口语化的,加工的痕迹比较明显。

据《哲布尊丹巴一世传》(温都尔葛根传),16世纪末来到当时喀尔喀蒙古(今蒙古国)传教的两个印度高僧中的一位直接从梵语口头翻译讲述了《健日王传》[11]。后来,有高僧将这个故事集翻译成藏文,蒙古国收藏有多种藏文《阿日扎宝日扎汗》故事集,都出自这个译本。1960年印度蒙古学家 Raghu Vira 出版了三种文字的《ARAJI BOO-JI》,包括1928年在乌兰巴托出版的回鹘式蒙古文《阿日扎宝日扎汗》、乌兰巴托图书馆收藏的藏文译本和现代印地语译本。这个蒙古文《阿日扎宝日扎汗》实际上只包括了十四个木头人讲述的故事,而且其中很多故事都是比较蒙古化的故事,很明显这个故事集的口头来源更加明确。

而印度《鹦鹉故事七十则》中的一些故事是通过其他渠道流传到蒙古地区的。

呈·达木丁苏伦院士实际上提出了一个问题:从印度来到喀尔喀蒙古的两位印度高僧中的一位用蒙古语向一世哲布尊丹巴活佛口述了梵语的《健日王传》,并由蒙古人将其记录下来。后来有人将其翻译成藏文。而我们今天见到的《阿日扎宝日扎罕》就是传说中的印度高僧石指阿扎尔直接从梵语故事口译给第一世哲布尊丹巴活佛的故事集。而且是在蒙古地区流传最广泛的版本。按照民间文学的术语,我们可以将当时的情况复原成:有两位印度佛教高僧来到喀尔喀蒙古地区传教,喀尔喀蒙古宗教领袖一世哲布尊丹巴活佛要求他们讲述他从未听过的印度趣闻轶事,于是其中的一位给活佛讲述了《健日王传》的故事。而这种用口述方式讲述《健日王传》,实际上就是相当于印度高僧给蒙古活佛讲印度民间故事——《健日王传》。而印度高僧口述的这个版本被活佛身边的喇嘛记录下来,成为16世纪蒙古人用蒙古文记录的印度高僧讲述的印度连环穿插式故事集的文本,虽然是用书面语——文言文记录的,但是1928年文本中仍然看出喀尔喀方言的记录。后来,有蒙古喇嘛将其翻译成藏文,1961年印度蒙古学家公开出版了蒙古文和藏文的《阿日扎宝日扎罕》,实际上就是印度的《健日王传》从印度到蒙古,转了一圈又回归到印度。而我们感兴趣的是,在这个过程中,印度古代著名的两个故事集《健日王传》或者《阿日扎宝日扎汗》(《三十二个木头人的故事》)和《鹦鹉的故事》在传播到蒙古的途中结合到一起,《鹦鹉的故事》成为《阿日扎宝日扎汗》中的一个插话。我们虽然不能直接判断《鹦鹉的故事》成为《阿日扎宝日扎汗》的插话(第四个木头人讲的故事)是石指阿扎尔所为,但是可以判断和推测阿扎尔给一世哲布尊丹巴活佛口头讲述《健日王传》的时候,该《健日王传》已经口头故事化,其中吸收了同时流传的《鹦鹉故事

---

[11] [蒙古]拉·呼尔勒巴特尔著《哲布尊丹巴一世传》(蒙古文),第218、277页,内蒙古人民出版社,2009年。两种手抄本中都提到了印度高僧口头讲述《健日王传》。

七十则》的内容。

　　因此,我们可以把印度高僧阿扎尔给一世哲布丹尊丹巴活佛口头讲述《健日王传》的记载复原为:印度人给蒙古人讲了古代故事集《健日王传》的口头故事,讲到第十四章的时候因为其他原因中断了。有蒙古人用蒙古文把印度人讲的故事记录了下来,但是传下来的文本,除了故事中的人名和地名,其他内容已经被蒙古人加工了许多,或者过滤了很多,导致这个故事和印度原来的《健日王传》出入很大。而正是在这样的口头文本的制作过程中,《鹦鹉的故事》插入到了《阿日扎宝日扎汗》中。而这个版本在蒙古地区的影响也很大,以至于导致有人将其翻译成藏文。

　　最后,我们的结论是:印度的《鹦鹉的故事》和另一部《三十二个木头人的故事》同时流传,在传播到蒙古地区的具体过程中,印度高僧直接用蒙古语给喀尔喀蒙古的佛教领袖哲布丹尊丹巴活佛口头讲述《健日王传》,其中插入了《鹦鹉的故事》,由蒙古人记录了这个故事,再广泛传播到蒙古地区,从而形成了我们今天听到和读到的蒙古口头《鹦鹉的故事》的底本。

(陈岗龙:北京大学东方文学研究中心,100871,北京)

汉语方言里的拾取义动词(上)[*]

项 梦 冰

提要： 本文以《汉语方言地图集》词汇卷 147 图"捡"的研究为例，说明词形的恰当分类依赖于本字考证工作的深入，只有把词源梳理清楚了，才能准确地描述词语之间的历史关系，解释性地图的绘制和分析才不会走向歧途。本文的研究可以充分说明汉语方言地理学研究必须注意调查和研究的系统性，而基础性的方言地图集则必须是纯描写性的；百业待兴的汉语方言地理学依然任重道远。

关键词： 汉语方言　拾取义动词　本字考证　解释性地图

一　引　言

本文以《汉语方言地图集》词汇卷 147 图"捡~到十块钱"（下文简称"捡"图）为依据[1]，讨论汉语方言里的拾取义动词，目的是在"捡"图的基础上进一步绘制解释性地图。全文分六节：一、引言；二、"捡"图的词形分类；三、词形重分类；四、解释性地图的绘制和分析；五、本字问题和"捡"图的再解释；六、余论。

方言语料随文注明出处，但引自《汉语方言词汇》（第二版）和《汉语方音字汇》（第二版重排本）的不再一一注明[2]。本文以"h"代表送气，以 1～8 分别代表阴平、阳平、阴上、阳上、阴去、阳去、阴入、阳入，必要时也使用发圈法标调类。调值都用双阿拉伯码。所引的语料一律调整为本文所采用的格式，例如诏安秀篆的"捡"《客赣方言调查报告》记作 kiam³⁵，其中 35 表示阴上去（即阴上和阴去合调）[3]，本文改记为 kiam³。

---

[*]　本研究获教育部人文社会科学重点研究基地重大项目"区域类型视角下的汉语方言计量性比较研究"的资助（项目批准号 2009JJD740002）。

[1]　曹志耘主编《汉语方言地图集》（分语音、词汇、语法三卷），商务印书馆，2008 年。

[2]　北京大学中文系语言学教研室编《汉语方言词汇》第二版和《汉语方音字汇》第二版重排本，商务印书馆，2005 年、2008 年。

[3]　李如龙、张双庆主编《客赣方言调查报告》，厦门大学出版社，1992 年。

二 "捡"图的词形分类

我们曾经结合《汉语方言地图集》词汇卷 007 图对该地图集词汇地图的性质和优缺点进行过简要的讨论[4],其中的原则性意见也适用于"捡"图,本文从略不赘。

"捡"图将 930 个汉语方言点拾取义动词的词形分为 6 大类 27 小类,本文转写如表一,两个注释是原有的。同音字在右上角加"="号表示。"□"代表有音无字,后加国际音标记音。语音词形的声调"捡"图只标调值,本文根据该图集语音卷 17~25 图酌加调类。

从表一可见,"捡"图的词形分类是以汉字(词源)为出发点的,其具体的读音形式不在地图描写的范围内。即使是有音无字的情况,大概也是以同源关系为分类的出发点的,例如 F3 将"□"[pa⁴⁴]和"□"[pɔ⁴⁴]两种不同的语音形式归纳在一起,E6、F4、F5 用"等"表明所标的读音只是若干语音词形的一个代表。

F8"其他"代表多少种同源的词形,具体的语音形式是什么,读者无法从"捡"图本身获得任何信息,若没有其他材料可以补充,这些方言点实际上等于是"废点",在后续的研究工作中是要加以排除的。此外,"捡"图没有提供各个类别的方言点数,笔者以手工点算的方式补出,容或有些微误差,但不会影响总体格局。

表一 "捡"图的词形分类

类别及符号颜色			词形	方言点数
A	黑色	A	捡	385
B	褐色	B1	拾	215
		B2	拾～捡	35
C	红色	C1	执	50
		C2	执～捡	4
		C3	拈	24
		C4	拈～捡	11
		C5	并=	12
D	蓝色	D1	拂①	59
		D2	拂～择	2
		D3	拂～客=	1
		D4	择	1
		D5	客=	20

---

[4] 项梦冰《汉语词汇地理学的一般程序——以"冰雹"的研究为例》2.3、3.2,《地理科学研究》2012 年第一卷。

续表

E	绿色	E1	撮	25
		E2	捉	14
		E3	摭①	9
		E4	捏	6
		E5	赚⁼	19
		E6	□[ŋə⁇₌²³]等	9
F	土黄色	F1	寻	1
		F2	约⁼	2
		F3	□[₌pa⁴⁴]/□[₌pɔ⁴⁴]	4
		F4	□[nɛ⁼⁵⁴]等	5
		F5	□[tsau₌⁵⁵]等	3
		F6	□[₌kyn⁵³]	2
		F7	□[kʰe₌⁴³⁴]	3
		F8	其他	9

①抾：《广韵》业韵去劫切，挹也。②摭：《广韵》昔韵之石切，拾也。

三　词形重分类

3.1 词形重分类

排除表一属于 F8 的 9 个方言点后，921 个汉语方言总共有 21 种词形，如表二所示，兼用两种词形的方言在计算方言点数时按词形分别计算。"捡"图的所有词形可重新分为 13 大类（A～M）25 小类，如表三所示。其中 A～C 可以概括为甲类，它们在先秦汉语里就是拾取义动词，D 为乙类，是近代新出现的拾取义动词，E～M 可以概括为丙类，它们可暂时看作是方言的创新，其中 E～L 是本字确定的部分，M 是本字待考的部分。

表二　"捡"图的 21 种词形

词形	方言点数	词形	方言点数	词形	方言点数
捡	385＋35＋4＋11	客⁼	20＋1	寻	1
拾	215＋35	撮	25	约⁼	2
执	50＋4	捉	14	□[₌pa/ɔ⁴⁴]	4
拈	24＋11	摭	9	□[nɛ⁼⁵⁴]等	5
并⁼	12	捏	6	□[tsau₌⁵⁵]等	3
抾	59＋2＋1	赚⁼	19	□[₌kyn⁵³]	2
择	1＋2	□[ŋə⁇₌²³]等	9	□[kʰe₌⁴³⁴]	3

表三 "捡"图的词形的重分类

新类别及所对应的原类				词形	方言点数	
概括类	新大类	新小类	原类			
甲	A	A1	B1	拾	215	250
		A2	B2	拾~捡	35	
	B	B	E3	摭	9	
	C	C	F6	捃（原"□"[⊂kyn⁵³]）	2	
乙	D	D	A	捡	385	
丙	E	E1	D1	抾	59	62
		E2	D2	抾~择	2	
		E3	D3	抾~客⁼	1	
	F	F1	C1	执	50	54
		F2	C2	执~捡	4	
	G	G1	C3	拈	24	35
		G2	C4	拈~捡	11	
	H	H	E1	撮	25	
	I	I	E2	捉	14	
	J	J	E4、F4⁴	捏、□[nɛ⁼⁵⁴]（调值或有分歧）	10	
	K	K	D4	择	1	
	L	L	F1	寻	1	
	M	M1	D5、F7	客⁼、□[kʰe⌐⁴³⁴]	23	73
		M2	E5	赚⁼	19	
		M3	C5	井⁼	12	
		M4	E6	□[ŋəʔ⌐²³]等	9	
		M5	F3	□[⊂pa⁴⁴]/□[⊂pɔ⁴⁴]	4	
		M6	F5	□[tsau⌐⁵⁵]等	3	
		M7	F2	约⁼	2	
		M8	F4¹	□[nɛ⁵⁴]（调值不确定）	1	

3.2 分类说明

下面先分别列举甲类三种词形"拾、摭、捃"的《说文》释义、《广韵》反切及先秦汉语用例。必要时还增列《集韵》的收录情况。

拾 《说文》："拾，掇也。从手，合声。"《广韵》入声缉韵是执切："拾，收拾。又掇也，敛也。"例如：昼拾橡栗，暮栖木上，故命之曰有巢氏之民。（《庄子·盗跖》）

摭 《说文》："拓，拾也。陈、宋语。从手，石声。摭，拓或从庶。"《广韵》入声昔韵之石切："摭，拾也。""拓，上同。"例如：君子之于礼也……有顺而摭也。孔颖达疏："摭，犹拾取也。"参考译文：君子对于礼……有自上而下依序取则的。（《礼记·礼器》）

捃 《说文》："攈，拾也。从手，麇声。"《广韵》去声问韵居运切："攈，《说文》拾也。""捃，上同。"《集韵》去声焮韵俱运切："攈捃攟，《说文》拾也。或从君，亦作攟。"

("攈"《集韵》又见去声稕韵九峻切:"拾也。")例如:舍吾言革思者,是犹舍获而攈粟也。(《墨子·贵义》)

表三中的 C 类方言只有 2 个方言点(广西的罗城、柳城),"捡"图按有音无字处理,本节有意考作"捃"字,声母韵母都符合语音演变规律,但声调特殊(古清去今读阴平)。

乙类只有一种词形,即"捡"。它的产生年代还是一个谜,详见下文 5.1 的讨论。

表三的新小类大体跟表一的小类一一对应,不同在于表三排除了表一的 F8,并把表一的 D5 和 F7 合并为一个小类(M1),把表一的 F4 一分为二,4 个方言点(广西桂林、灵川、恭城、灌阳)跟 E4 合并为一个小类,留下 1 个方言点(广东普宁)自成一小类(M8)。

表一的 F7 不仅在地理上跟 D5 连成一片,而且声韵调三项中同者有其二(声、调),因此两者同源的可能性是不能轻易排除的。虽然 F7 类方言表示拾取的 [kʰe₀⁴³⁴] 跟"客"字不同音(例如瑞安陶山"客"[kʰa₀])〔5〕,可是由于各方言的古音类分合关系常常呈现出错综复杂的局面,故是否能用同一个字来记音并非判断是否同源的标准。详见5.2 的讨论。

把表一的 4 个 F4 类方言合并到 E4,是因为根据地图集的语音卷 025 图,它们的古浊入字今不读入声。下面以恭城(栗木)为例说明 [nε²] 本字即"揑"。"揑"字在恭城(栗木)同音字表里只见于 [˚ne³⁵] 音节〔6〕,跟"碾碾、~面皮 撵"同音,而 [nε²] 音节所收的字为"尿念~经 验□词缀,表程度深,细~:很细"。恭城(栗木)音系的韵母表说明 e 的实际音值为ε。古次浊入字在恭城(栗木)话里主要读阳去,例如:"密明"[mei²]、"辣来"[luo²]、"肉日"[niɔ²]。可见把表示拾取的 [nε²] 考为"揑"字是不成问题的。至于留下的 1个方言点(普宁),一方面其古浊入字今仍读入声,另一方面读者其实无法根据"捡"图"[nε⁵⁴]等"这种概括判断其调值调类,因此本字问题只能暂先搁置。

四 解释性地图的绘制和分析

4.1 解释性地图的绘制

本节的解释性地图将聚焦于表三的甲乙两大类词形,绘制地图的依据是"捡"图的数据及表四的分类。表四由表三概括而来。表四中的 A B C D 都是单一词形类,ADDF DG 则是双词形类(同一地点兼用两种词形),因为 F G 都是"其他"类里的,因此

---

〔5〕 据颜逸明《浙南瓯语》,华东师范大学出版社,2000 年。
〔6〕 据关英伟《广西恭城直话音系》,《方言》2005 年第 3 期。

DF DG 可以合并为一类。解释性地图如图一所示。每种类别的方言点数均在图例中标明。东南地区布点较密,不易观察特征的分布情况,酌加一幅放大图,仍不清楚的部分再辅以"放大镜"。

表四　解释性地图的词形分类

符号	绘图的类	新小类	原类	词形	方言点数
●	A	A1	B1	拾	215
◐	AD	A2	B2	拾～捡	35
♥	B	B	E3	撯	9
▲	C	C	F6	捃(原"□"[₋kyn⁵³])	2
○	D	D	A	捡	385
●	DF、DG	F2	C2	执～捡	15
		G2	C4	拈～捡	
●	其他(表三 E 类以下除 F2、G2 小类之外的全部,共 18 小类)				260
N	"捡"图未提供词形者				9

4.2 解释性地图的分析

从图一可见,作为先秦汉语中就存在的三个拾取义动词,"拾"是大面积的保留,"撯"和"捃"则只是少数或个别的残存。"拾"集中分布在中原地区,并一直向西北延伸,包括河南、河北、山东、山西、陕西(南端除外)、宁夏、甘肃、青海、新疆、江苏(南部少数地区除外)、安徽(南部除外)。长江以南除闽北地区外,多为零星的分布。"撯"分布在浙西、浙南、赣东北,"捃"只在桂北有零星反映。

除"拾"、"撯"和"捃"外,先秦汉语还有两个拾取义动词:

　　叔　《说文》:"叔,拾也。从又,朩声。汝南名收芌为叔。叔或从寸。"《广韵》入声屋韵式竹切:"掓,拾也。"例如:九月～苴。(《诗·豳风·七月》)

　　掇　《说文》:"掇,拾取也。从手,叕声。"《广韵》入声末韵丁括切:"掇,拾掇也。"例如:采采芣苢,薄言～之。(郑玄笺:"掇,拾也。")(《诗·周南·芣苢》)|铄金百溢,盗跖不掇。(《韩非子·五蠹》)

就笔者所了解的情况,目前尚未发现保留拾取义动词"叔"和"掇"的方言。《马来西亚的三个汉语方言》、《泰国的三个汉语方言》、《广东南澳岛方言语音词汇研究》分别把马来西亚新山潮州话、泰国曼谷潮州话和广东南澳(后宅)话的拾取义动词写作"掇"(读音都是[toʔ⁸])[7],可是《潮州方言》、《汉语方言词汇》、《汉语方言地图集》都

---

[7]　陈晓锦《马来西亚的三个汉语方言》,中国社会科学出版社,2003 年;陈晓锦《泰国的三个汉语方言》,暨南大学出版社,2010 年;林伦伦、林春雨《广东南澳岛方言语音词汇研究》,中华书局,2007 年。

86　民俗典籍文字研究

图一　汉语方言拾取义动词的解释性地图

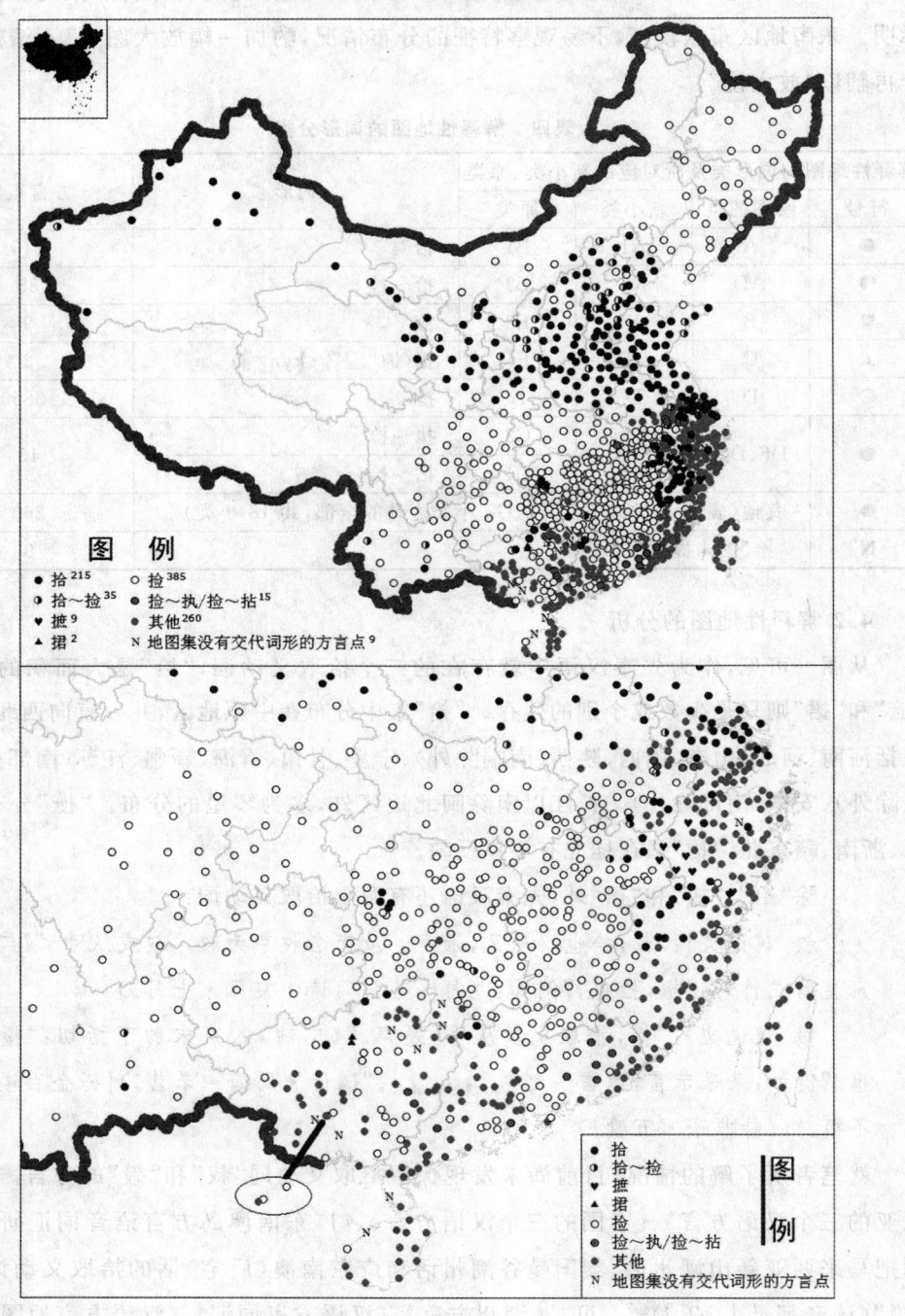

图　例
- 拾 215
- 捡 385
- 拾～捡 35
- 拾～执/捡～拈 15
- 搋 9
- 其他 260
- 捃 2
- N 地图集没有交代词形的方言点 9

图　例
- 拾
- 拾～捡
- 搋
- 捃
- 捡
- 捡～执/捡～拈
- 其他
- N 地图集没有交代词形的方言点

将潮州话里的拾取义动词写作"择"[8],从声调的表现看(阳入),后一种处理显然更为妥当。

"捡"主要分布在东北地区(只有极个别例外)和华中及西南地区,东南滨海的弧形地带则是杂类(表四的"其他"类)的分布区。

图一的显著特点是两个优势词形(拾、捡)构成了典型的中心—外围分布(center-periphery distribution),即"拾"集中分布在中原一带,其南北两侧则是"捡"的连续分布区。

意大利语言学家巴尔托利(Matteo Giulio Bartoli,1873—1946)曾阐述过根据有史时期的地理分布来确立史前时期语言要素相对时序的五条原则,这五条原则是其"语言空间理论"(Linguistica Spaziale)的核心,下面据《巴尔托利的第二条原则》一文译介如下:

  I. 较为孤立的区域通常保留早期阶段(earlier stage)。

  II. 如果两个语言阶段(linguistic stages),其中一个出现在外围区域,而另一个出现在中心区域,通常出现在外围区域的是较早的。

  III. 较大的区域通常保留早期阶段。

  IV. 早期阶段通常保留在后开发的区域中。

  V. 如果两个语言阶段,其中一个不复存在或行将消失,而另一个却生机盎然,通常消失的那个阶段是较早的。[9]

特鲁吉尔对这一理论曾作如下评论:"'语言空间理论'很快变得声名狼藉,因为作为一种历史语言学方法,它的例外太多,足以说明其价值可疑。……'新语言学家'试图把这些原则看作是'定律',他们在处理这些'模式'时缺乏弹性,事实证明这是其致命弱点。然而,不可否认的是,如果把它们看作指导原则而不是'定律',这些原则是具有某种程度的有效性。"如第二条原则特鲁吉尔就举了英国的反例:"苏格兰口音和英格兰南部口音(外围区域)存在着 *put/putt*,*could/cud* 的元音对立。而另一方面,英格兰北部和中部的口音却不存在这种元音对立。我们从其他渠道(从前的描写及文本)知道,属于创新的正是苏格兰和英格兰南部的口音。英语的早期阶段并不存在 *put* 和 *putt* 的对立。"[10]

---

 [8] 李永明《潮州方言》,中华书局,1959 年;北京大学中文系语言学教研室编《汉语方言词汇》(第二版),语文出版社,2005 年;曹志耘主编《汉语方言地图集》,商务印书馆,2008 年。

 [9] W. Mańczak, *Bartoli's second "norm"*, in *Historical Dialectology: Regional and Social*, ed. by J. Fisiak, 349—355. Berlin/New York: Mouton de Gruyter, 1988. 巴尔托利提出的五个 norm 在英文文献里或径用 norm,或译为 principle,为了跟特鲁吉尔的英译 principle 一致,本文都称为"原则"。

 [10] P. Trudgill, *Dialect geography*, in *Research Guide on Language Change*, ed. by W. Winter, 257—271. Berlin/New York: Mouton de Gruyter, 1990.

汉语方言"拾"和"捡"所构成的"中心—外围"分布实际上也是上述第二条原则的反例。因为汉语词汇史的研究说明，前者（中心）是早期形式，后者（两翼）是晚近的创新形式。

既然处于中心地带的"拾"不是创新形式，那么就必须回答南北两个"捡"的连续分布区域之间是一种什么关系。可能性有三种：(1)平行创新；(2)创新起于南部，然后越过中原地带传播到东北地区；(3)创新起于北部，然后越过中原地带传播到南部。

有两点可以肯定。第一，不管是哪一种情形，就拾取义动词的词形而言，中原一带对外来形式表现出了相当强大的抗拒力，这种抗拒力已持续了数百年时间。第二，由于至晚在明代后期的白话小说里已出现了拾取义动词"捡"，因此第三种可能性大概可以排除，因为东北的"捡"要在满人入关前形成一种越过中原地带的强势传播，其可能性是比较小的。在前两种可能性中取舍，大概第二种可能性最大，即"捡"首先在南方某地兴起，然后迅速扩散到赣语、湘语和上江官话全境以及下江官话的西部和绝大部分客语地区，并一路南冲——广东仿佛被一个巨大的楔子从中部楔入，从粤北到珠江三角洲是北粗南细的"捡"分布区，东西两翼则为其他形式。随着广府话的西进，"捡"也扩散到粤西和广西（广西同时也从北部和西部接受西南官话的影响）。满人入关后大概也很快接受了这种形式，并以中央王朝的权威对东北地区迅速产生了扫荡式的影响。当然，东北地区移民来源复杂、人口流动性大、交通方便等因素也有利于"捡"的迅速传播。

（未完待续）

（项梦冰：北京大学中文系暨中国语言学研究中心
北京大学计算语言学教育部重点实验室，100871，北京）

《周礼正义》(春官)点校札记(上)

汪少华 颜春峰

提要： 中华书局点校本《周礼正义》第7册存在校对漏误95处、标点失误39处：乙巳本正确，因漏校而误从楚本；乙巳本错讹，因漏校而从楚本；乙巳本、楚本均误，改而未出校；乙巳本、楚本讹脱衍误同而失校(涉上下文而讹，形近而讹，义联而讹，脱文，衍文，倒文，出处错误)；乙巳本、楚本不误，排印错讹；叙述语误为引文；引文误为叙述语；破句；当分未分；书名篇名人名误标失标。

关键词： 《周礼正义》 孙诒让 校对 标点

中华书局《周礼正义》[1]点校者经学功夫深湛，用力甚勤，点校甚精，令人钦佩无已。诚如乔秀岩《古籍整理的理论与实践》所称道："《周礼正义》点校本给我们带来的舒适与快乐，凡是读过的人莫不深有体会。"[2]点校本沾溉一代学者，造福学界，是不争的事实。但是"校书如扫落叶"，这部200多万字的巨著涉猎广、难度大，尚有精益求精的余地。近年笔者为《孙诒让全集》点校《周礼正义》，兹将第7册中疑为失误者胪列如下，以求教于大方。

一 校对漏误

《周礼正义》最重要的本子是乙巳本[3]和楚本[4]。乙巳本经孙诒让亲自校定，错讹最少，但印刷粗劣，字迹不清；楚本错讹甚多，而字大纸白，刻印清晰。点校本"以乙巳本做底本，以楚本做工作本。用乙巳本和楚本逐字对校，先用铅笔把楚本改成乙巳本，然后再进行点校"(《前言》)，因而漏校在所不免；孙疏旁征博引，寻检原书不易，不可能

---

* 全国高校古籍整理研究工作委员会直接资助项目"《周礼正义》点校本订正(1275)"成果。
[1] 孙诒让撰，王文锦、陈玉霞点校《周礼正义》，中华书局1987年第一版，2000年第二次印刷。
[2] 《版本目录学研究》第一辑，国家图书馆出版社，2009年。
[3] 孙氏家藏铅铸版初印本，1905年。
[4] 湖北篲湖精舍以楚学社本补校木刻本，1931年。

逐一核对。例如：

1. 乙巳本正确，因漏校而误从楚本

[1]《诗·鲁颂·閟宫》孔疏则云："先妣立庙非常，月朔四时祭所不及，其祭时节，礼无明文，或因大祭而别祭之也。"（1748页）

按：此从楚本讹作"而别祭之"，乙巳本作"而则祭之"，符合《十三经注疏》本。阮元校勘记："闽本、明监本、毛本同。案：此不误。浦镗云：'则疑衍字。'非也。'而则祭'者，下经之'而载尝也'，本句下正义可证。"（阮本[5] 2124页中）

[2]《礼运》曰："何谓四灵？麟凤龟龙谓之四灵。龙以为畜，故鱼鲔不淰；凤以为畜，故鸟不矞；麟以为畜，故兽不狱；龟以为畜，故人情不失。"（1753页）

按：此从楚本讹作"狱"，乙巳本、郑注引文（阮本789页中）、《礼运》原文并作"狘"。《礼运》郑玄注："獝、狘，飞、走之貌也。"（阮本1425页上）作"狱"则是名词，《集韵·东韵》："狱，兽名。禺属。其毛柔长可藉。"

[3]贾疏云："此一变致六变不同者，据难致易致前后而言。"（1753页）

按：此从楚本讹作"致"，乙巳本、贾疏（阮本789页中）并作"至"。

[4]郑彼注云："捻之言闪也。獝狘，飞走之貌也。"（1756页）

按：此从楚本讹作"捻"、"狘"，乙巳本、郑注（阮本1425页上）并作"淰"、"狘"。

[5]贾疏云："……故《乐记》云：'且夫《武》，始而北出，再成而灭商。三成而南，四成而南国是疆，五成而分陕，周公左，召公右，六成复缀以从。'"（1760页）

按：此从楚本讹作"从"，乙巳本、贾疏（阮本790页上）、《乐记》（阮本1542页中）并作"崇"。郑注："崇，充也。"

[6]凡言郑卫淫声者，谓其声淫，非谓其诗也。郑、卫诗虽有说妇人者，故不在禁放之列矣。（1792页）

按：此从楚本讹作"故"，乙巳本作"固"。"故"表因果，"固"表本然，后者之例如301页："然大祭祀、宾客，俎实有鲜鱼，则亦自有特取鱼之法，固不在禁例矣。"

[7]《春秋繁露·三代改制质文篇》云："主天法商，而王用锡儛。"凌曙据《郊特牲》"朱干设钖"，谓锡当为钖，钖舞即干舞是也。（1798页）

按：此从楚本讹作"钖舞即干舞"，乙巳本作"钖儛即干舞"。

[8]《隋书·音乐志》云："初后周故事，县钟磬法，七正七倍，合为十四……"（1828页）

按：此从楚本讹作"县"，乙巳本作"悬"，下文引《隋书·音乐志》俱作"悬"可证。

---

[5] 阮元《十三经注疏》，中华书局，1980年。

[9]王引之云:"……《周颂·有瞽篇》:'有瞽有瞽,在周之庭,设业设虡,崇牙树羽,应田县鼓,鼗磬柷圉。'"(1854页)

按:此从楚本讹作"圉",乙巳本、《周颂·有瞽》(阮本594页下)、王引之《经义述闻》[6]并作"圄"。

[10]《乐记》说舞《大武》,云"先舞以警戒",注云:"先鼓,将奏乐,先击鼓,以警戒众也。"(1904页)

按:此从楚本讹作"先舞",乙巳本、《乐记》原文(阮本1537页上)并作"先鼓"。

[11]是高诱谓寒暑有中春、中秋、季夏、季冬四祭……意者,寒暑天地之恒气,二中迎其至,二孟祠其盛,一年四季,不为无征。但冬夏之祭在二孟,而不在二季,高说究与经未合耳。(1911页)

按:此从楚本讹作"一年四季",乙巳本作"一年四祭"。

[12]《周易》孔疏云:"重卦主人,诸儒不同,凡有四说……又《周礼》少史掌三皇五帝之书,明三皇已有书也。"(1932—1933页)

按:此从楚本讹作"少史",乙巳本、孔疏(阮本9页)并作"小史"。

[13]"凡国大贞,卜立君,卜大封"者,贾疏云:"言凡非一。贞,正也。凡国家有大事,正问于龟之事有二,则卜立君、卜大封事也。"(1939页)

按:此从楚本讹作"事也",乙巳本、贾疏(阮本803页下)并作"是也"。

[14]今言无适则择立长,谓贵钧始立长,王不得立爱之法。年均,则会群臣、群吏、万民而询之,有司以序进而问,大众之口非君所能掩,是王不得立爱之法也。(1940页)

按:此从楚本讹作"贵钧",乙巳本、贾疏(阮本804页上)并作"贵均"。

[15]《月令》:季春之月,令国难,九门磔禳,以毕春气。(1976页)

按:此从楚本讹作"令",乙巳本、郑注(阮本808页中)并作"命"。

2. 乙巳本错误,因漏校而从楚本

[16]而彼经所说三大祭之乐,则自为降神之乐,即彼注所云先奏以致其神者也。(1732页)

按:此从楚本作"经",乙巳本讹作"径"。

[17]又《礼记》云'鲁君臣未尝相弑,礼俗未尝相变',而弑三君,季氏舞八佾,旅于泰山,妇人髽而相吊,儒者此记岂非乱乎。(1743页)

按:此从楚本作"旅",乙巳本讹作"秦"。

---

[6] 王引之《经义述闻》,第211页,江苏古籍出版社,1985年。

[18]《檀弓》孔疏引《郑志》张逸问:"《礼注》云《书说》,《书说》何书也?"答曰:"《尚书纬》也。当为注时,在文网中,嫌以秘书,故诸所牵图谶皆谓之说。"(1747页)

按:此从楚本讹作"秘书",乙巳本、孔疏(阮本1313页上)并作"祕书"。

[19]云"先妣姜嫄也,姜嫄履大人迹,感神灵而生后稷"者……(1749页)

按:此从楚本作"迹",符合上文(1748页)郑注,乙巳本讹作"践"。

[20]《诗·生民》孔疏……引张融申郑义云:"……即如毛传、《史记》之说,喾为稷契之父,帝喾圣夫,姜嫄正妃,配合生子,人之常道,则《诗》何故但叹其母,不美其父……"(1750页)

按:此从楚本作"叹其母",符合孔疏(阮本528页中),乙巳本讹作"难其母",未出校。

[21]杜以奏属堂下,歌属堂上,及舞在献毕,说并得之。(1751页)

按:此从楚本作"堂上",乙巳本讹作"水上"。

[22]土祇,原隰及平地之神也。(1753页)

按:此从楚本作"土祇",乙巳本讹作"上祇"。

[23]贾疏云:"《燕礼》云终,《尚书》云成,此云变。孔注《尚书》云:'九奏而致不同者,凡乐曲成则终,终则更奏,各据终始而言。'是以郑云乐成则更奏也。"(1753页)

按:此从楚本作"乐成则更奏",符合贾疏(阮本789页下),乙巳本讹作"乐成是更奏"。

[24]郑注《郊特牲》宾入大门而奏《肆夏》,谓宾兼朝聘,殆以门庭小差,偶未析别,实则不尽同也。(1782页)

按:此从楚本作"郊",乙巳本讹作"效"。

[25]《荀子·王制篇》云:"声则凡非雅声者,举废。"(1792页)

按:此从楚本作"荀子",乙巳本讹作"笋子"。

[26]《续汉·祭祀志》曰:"汉兴八年,有言周兴而邑,立后稷之祀,于是高帝令天下立灵星祠,以后稷配食。旧说星谓天田星也。一曰龙左角为天田官,主谷,祀用壬辰位祠之。"(1798页)

按:此从楚本作"天田官",符合《后汉书》[7],《史记·封禅书》"灵星祠"裴骃集解引三国魏张晏曰:"龙星左角曰天田,则农祥也,晨见而祭。"[8]乙巳本讹作"大田官"。

[27]贾疏云:"……按《乡大夫》职云:'国中自七尺以及六十,野自六尺以及六

---

[7] 范晔《后汉书》,第3204页,中华书局,1962年。
[8] 司马迁《史记》,第1380页,中华书局,1963年。

十有五,皆征之。'"(1815 页)

按:此从楚本作"乡",符合《周礼注疏》(阮本 794 页下),乙巳本讹作"卿"。

[28]《夏小正传》说大舍采亦有干戚舞,盖释菜礼自有大小,小者不舞不授器,大者有舞则授器,故《夏正》特著大以示别异。(1818 页)

按:此从楚本作"大舍采",乙巳本讹作"大舍菜"。孙疏 1817 页引《夏小正》……传云:"万也者,干戚舞也。入学也者,大学也,谓今时大舍采也。"可证。

[29]《律历志》云:"参分夷则损一,下生夹钟。"彼亦据夹钟半律言,故云下生,与此异。(1837 页)

按:此从楚本作"故云下生",乙巳本讹作"故云上生"。

[30]《仲尼燕居》云"客出以《雍》",是两君大飨别以《雍》为送宾之乐。(1863—1864 页)

按:此从楚本作"仲尼燕居",乙巳本讹作"仲尼燕"。

3. 乙巳本、楚本均误,改而未出校

[31]贾疏云:"按襄公十八年……注云:'北风,夹钟无射以北;南风,姑洗南吕以南。'"(1853 页)

按:此从贾疏(阮本 796 页下)作"姑洗",乙巳本、楚本讹作"沽洗",改而未出校。

4. 乙巳本、楚本讹脱衍误同而失校

涉上下文而讹

[32]《文王世子》云:"大乐正学舞干戚,语说命乞言,皆大学正授数。"(1711 页)

按:"大学正",《文王世子》原作"大乐正"(阮本 1405 页中)。1268 页引作"大乐正"不误。

[33]《文王世子》云:"春秋学干戈,秋冬学羽籥,皆于东序。春诵夏弦,大师诏之瞽宗。秋学礼,执礼者诏之。冬读书,典书者诏之。礼在瞽宗,书在上庠。"(1714 页)

按:"春秋学干戈",《文王世子》作"春夏学干戈"(阮本 1404 页上)。1718、1719、1904 页引作"春夏学干戈"不误。

[34]金鹗云:"《鼓人》云'以路鼓鼓社祭',社祭与神祀、鬼享连文,乃祭地之通称。《大司乐》以地该社,《鼓人》以祀该地,彼此互见。"——校:"祀"疑当作"社"。(1747 页)

按:所疑甚是。金鹗《求古录礼说·祭祀差等说》[9]原作"以社该地"。

---

[9] 王先谦《清经解续编》第 3 册,第 312 页下,上海书店,1988 年。

[35]贾疏云:"凡祭以其妃配。周立七庙,自后稷已下。不得更立后稷父庙,故姜嫄无所妃也。以其尊敬父母,故特立妇人之庙而祭之。"(1751页)

按:"父母",贾疏原作"先母"(阮本789页中)。

[36]贾疏云:"……凡音之起,由人声生,单出曰声,杂出曰音。"(1775页)

按:"由人声生",贾疏原作"由人心生";"杂出曰音",贾疏原作"杂比曰音"(阮本790页下)。《礼记·乐记》:"凡音之起,由人心生也。人心之动,物使之然也。感于物而动,故形于声。"郑注:"宫、商、角、徵、羽杂比曰音,单出曰声。"(阮本1527页上)

[37]《续汉书·五行志》云:"世祖建武二十六年九月,郡国四十二地震,南阳尤甚,地裂压杀人。"(1790页)

按:"二十六年"当为"二十二年"[10]。《后汉书·光武帝纪》:"二十二年……九月戊辰,地震裂。制诏曰:日者地震,南阳尤甚……"[11]可互证。

[38]《文王世子》云"胥鼓《南》",注引此经释之云:"《南》,南夷之乐也。旄人鼓夷乐,则以鼓节之。"(1820页)

按:"鼓夷乐"当为"教夷乐"(阮本1405页上),涉下"鼓节之"而讹。1905页引作"教夷乐"可证。

[39]贾疏云:"……按《左氏》隐五年,考仲子之宫,初献六羽。众仲云:'夫羽所以节八音而行八风,故以八为数。'"(1827页)

按:"夫羽",《左传·隐公五年》作"夫舞",孔疏:"舞为乐主,音逐舞节,八音皆奏,而舞曲齐之,故舞所以节八音也。八方风气寒暑不同,乐能调阴阳,和节气。八方风气由舞而行,故舞所以行八风也。"(阮本1728页上)贾疏亦引作"夫舞"(阮本795页中)。

[40]唯《月令》"季冬荐鞠衣于先帝",注云:"为将蚕,求福祥之助也。先帝,太皞之属。"(1915页)

按:陈汉章指出[12]"季冬"当为"季春"(阮本1363页中),2169、591页引《月令》"荐鞠衣于先帝"作"季春",583页称《玉烛宝典》引《月令章句》:"鞠衣,衣名,春服也。"并可参证。

[41]贾疏云:"据《周易》以八卦为本,是八卦重之,则得六十四。……又以坤之三爻为本,上加坤,为《纯卦》;又以坤为本,上加乾,为《否卦》;又以坤为本,上加震,为《豫卦》;又以坤为本,上加巽,为《观卦》;又以坤为本,上加坎,为《比卦》;又以坤

---

[10] 范晔《后汉书》,第3327页,中华书局,1962年。
[11] 同上书,第74页。
[12] 陈汉章《〈周礼〉孙疏校补》,《学术集林》卷十二,第40页,上海远东出版社,1997年。

为本,上加离,为《晋卦》;又以坤为本,上加艮,为《剥卦》;又以坤为本,上加兑,为《萃卦》:是以通体为八卦也。"(1932页)

按:"通体",贾疏原作"通本"(阮本803页上)。1927页引贾疏"通本为八卦",可参证。

[42]注云"重丧礼,次大祭祀也"者,贾疏云:"大祭祀,大卜非直命龟,兼视高;此丧礼亦命龟,与大祭祀同,但不兼视高,即轻于大祭祀也。但以丧事为终,故文退在'凡旅'下也。"(1945页)

按:"此丧礼",贾疏原作"此丧事"(阮本804页中),疑涉注"丧礼"而讹。

[43]贾疏云:"辞谓命龟之辞。威仪者,谓若《士丧礼》卜日在庙门外,临卜在门东,西面,龟在门外席上,西首,执事者门西,东面,行立皆是威仪之事也。"(1949页)

按:"龟在门外席上",贾疏原作"龟在闑外席上"(阮本804页下)。

[44]燋即未爇之烛,烛即已爇之燋,二者同物异名,故下文云爇燋。郑意凡灼龟先燋用取火,而后以契就燋燃之,乃以灼龟,灼龟用契不用爇也。(1957页)

按:"未爇"、"已爇"、"爇燋"之"爇"是动词,如孙疏1956页引《说文·火部》所释:"爇,烧也。"无论就词性还是文意而言,都应从陈汉章说:"灼龟用契不用爇"当为"灼龟用契不用燋"[13]。这是郑意,不同于杜意"灼龟用燋,凿龟用契"。

形近而讹

[45]《乐记》子贡论古乐云:"君子于是语。"(1724页)

按:"子贡",《乐记》作"子夏":"子夏对曰:'君子于是语,于是道古。'"(阮本1538页中)。1725页"《乐记》子夏说古乐云'君子于是道古'",不误。

[46]《汉书·苏武传》'掘野鼠去中实而食之',师古曰:去'谓藏之也。'(1790页)

按:乙巳本、楚本、惠栋《九经古义》卷八[14]并作"屮"。陈汉章指出"中"当作"屮"[15]。《汉书·苏武传》作"屮",颜师古注:"苏林曰:'取鼠所去草实而食之。'屮,古草字。"[16]

[47]贾疏云:"……以若八卦,卦别重得七,通本为八卦,总云八八六十四卦,不复别云八卦,以其六十四卦,含有八卦故也。"(1927页)

按:"以若",贾疏原作"似若"(阮本802页下)。

[48]故《月令》季秋"令诸侯制,百县为来岁受朔日"。(1955页)

按:"令",《月令》原作"合",郑注:"合诸侯制者,定其国家、宫室、车旗、衣服、礼仪

---

[13] 陈汉章《〈周礼〉孙疏校补》,《学术集林》卷十二,第42页,上海远东出版社,1997年。
[14] 阮元《清经解》第2册,第762页上,上海书店,1988年。
[15] 陈汉章《〈周礼〉孙疏校补》,《学术集林》卷十二,第38页,上海远东出版社,1997年。
[16] 班固《汉书》,第2463页,中华书局,1964年。

也。"（阮本 1379 页下）2085 页引《月令》作"合诸侯制"不误。

义联而讹

[49]《逸周书·世俘篇》云："甲戌，谒戎殷于牧野，钥人奏《武》，王入，献《明明》，三终。乙卯，籥人奏《崇禹》、《生开》，三终。"（1904 页）

按：此从楚本作"甲戌"，乙巳本作"甲戌"，均误。《逸周书·世俘篇》原作"甲寅"[17]，与下"乙卯"递续。潘振云："甲寅，周三月二十五日也。"陈逢衡云："甲寅，闰二月二十五日也。"[18]

脱文

[50]云"言其德能绍尧之道也"者，《乐记》云"韶，继也"。注云："韶之言绍也，言舜能继绍尧之德。《周礼》曰大韶。"贾疏引《元命包》云"舜之时，民乐其绍尧之业"。《白虎通义·礼乐篇》云："舜曰《箫韶》者，舜能继尧之道也。"《公羊》隐五年何注云："舜曰《箫韶》，舜时民乐其修绍尧道也。"《汉礼乐志》作招，云"《招》继尧也"，并与义同。惟《春秋繁露·楚庄王篇》云："舜时民乐其昭尧之业也，故《韶》，韶者昭也。"义与郑异。（1729—1730 页）

按："并与义同"，陈汉章指出"义"上脱"郑"字[19]。"与郑义同"与下"义与郑异"相对。

[51]《月令》大合乐在季春，而秋无其事，唯季秋上命乐正入学习吹。注云："为将祫帝也。春夏重舞，秋冬重吹也。"（1819 页）

按："上"下脱"丁"字，《月令》："季秋之月……上丁，命乐正入学习吹。"孔疏："其习舞吹必用丁者，取其丁壮成就之义，欲使学者艺业成故也。"（阮本 1379 页上中）"上丁"与 1815 页郑注所引《月令》"上丁"、"仲丁"，都是时间概念。

[52]段玉裁云："……《说文·示部》曰：'宗庙奏《祴乐》，从示戒声。'《皀部》曰：'陔，阶次也，从皀亥声。'是知《周礼》为正字，《仪礼》为假借字，许君亦从故书作祴矣。"（1887—1888 页）

按："宗庙奏《祴乐》"前应有"祴"，这是被释字，见段玉裁《周礼汉读考》卷三[20]。

衍文

[53]《国语·周语》："伶州鸠曰：古之神瞽，考中声而量之以制度。"韦注云："神瞽，古乐正，知天道者也。死以为乐祖，祭于瞽宗，谓之神瞽。"（1722 页）

---

[17] 孙诒让《大戴礼记斠补》，第 216 页，中华书局，2010 年。
[18] 黄怀信等《逸周书汇校集注》，第 454 页，上海古籍出版社，1995 年。
[19] 陈汉章《〈周礼〉孙疏校补》，《学术集林》卷十二，第 34 页，上海远东出版社，1997 年。
[20] 阮元《清经解》第 4 册，第 204 页上，上海书店，1988 年。

按:"制"字句绝,"度"字当属下句"度律均钟",见 1879 页。韦注:"度律,度律吕之长短,以平其钟、和其声,以立百事之道法也。"[21]

[54]云"正谓上下正直,正则声缓无所动"者,《辀人》注云:"正,直也。"此义与先郑同。贾疏云:"由无鸿杀故也。"(1877 页)

按:"正直"之"正"衍,"正则"之"正"当属上"正谓上下直正"一句,见 1874 页郑注。

[55]《史记·龟策传》云:"灼以荆,若以刚木。"(1957—1958 页)

按:后一"以"字涉前而衍。《史记·龟策列传》原作"灼以荆若刚木"[22],连词"若"表示选择。

倒文

[56]《诗·大雅·生民篇》云:"厥初生民,时维姜嫄,生民如何,克禋克祀,以弗无子,履武帝敏歆,攸介攸止,载震载夙,载生载育,时维后稷。"(1749 页)

按:"武帝"原作"帝武"。"帝武"指"帝之迹",毛传:"武,迹。"(阮本 528 页上)

出处错误

[57]《司士》云:"春合诸学,秋合诸射。"(1717 页)

按:"春合诸学,秋合诸射"出自《司士》下一篇《诸子》,见 2479 页。

[58]《春秋繁露·郊祭篇》云:"周以郊为百神始,始入岁首,必以正月上辛日先享天,乃敢于地,先贵之义也。"(1742 页)

按:"郊祭"当为"郊语"[23]。陈汉章指出:"此所引乃《郊语》篇文。若《郊祭》篇则云:'是故天子每至岁首,必先郊祭以享天,乃敢为地,行子礼也。'语意相似,故致误。"[24]

[59]《东山经》之空桑山,亦未能墒指其处,据高说则即《左》昭九年传之穷桑,杜注云"穷桑,少皞之号也,穷桑,地名,在鲁北"是也。(1779 页)

按:"穷桑"见于《左传·昭公二十九年》,杜注无"名"字(阮本 2124 页中)。

[60]《曲礼》云:"天子之哭诸侯也,为之不乐食。"(1790 页)

按:"曲礼"当为"檀弓"(阮本 1293 页下)。1411 页郑注引"天子之哭诸侯也"作"檀弓",1647、1648 页金榜两引"天子之哭诸侯也"作"檀弓",1649 页孔广森引"天子之哭诸侯也"作"檀弓"。

[61]《诗·大雅·宾之初筵》云"籥舞笙鼓",毛传云:"秉籥而舞,与笙鼓相应。"(1808 页)

---

[21] 上海师范大学古籍整理研究所校点《国语》,第 132—133 页,上海古籍出版社,1998 年。
[22] 司马迁《史记》,第 3239 页,中华书局,1963 年。
[23] 苏舆《春秋繁露义证》,第 399 页,中华书局,1992 年。
[24] 陈汉章《〈周礼〉孙疏校补》,《学术集林》卷十二,第 35 页,上海远东出版社,1997 年。

按:"大雅"当为"小雅"(阮本 485 页下)。501、1012、1494、1811、1904、2360、2385、2427 页引作"小雅"不误。

[62]《楚辞·九章·礼魂》云"传芭兮代舞",王注云:"芭,巫所持之香草名也。言祠祀作乐而歌,巫持芭而舞。"(1815 页)

按:"九章"当为"九歌"[25]。

[63]《左》桓三年传云:"苹蘩薀藻之菜。"(1819 页)

按:"桓三年"当为"隐三年"(阮本 1723 页中)。

[64]《左》成十年传"展车马",杜注云"展,陈也"。(1821 页)

按:"成十年"当为"成十六年"(阮本 1919 页中)。

[65]《大司乐》疏引郑《书注》释鸣球云:"磬县也,而以合堂上之乐。玉磬和,尊之也。"(1823 页)

按:所引郑《书注》释鸣球云云,见于《益稷》疏(阮本 144 页中),不见于《大司乐》疏。《大司乐》郑注引《虞书》"夔曰:戛击鸣球"云云(1731 页),孙疏指出这是"《皋陶谟》文,伪古文改入《益稷》"(1737 页)。

[66]《续汉书·律历志》引蔡氏《月令章句》说,与郑同,孟说疑不足据。(1842 页)

按:引蔡氏《月令章句》的是《续汉书·律历志》刘注[26]。454、721、1879、2118、2300、2932 页"《续汉书·律历志》刘注引《月令章句》"均是。

[67]云"为,作也"者,《尔雅·释诂》云:"作,为也。"(1873 页)

按:"释诂"当为"释言"(阮本 2581 页下),777 页说"'作,为也'者,《尔雅·释言》文",是。

[68]此与《左》昭二年传说中春启冰,以羔祭司寒礼相类,与尝麦祠大暑不同,盖是告祭,故又杀于禳祈也。但《左传》说季冬藏冰云,"黑牡秬黍以享司寒"。杜注云:"黑牡,黑牲也。"(1910 页)

按:"昭二年"当为"昭四年","黑牡秬黍以享司寒"出自《左传·昭公四年》(阮本 2034 页上),"中春启冰,以羔祭司寒礼"对应的原文也是《昭公四年》:"祭寒而藏之,献羔而启之,公始用之。"郑注:"祭寒而藏之,本或作'祭司寒'者,非。谓二月春分献羔、祭韭,开冰室。"(阮本 2034 页中)1911 页说《左》昭四年传,说天子冬藏冰,以黑牡秬黍享司寒,春献羔而启之",374 页引"祭寒而藏之,献羔而启之,公始用之"标作"《左》昭四年

---

[25] 洪兴祖《楚辞补注》,第 84 页,中华书局,1983 年。
[26] 范晔《后汉书》,第 3001 页,中华书局,1962 年。

传",并可参证。

[69]《曲礼》孔疏引《白虎通·乐元语》云:"东夷之乐曰《朝离》,万物微离地而生;南夷乐曰《南》,南,任也,任养万物;西夷乐曰《味》,味,昧也,万物衰老,取晦昧之义;北夷乐曰《禁》,言万物禁藏。"今本《白虎通义·礼乐篇》作:"南夷之乐曰《兜》,西夷之乐曰《禁》,北夷之乐曰《昧》,东夷之乐曰《离》。"(1919页)

按:"曲礼"当为"明堂位"(阮本1489页中),孙疏1276页"《明堂位》孔疏引乐元语"可证;"《白虎通》"下应标冒号,孔疏:"《白虎通》云:《乐元语》曰……""今本《白虎通义·礼乐篇》"也是引《乐元语》[27]。

[70]故《楚辞·离骚》云"玉石兮瑶虡",言以瑶为虡跗也。(1922页)

按:《离骚》不见"玉石兮瑶虡"。相似的句子是《楚辞·九歌·东君》:"箫钟兮瑶簴。"洪兴祖补注:"瑶簴,以美玉为饰也。"[28]

[71]《国语·鲁语》韦注说《三易》,亦云一夏《连山》,二殷《归藏》,三《周易》。(1930页)

按:所引出自《国语·晋语四》韦注[29]。

[72]《御览·人事部》引《周书·程寤篇》说大姒得吉梦,文王乃召太子发占之于明堂。(1973页)

按:《太平御览》卷三九七《人事部》引《周书》:"文王去商在程。正月既生魄,大姒梦见商之庭产棘。小子发取周庭之梓树乎阙间,梓化为松柏棫柞。寤惊,以告文王。王及太子发并拜吉梦,受商之大命于皇天上帝。"[30]这是1975页孙疏所引。而"占之于明堂"等,见于《太平御览》卷八四《皇王部》引《帝王世纪》:"文王自商至程。太姒梦见商庭生棘,太子发取周庭之梓,树之于阙间,梓化为松柏柞棫。觉而惊,以告文王。文王不敢占,召太子发,命祝以币告于宗庙群神,然后占之于明堂,及发并拜吉梦,遂作《程寤》。"[31]

[73]童子佩觿,《诗·墉风·芄兰》文。(1982页)

按:"墉风"当为"卫风"(阮本326页上)。2571页引"芄兰"作"卫风"可证。

5. 乙巳本、楚本不误,排印错讹

[74]"凡有道有德者,教使焉"者……(1720页)

---

[27] 陈立《白虎通疏证》,第107页,中华书局,1994年。
[28] 洪兴祖《楚辞补注》,第75页,中华书局,1983年。
[29] 上海师范大学古籍整理研究所校点《国语》,第363页,上海古籍出版社,1998年。
[30] 李昉等《太平御览》,第1836页,中华书局,1995年。
[31] 同上书,第396页。

按:"教使",乙巳本、楚本并作"使教",与上正文相同。

[75]《檀弓》孔疏引《郑志》张逸问:"《礼注》云《书说》,《书说》何书也?"答曰:"《尚书纬》也。当为注时,在文网中,嫌以秘书,故诸所牵图谶皆谓之说。"(1747页)

按:此排印讹作"嫌以",乙巳本、楚本、孔疏(阮本1313页上)并作"嫌引"。

[76]郑彼笺云:"姜姓者,本炎帝之后,有女名嫄,当尧之时,为高辛氏之世妃。帝,上帝也。敏,拇也。姜嫄妃郊禖之时,时则有大神之迹,姜嫄履之,不能满,履其拇指之处,心体歆歆然,如有人道感己者,于是遂有身,后则生子,是为后稷。"(1750页)

按:"妃郊禖",乙巳本、楚本、郑笺(阮本528页上)并作"祀郊禖"。

[77]郑谓此经为大蜡,而经止有六变之乐,故谓之蜡之礼乐六奏而毕,崔氏又曲为申释,然非经意也。(1754页)

按:此排印讹作"之蜡",乙巳本、楚本并作"大蜡"。

[78]《书·禹贡》云:"浮于积石,至于龙门。"为孔传云:"龙门山在河东之西界。"(1779页)

按:此排印讹作"为",乙巳本、楚本并作"伪"。

[79]云"大蔟长八寸"者,贾疏云:"林钟上生大蔟,三分益一,六寸益二寸,故大蔟长八寸。"(1839页)

按:此排印讹作"蔟",乙巳本、楚本、上文(1832页)郑注并作"蔟"。

[80]《月令》疏云:"……故云宾蔟长六寸八十一分寸之二十六也。"(1840页)

按:此排印讹作"宾蔟",乙巳本、楚本、孔疏(阮本1369页上)并作"蔟宾"。

[81]《月令》疏云:"……又大吕一寸为二百四十三分,今每寸更三分之,则一寸为七百二十九分,两个整总寸有一千四百五十八分。"(1840页)

按:此排印讹作"总寸",乙巳本、楚本、孔疏(阮本1372页下)并作"寸总":"两个整寸,总有一千四百五十八分"。

[82]郑《月今》注则云"凡律空围九分",是谓十二律管围数并同。……《续汉书·律历志》引蔡氏《月今章句》说,与郑同,孟说疑不足据。(1842页)

按:两处"月今"排印错讹,乙巳本、楚本并作"月令"。

[83]《国语·周语》:单穆公曰"以金石动之,丝竹以行之,歌以咏之,匏以宣之,瓦以赞之,革木以节之"是也。(1842页)

按：此排印讹作"以金石"，乙巳本、楚本、《国语·周语下》[32]并作"金石以"。

[84]郑注云："工，谓瞽蒙善歌讽诵诗者也。六人，大师、小师各一人，上工四人。"（1852页）

按：此排印讹作"小师"，乙巳本、楚本、郑注（阮本1033页中）并作"少师"。

[85]《足释·雅乐》云："大鼗谓之麻，小者谓之料。"则鼗亦自有大小之别。《大司乐》又有霤鼗、灵鼗、路鼗，则六鼓疑皆有教鼗，此官当通教之矣。……毛传云："鞉鼓，乐之所成也。夏后摇考鼓，殷人置鼓，周人县鼓。"依《毛诗》义，则鼗鼓亦殷置周县异法，但置县皆不便摇击，岂击时别解下之以手持其柄而氏之，与《鼓人》六鼓或建或县，而以桴击之异与？（1857页）

按：此排印错讹作"《足释·雅乐》"，乙巳本、楚本并作"考《尔雅·释乐》"；"夏后摇考鼓"，乙巳本、楚本并作"夏后氏足鼓"；"而氏之"，乙巳本、楚本并作"而摇之"；"皆有教鼗"，乙巳本、楚本并作"皆有鼗"。

[86]故郑《诗笺》云"鞉难不植，贯而摇之，亦植之类"。（1857页）

按：此排印错讹作"难"，乙巳本、楚本并作"虽"。

[87]段玉裁云："……鹔鹓，今语言曰鹓鹔，《说文》二字皆从隹。"（1876页）

按：前一"鹔鹓"排印错讹，乙巳本、楚本、段玉裁《周礼汉读考》卷三[33]并作"鹓鹔"。

[88]杜注以孔疏引贾、郑先儒说并同。（1928页）

按：此排印讹作"以"，乙巳本、楚本并作"及"。

[89]后人既谓《连山》神农作，复因烈山、厉山之号，遂称为连山氏；黄帝作《归黄》，亦遂有归藏氏之称。此亦好事者取其书以为号，非以号名书也。（1930页）

按：此排印讹作"归黄"，乙巳本、楚本并作"归藏"。

[90]贾疏云："凡命龟辞，大夫已上有三，命筮辞有二；士命龟辞有二，命筮辞一。……是知大夫以上命筮有三，命筮有二也。"（1936页）

按：此排印讹作"命筮有三"，乙巳本、楚本并作"命龟有三"。

[91]注云"代宗伯"者，上注云"小事宗伯莅卜"是也。（1943页）

按：此排印讹作"小事"，乙巳本、楚本、1939页"上注"并作"大事"。

[92]谓之墨者，如墨画之分明，即龟兆所发之大枝，其大旁旁错出之小枝则为坼。（1947页）

按：此排印讹作"大旁"，乙巳本、楚本并作"大枝"。

---

[32] 上海师范大学古籍整理研究所校点《国语》，第128页，上海古籍出版社，1998年。
[33] 阮元《清经解》第4册，第203页中，上海书店，1988年。

[93]今考《史记·秦本纪》,昭襄王四十二年,先书十月宣太后薨,后书九月穰侯出之陶;四十八年,先书十月韩献垣雍,后书正月兵罢。则昭襄王已以十月为岁首,故书于正月九月之前。(1955页)

按:此排印讹作"先书十年",乙巳本、楚本并作"先书十月"。

[94]郑意凡灼龟先燋用取火,而后以契就燋燃之,乃以灼龟,灼龟用契不用蓺也。(1957页)

按:此排印讹作"燋用",乙巳本、楚本并作"用燋"。

[95]《管子·弟子职》说然烛云:"栉之远近,乃承厥火,居句如矩,蒸间容蒸,然若处下。"(1959页)

按:此排印讹作"然若",乙巳本、楚本并作"然者"。

(未完待续)

(汪少华:复旦大学出土文献与古文字研究中心,200433,上海;

颜春峰:杭州师范大学人文学院,310036,杭州)

俄藏黑水城文献 TK216 跋*

张 秀 清

提要： 在已有整理研究成果的基础上，据其他黑水城文献和传世文献，从俄藏黑水城文献 TK216 未释读或误读之处辨认出"除"、"类"、"比"、"提"、"关"、"内"等字，是对 TK216 文献的进一步整理。

关键词： 黑水城文献　释读

俄藏黑水城文献 TK216，见于《俄藏黑水城文献》第四册第 221 页[1]。原无题名。《俄藏黑水城文献》第六册所附《叙录》将其拟题为"文书"，并断其为元代写本[2]。孙继民等著《俄藏黑水城汉文非佛教文献整理与研究》[3]第 438—439 页有录文与注释，命名为《元拯调官总管善撒秃依奉省剳付事理施行文书》。兹在上述研究的基础上，做进一步释读。

该文书仅一页，为了便于释读，将原图版复制如下：

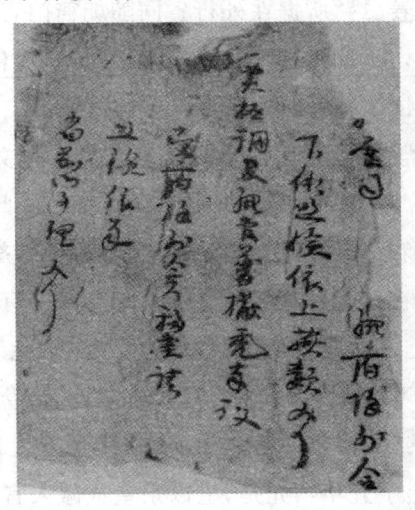

---

* 本文为国家社科基金项目（11BYY069：黑水城文献语言研究）成果之一。

[1]《俄藏黑水城文献》，第四册，第 221 页，上海古籍出版社，1998 年。

[2]《俄藏黑水城文献·叙录》，第六册，上海古籍出版社，2000 年。

[3] 孙继民等《俄藏黑水城汉文非佛教文献整理与研究（中）》，北京师范大学出版社，2012 年。

104　民俗典籍文字研究

　　《俄藏黑水城汉文非佛教文献整理与研究》第 439 页已有录文（以下简称录一），故这里仅依次陈述该文未释读的以及稍有不同之处。

　　第 1—2 行：录一："总府□外合下仰照验依上□□施行"。"除"字。文书第 4 行 "外合行"二字书写相同，亦为"除"字。除字草书有 、 等形，与图版之形正相似。重要的是，"……除外合行……"语义亦通。元代公文中常见。元佚名《庙学典礼》卷四："钦此。除外，具呈钦依事。都省除外，今抄元呈在前，咨请照验，钦依施行事。准此。省府除外，今将御史臺元呈抄连在前，合下仰照验，钦依圣旨事意施行。（剳付浙东道宣慰司。）"卷五："本台咨请钦依累降圣旨事意施行。准此。宪台：除外，合下照验，钦依累降圣旨事意施行。奉此，除外，合行移牒请照验，钦依累降圣旨事意施行。准此。使司：合下仰照验，钦依累降圣旨事意施行。（剳付各路总管府。）"卷六："得此，宪台：除外，合下仰照验，钦依累降圣旨事意施行。"卷五："奉此，宪司：合下仰照验，遍行所属，钦依累奉圣旨事意施行，毋致违犯。承此，本司除已行移各路、府、州、司、县外，合下仰照验，遍行所属，钦依累降圣旨事意施行。（下各儒学。）"卷五："除钦依外，从各道儒学提举司点检，毋令教授滥支，上下半年免行供报行省、宣慰司、总管府。除外，仰照验施行。奉此。"卷六："如自愿立长学者，听。若积久学问有成者，申覆上司照验。钦此。今据见申，省府：除外，合行仰照验，依上施行。"元王士点、商企翁《秘书监志》卷二："奉圣旨'依着恁商量来的与者'钦此。都省除外，合下仰照验，就行合属，钦依施行。奉此，关请照验，就行合属，钦依施行。"卷二："所据在外行省同随朝衙门官吏，并外任俸给，拟自文字到日为始支付。都省除外，合下仰照验，就便行移诸衙门，钦依施行。"元刘孟保等《南台备要》："都省除外，仰照验钦依施行，承此。咨请钦依施行。"

　　第 2 行 ："类"字。"类"的这种写法也见于俄藏黑水城文献 A20V《蓦山溪》："今类古，古犹今，风范依前在。"[4]"类"字图版作" "。与 TK216 此处 相同。下都从"女"。又如，TK133《真州长芦了和尚劫外录》："且道混不得、类不齐，合作麼生？""类不收，混不去，百般伎俩不成，盖妙在体处。" ："此"字。此字草书有 等形，与图版形相似。据上下文义，这里当读为"比"字。"此""比"仅差一竖，字形接近易混。"比类施行"为公文习语。宋李焘《续资治通鉴长编》卷一七六仁宗至和元年："臣与必同在馆阁，知其本末甚详，窃恐如必之比尚多，伏乞下大理寺、刑部检会闻奏，比类施行。"又，卷二三一神宗熙宁五年："先是，上以宗室或减入官恩例，令定后族推恩条，勿令过宗室，于是中书立三宫缌麻以上亲女夫，遇三宫生日及圣节等第与推恩，该说不尽，

---

[4] 孙继民等《俄藏黑水城汉文非佛教文献整理与研究（中）》，第 620 页，北京师范大学出版社，2012 年。

比类施行。既而太皇太后大功女之子令与官,密院以为于中书条所不该得。王安石谓吴充曰'于条令比类缌麻女夫推恩,何以为不该也。'"又,卷二六九神宗熙宁八年:"命官系事重者,减作稍重。稍重者减作轻。轻者与差遣。使臣比类施行。"南宋《吏部条法》考任门:"《侍郎左选尚书考功通用申明》:淳熙十三年四月十三日敕:吏部状,检准淳熙十三年正月一日庆寿赦恩,应文武官该遇今赦,各与理当三年磨勘,选人比类施行。除一年比类占射外,有二年依条比类各循一资。"南宋谢深甫等《庆元条法事类》卷一三职制门十:"乾道六年四月一日枢密院劄子:诸军暴露立功等转资、大教拍试转资、将校拈香恩泽、川广买马赏、两淮捉获私渡赏、人户起发海般赏、军兵防托海道赏、诸州造铁甲赏、土豪召募强壮赏、比附劳绩应赏,并以三年为限,川、广展一年,仍以到省部日为限。该说不尽者,比类施行。奉圣旨'依'。"元脱脱等《宋史》卷一七八食货志第一三一:"元年,诏出粟济籴者赏各有差。(籴及三千石以上,与守阙进义校尉。一万五千石以上,与进义校尉。二万石以上,取旨优赏。已有官荫不愿补授者,比类施行。)"元马端临《文献通考》卷十八《征榷考五》:"宁宗嘉泰四年,知隆兴府韩邈奏:'户部茶引,岁有常额,隆兴府惟分宁产茶,他县并无,而豪民武断者乃请引认租,借官引以穷索一乡,无茶者使认茶,无食利者使认食利,所至惊扰。乞下省部,非产茶县并不许人户擅自认租,他路亦比类施行。'从之。"

检《国学宝典》、《北大国学研习系统》等数据库,以"类施行"组合者,仅有"比类施行"。

第3行:录一:"关拯调官总管善撒禾","善"疑为"普"字。㧼:"提"字。"拯"误。检数据库,并无拯调或拯调官搭配。当为"提调"。提调官文献习见。"提"字草书㧼㧼㧼等形,图版中的字形是省去了"日"旁。

第4—6行:录一:"总府□外合行移□,请照验,依奉省劄付事理施行"。㫺录为总,似误。因本文书"总"字均写为㫺形,疑当读为"管"字。因该字写法与第3行总管的"㫺"字类似。第1行谓"总府",此处谓"管府",当均指"总管府"。圭:"关"字,为"总府除外,合行移关"。此关字写法与本文书第3行"关提调官……"的㫺写法相同。关字草书有㫺㫺㫺等形。"关"谓官府之间往来的一种公文。元佚名《庙学典礼》卷四:"牒该添设教官事,实为允当,合行移关,请照验施行。(关中书礼部。)"元黄溍《日损斋笔记》:"今将翰林国史院编修官门人宋濂所撰《行状》,录连在前,合行移关,请照验施行。"元王结《善俗要义》:"谨已缮写成帙,合行移关请照验,更为讲究可否行下合属,仰各处正官、教官及社长、社师人等照依备去事理,以时训诲社众,务要据行,共求实效。"

第6行㫺:"内"字。录一为"付"似误。除字形不太合外,"付事理"公文少见。请对比元王士点、商企翁《秘书监志》卷一:"革罢司徒府、农政院等衙门,坐到下项事理,合下仰照验施行。承此，当部除已委请本部王郎中依上施行外，合行移关，请照验，依奉省劄内处分事理。"元佚名《庙学典礼》卷五："得此，申乞照验事。宪台：除外，合下伸照验，行移所属儒学，一体施行。承此，除外，合下仰照验，遍下合属儒学，依奉台劄内事理施行，先具依准文状申来。""……内事理"公文习见。南宋谢深甫等《庆元条法事类》卷七九畜产门："右劄付工部，依劄子内事理施行。"卷四八赋役门二："本所看详前项指挥内事理，除合得顷亩减半一节已于格内修立外，其余逐项事理，今编节作存留申明照用。"南宋《吏部条法》改官门："右劄付吏部，依劄子内事理施行。"宋尹洙《河南集》卷二〇："臣寻备录申范某，请详都部署牒内事理施行。"明徐光启《农政全书》卷四三荒政："其赏罚，一依当司封去权差官帖牒内事理施行。"

（张秀清：西北民族大学海外民族文献研究所，730030，兰州）

名词和动词划类的两个维度

王晓娜

提要： 本文认为，名词和动词、形容词的词类划分仍然需要坚持意义、功能和形态相结合的标准。本文提出，这种三结合的标准有两个不同的维度，一个是静态语法意义的维度，一个是动态语法意义的维度，与这两种语法意义相应的是两种形态和两种功能。以往动词、名词以及形容词划类存在困惑，主要原因就是混淆了这两个维度的标准。汉语和英语等屈折语的词类划分的维度标准是不同的，因此词类内涵和词类系统也是不完全相同的，其根源在于不同语言类型的语法结构的制约。但是，不同维度的名词和动词的划类标准是可以接轨的，不同维度的名词和动词等实词类也是可以接轨的，因为二者均受控于普遍语法框架。

关键词： 名词　动词　语法意义　两个维度

一　引　言

名词和动词等划类的焦点是关于词类和句子成分关系的认识问题。即，汉语的主语是不是和其他语言一样必须由名词性词语承担。如果必须由名词性词语承担，就必有假借、转类、名物化等理论加以支撑；如果可以由谓词来承担，就有概括词及词类和句子成分一对多的理论加以支撑。

上述问题涉及到词类划分的依据。自上世纪50年代的语法问题大讨论之后，人们已经在词类划分的依据方面达成了共识，即意义、形态和功能三结合。但是，目前占主导地位的观点则是以分布和句法功能为主要依据，这一点大家没有异议。可是遵循同一标准的学者在词类处理上仍然存有严重的分歧，焦点仍然是处于主宾语位置上的动词或形容词是否改变了词性的问题。为什么标准统一了，两种观点却对立依旧呢？

再者，自文法革新以来的主流观点是，汉语的词类有自己的特点，和英语等屈折语形成了对立，即词类和句子成分关系的一线制和双轴制的对立、词类和句子成分的一对

---

* 本文为第九届国际双语学会议（2012年1月26—28日，泰国）宣读论文，并在辽宁省语言学会第12届学术年会暨辽宁语言资源专题学术研讨会（2012年10月26—28日，大连）上发表。

一和一对多的对立。所谓双轴制和一对多,被视为汉语语法的一个重要特点。如果是这样,那么汉语的动词和名词的划类标准同英语的划类标准就是有差异的了,所划分出来的词类的内涵也是有差异的了,词类系统当然也是有差异的。如果汉语和屈折语词类的对立是成立的,那么起制约作用的主要因素是什么?如果这个对立成立的话,汉语和英语等屈折语的词类又是如何接轨的?

第三,人们普遍认为汉语词类划分困难,关键就是缺乏狭义的形态,有人甚至因此而认为汉语实词不能划分词类,那么,英语等屈折语有较为丰富的形态,词类的划分应该是一个很清晰的问题了,不会像汉语有那么多的困扰了。其实不然,关于词类和句子成分的关系问题,西方语言学界也同样存在着困惑,与此相关的讨论和争论也同样一直持续着。西方语言学界关于词类的讨论虽然新观点不断出现,但是核心也是处于主语位置上的动名词等非定式动词如何归类的问题。为什么有显性形态标志的屈折语也存在着和汉语类似的困扰呢?

二　词类划分问题的困惑与辩证

1. 马建忠、黎锦熙词类划分双重标准的困惑与辩证

马建忠和黎锦熙一个是以拉丁语为参考框架建构汉语语法体系,一个是以英语为参考框架建构汉语语法体系;一个以大量的篇幅讲词类,一个以大量的篇幅讲句子。但是,两个体系却有一个共同的特点,就是先根据意义建构了词类系统,然后,又设定了一个和句子成分相对应的词类,前者可以视为意义类,后者可以视为成分类;当二者不一致的时候,以成分类为准,意义类则要发生变化,所以就有假借他类或者实词转类的说法了,也就是说假借和转类体现在成分功能层面,但都是相对于意义类而言的。马建忠、黎锦熙在词类的划分上以意义为标准,在词类和句子成分关系的阐释方面,又都是以句法成分的功能为准绳的。

按意义进行词类的划分,又在句子中将词性与句法成分一一对应,致使语用中具体词的词性和静态概括词的词类无法一致,形成了矛盾。

马建忠的"字无定义,故无定类。而欲知其类,当先知上下之文义何如耳"、黎锦熙的"依句辨品,离句无品"等,正是在这种矛盾状况之下的一种说明。《马氏文通》以古汉语语料为例阐释汉语语法特点,同一个字根,其本义和多个引申义之间的差别有些引起了句法职能的变化,要明确它们在具体句子中到底是呈现哪一种义项,担当什么样的职能,和相邻者是什么样的结构关系,必须要知道上下文之文义,这一点是确定的,也是训诂学所遵循的原则,只是马建忠把句法成分的职能和词类一一对应了起来。至于黎锦

熙在意义类和句法成分类发生矛盾的时候,选择了句法成分类为最终定类准绳,也实在是看出了意义层面上的一类词在句法层面承担句子成分的多职能性。同样,黎锦熙也是把句法成分的职能和词类一一对应了起来。

一般的看法是,马建忠和黎锦熙追求词类和句子成分的一一对应,以求和印欧语保持一致,所以才有了假借字类说和实词转类说。而实际上假借字类或实词转类说都是以潜在的意义类为参照框架的。也就是说,马建忠和黎锦熙的困惑其实是词类划分的意义和成分职能双重标准的矛盾所造成的。

2. 汉语词类和句子成分一对多的辩证与困惑

经过上世纪 50 年代的大讨论,关于词类划分的问题,学界上虽然基本上达成了一致,但是仍然有名物化和一类多职及汉语实词不能分类的多种主张,最终是汉语实词一类多职的观点获得了普遍的认可。

主张一类多职的主要理论观点被概括如下。第一,"主要的原则是:凡是在相同的条件下,同类的词都可以这样用的,不算词类转变"[1];汉语所有的动词和形容词都能出现在主宾语位置上,应该算是它们的性质之一(内部不对立)。第二,一个词的词类应该是概括词的词类,而概括词的词类的特征应该包括出现在具体语用之中的所有具体词的全部的语法功能。第三,判断这些具体词是否属于一个概括词的依据,就是同音同义与否。

专家们认为,这样,由内到外、由概括词到具体词,词性就统一了。这种理论是很有说服力的,不仅解决了词类是否需要名物化的问题,而且阐发了词类划分标准的重要问题。但是,我们仍有疑惑。

首先,就英语的普遍情况来看,词根意义相同的词,在谓语位置上,全部都是定式动词,在主宾语位置上则都是非定式动词,如果把前者视为动词,把后者视为名词,这才有所谓英语词类与句法成分一对一的说法。如此看来,凡是在相同的条件下,同类的词都可以这样用的,不算词类转变,也不能算词性变化,这一标准,也就只能是汉语的词类标准了,这也就意味着汉语和屈折语划分词类的标准是不一样的。第二,汉语有概括词和具体词,那么英语等其他语言也应该有。在英语等屈折语中,处于主语位置上的和处于谓语位置上的词根意义相同的词应该属于同一概括词吧,但是它们的语音形式却并不相同,如此看来,应该分属于两类概括词,屈折语使用者从具体的感受出发,也认为这是两类概括词,这就意味着汉语的概括词和屈折语概括词的内涵不完全相同,也就是说汉语的某类概括词包括担当谓语和主语的不同成分功能的具体词,而英语的概括词则不能包容这样两类具体词。第三,语音形式不变,意义不变,就不应该另立类。这种词类

---

[1] 吕叔湘《汉语语法分析问题》,第 46 页,商务印书馆,1979 年。

划分的终极标准或者说核心标准还是传统所说的意义标准。

由此看来,这种词类和句子成分一对多的理论依据只能用于汉语,并且与现行的以句法成分等功能分布为最重要的划类标准也是不一致的。

人们或许说,这正是我们汉语自己划分词类的标准呢!但是这个标准和屈折语的标准有差异,两种语言对概括词的认识有差异,所划分出来的实词词类,虽然名目一样,但是如我们所分析的那样,其内涵必有差异。这样,如果这个一对多的汉语动词和名词的划类标准是我们认可的,是符合汉语特点的,那么我们和英语及其他屈折语的差异就不仅仅是具体标准的差异了,而且还一定是这个结果的差异、词类的差异以及具体实词的内涵差异。

如果动词、名词等实词的词类内涵都不一样的话,那么汉语动词和句子成分一对多的特点,英语等屈折语的词类和句子成分一对一特点的比较,就不是在同一个维度上看问题了。

三　词类划分的两个维度

如果说英语词类和句子成分基本上是一一对应,汉语词类和句子成分是一对多的对应,那么这实际上是从两个维度来看问题,这是词类划分所客观存在的两个维度。这两个维度有两种语法意义和与之相应的两种形态、两种功能。

1. 两个维度的语法意义的对立

这里所说的语法意义特指用于实词划分的事物意义、行为意义、性质意义等。一个维度的语法意义是在语义抽象的基础上形成的静态的概念范畴的语法意义,可以暂时称之为静态语法意义。在这个维度中,事物意义就是表示事物,行为意义就是表示动作行为,性质意义就是表示事物的性质状态等。另一个维度的语法意义则和句法成分联系在一起,可以暂时称之为动态语法意义。在这个维度中,事物意义是指具有事物意义,体现为有数性格变化,在句子中做主宾语;行为意义,是指具有行为意义,体现为有时、体、态、人称等形态变化,在句子中做谓语;所谓性质意义,是指具有性质意义,体现为具有级的变化,在句子中做定语。

人们以往所说的依据语法意义划分词类,其中的"意义"其实就是我们这里所说的静态语法意义;所说的充任句子成分的功能则和动态语法意义相应合。二者不在同一个维度中。

上文所谈到的"传统所说的意义标准",也就是静态语法意义维度标准;上文所谈到的"词类划分的意义和成分双重标准的矛盾",其实是词类划分采用静态意义和动态意义双重标准的矛盾,也就是词类划分同时采用两个维度标准的矛盾。

2. 两个维度的实词类的对立

如上所述,存在着两个不同层面的语法意义,也就存在着两个不同层面的实词"类",一个是与静态语法意义相对应的类,一个是与动态语法意义相对应的类。

英语所谓的词类和句法成分的一一对应,其实是动态语法意义层面的词类和句法成分的对应,而并不是静态语法意义层面的词类和句法成分的对应。例如,英语的动名词可以处于主语的位置上,和充当述语的定式动词构成对立,因为二者的形态变化构成对立,承担的句子成分不同,所以被看成是两个类,前者是名词性的,后者是动词性的。

汉语所谓的一类多职,如动词既可以做述语,又可以做主语,还可以做宾语,能够承当不同的句子成分,但是在词类上却并没有构成对立,这个词类则是静态语法意义层面的词类。

所谓"类有定职,词无定类"、"词有定类,类无定职",其实涉及的就是这两个不同层面的类,"词有(无)定类"的类是静态语法意义层面的类,"类有(无)定职"的类是动态语法意义层面的类。

如果没有厘清这两个维度的实词类问题,就会形成矛盾,产生疑惑。

3. 两个维度的一线制和双轴制

有专家指出,在词类研究上有两种倾向,或考虑具体词和句子成分的关系,或考虑具体词和词类的关系,考虑一端,就放弃了另一端。前者有黎锦熙和马建忠,后者有吕叔湘和朱德熙。

在我们看来,这两者之所以不能兼得,就是因为二者不属于同一个维度。考虑具体词和词类的关系,前提是有个先于句子成分关系的静态词类,这也就是从静态语法意义着眼,从静态语法意义的词类着眼;考虑具体词和句子成分的关系,则是从动态语法意义着眼,涉及的是动态语法意义的词类,所以二者无法调和,考虑一端,当然也就得放弃另一端。

这个问题涉及到两个维度的一线制和双轴制的问题。

我们的观点是,如果说,英语等屈折语的词类和句子成分一一对应,那么英语等屈折语其实潜存着静态语法意义类和动态语法意义类二分的词类划分法,也即词类划分双轴制,静态语法意义的根词和动态语法意义的实词是一对多的关系,如静态意义的动词性根词对应句法层面的限定式动词和非限定式动词等几类动态语法意义的词,这可以看作是两个维度词类关系的双轴制;而动态语法意义的词类和句子成分则一一对应,这可以看作是动态意义的词类和句子成分相对应的一线制。这种一线制,是以静态根词和动态词类一对多的双轴制为前提的。如果说,汉语的词类和句子成分是一对多的对应关系的话,那么,汉语词类的划分则是一线制,也就是静态语法意义类实词直接进入句子结构,不讲究转类变性,这就势必造成一种实词类可以承担不同句子成分的状况,也就是词类和句子成分关系的双轴制。这种双轴制,实际上是以词类确定的一线制为前提的。

4. 汉英两个维度的实词类的接轨

根据上面的分析,可以看出,如果就词类和句子成分的关系来说,英语和句子成分一一对应的是动态语法意义实词类,汉语和句子成分一对多对应的则是静态语法意义实词类。因此,汉语和英语等屈折语的动词、名词等实词类,不属于一个维度。但是,二者是可以接轨的,因为静态语法类和动态语法类具有密切的关联,可以说后者以前者为前提。二者的关系是,表示事物者,在事物意义的实现上处于优先地位,表示行为动作者,在行为意义的实现上处于优先地位,表示性质状态者,在性质状态意义的实现上处于优先地位。这样,关涉句子成分的汉语和英语等屈折语的词类系统虽然不属于一个维度,但是具体词类的主体基本一致;再者,静态语法意义范畴中的事物、行为、特征都可以成为被说明的对象,因此静态语法意义的表示事物的词、表示动作行为的词、表示性质状态的词在句子中都可以自指,都可以实现为指称,呈现出动态语法意义层面的事物意义,都可以做主语或宾语。这就是静态语法意义类和动态语法意义类的不一致性,但是二者也呈现出有规律的对应性。因此,静态语法意义和动态语法意义两个不同维度的实词类是接轨的,两个不同的词类系统也是接轨的。

四 不同维度词类标准的语法制约

汉语和英语等屈折语词类层面的不一致性、所依据的语法意义的不一致性,并不意味着它们同意义、形态、功能的词类划分标准相抵牾,当然也不意味着同词类的功能与分布的原则相抵牾。但是两种词类所依据的语法意义的非同一性,意味着两种词类所依据的形态和功能的非同一性,而就一种语言的词类划分标准来说,其内部的意义、形态和功能是彼此相应具有一致性的。与此相关,汉语和英语的分布与功能依据的具体侧重点也是不同的。

1. 语法意义和形态与功能的一致性

近年来国内外语法学界,在词类的标准上,有抛弃意义、单一地以功能和分布为准的倾向。其实谈功能和分布是不能脱离意义的,没有脱离意义的形态和功能。为什么人们在强调功能和分布上具有一致的倾向,但是词类划分的具体意见却形成了分歧,结果也明显不同,一个重要的原因就是忽略了所谓功能和分布实际上也存在着和意义相联系的两个维度的状况。

在汉语中,静态语法意义和英语中的动态语法意义一样,都可以看作是在句法结构中获得的,但是静态语法意义是短语结构关系的规定性产物;动态语法意义是句子成分结构关系的规定性产物。一个是短语结构规定的角色功能,一个是句子成分结构关系规定的角色功能;一个是短语结构中的具体分布,一个是句子成分结构的具体分布。两种不同的功能和两种不同的分布显现为两个维度的形态,和短语结构功能相应的是广义形态,和句子成分功能相应的是狭义形态。即:

语法意义	功能和分布	形态特点	词类类型
静态语法意义	——短语结构角色——	广义形态	静态类
动态语法意义	——句子成分角色——	狭义形态	动态类

语法意义和形态与功能具有一致性,这是定论,但是汉语词类划分的这种一致性和英语等屈折语是有区别的。如果以静态语法意义为词类划分的依据,这个功能就是与此相应的在句法结构中词和词的结合能力,所外显的结合状况就是广义形态;而以动态语法意义为词类划分的依据,这个功能就是与此相应的在句法结构中的句子成分之间的呼应约定能力,即数、性、格、人称和时、体等,所外显的形态就是狭义形态。

现在汉语学界关于词类划分的一般说法是,词类划分的依据是词的语法功能、形态和意义,主要依据是语法功能,形态和意义是参考的依据。词的语法功能首先被定义为词在语句里充当句法成分的能力,然后是词与词或短语的组合能力;形态则分构形和构词,前者指动词和形容词的重叠形式,后者则指构成新词的词缀;意义指语法上同类词的概括意义或意义类别,如名词表示事物的名称,动词表示动作、行为等,形容词等表示性质、状态等[2]。这个依据实际上是把两个维度的三结合标准放在一个层面上,所以是无法全部实现的。

由此可见,学界之所以抛弃了意义或者淡化了意义,就是囿于传统分类,将表示事物、行为和性质的静态语法意义同担当句子成分的与动态意义相应的动态功能放在一个层面上,因而,在实际划类或者是对词类和句子成分关系的阐释上就出现了无法调和的矛盾。但是,舍弃了意义的结果又使得功能和分布无所依傍,所以,同样是按功能和分布来划分词类,却出现了两个完全相反的结果:A 认为主、宾位置上的都是名词性单位,B 认为动词和形容词做主语是常态。这表明,功能和分布是无法摆脱意义的,A 实际上是依托于潜在的动态语法意义,B 则依托于实在的静态语法意义。

---

[2] 参见黄伯荣、廖序东《现代汉语》(增订四版),第 6 页,高等教育出版社,2007 年。

词类的"三条标准三者是相互关联的,不是互相排斥的。实际上,词的语法功能是词的语法意义的一种外在表现,而词的形态又是词的语法功能的外在表现形式。在给词具体分类的过程中,其分类根据可以从上面这三方面去提取"[3]。但是,我们需要强调的是,有两个不同维度的三结合标准。

2. 语言类型对词类维度标准的制约性

汉语和英语等屈折语是否可以用同一个维度的标准?近年来学界从语言类型的角度对这个问题进行了深入探讨,但是结论仍然是对立的,这也反映了国外学术界研究词类及其相关问题的两极倾向。

西方学术界的探讨表明,主张句法成分的功能和分布的标准也就是我们所说的动态语法意义的标准,所得出的结论就是,句子成分和其充任者的语类具有一一对应关系(这个语类其实就是一个成分功能类),和传统观点不同的是以功能语类代替了词类。代表理论是 DP 说和 DM 说[4]。主张概念范畴词类也即所谓静态语法意义类的观点,则认为一种词类可以担任不同的成分角色,与此相应就是同一个成分可以由不同的词类来担当,和传统观点不同的是,这种阐释厘清了一个静态意义类的主要功能和次要功能的区别,以及与之相应的无标记和有标记的对立,主要代表是标记理论[5]。另外,DM 理论强调的是,语类并非属于词根,词根是中性的,同一词根处于不同的环境被赋予不同的形态,形成了不同的语类。这实际上和离句无品的观点很相似,不同的是 DM 说清楚地表现出对词的语义和功能语类关系的自觉探究。

这种 DP 说、DM 说和标记论可以看作是对英语词类的两个不同维度的阐释,这两种观点互补,恰恰显示出了静态语法意义范畴和动态语法意义范畴之间的关系。

我国学者引进、借鉴这些学说并创造性地运用于分析、阐释汉语的词类问题,形成了自己的理论。借鉴 DP 说的目的之一,在于证明名物化的跨类型的普遍性;运用标记论的主要目的,在于解决汉语的"词有定类则类无定职,类有定职则词无定类"的难点;借鉴 DM 说的主要目的,在于说明在语法结构中可见的都是属于一定类别的词,无定类者是结构之外的词根而不是词。

上述理论对于拓展汉语的词类研究的视野,进一步深化汉语的词类研究大有裨益。然而,运用这些理论是否可以完全解决汉语的词类问题呢?

---

[3] 陆俭明《汉语语法研究教程》(第三版),第 35 页,北京大学出版社,2005 年。
[4] 参见程工《名物化与向心结构理论新探》,《现代外语》1999 年第 2 期,第 128 页;林巧莉 韩景泉《从"分布形态理论"看汉语的词类》,《外国语》2011 年第 2 期,第 47 页。
[5] 参见沈家煊《我看汉语的词类》,《语言科学》2009 年第 1 期,第 1 页。

第一,运用 DP 理论说明句子成分和其充任者的语类有一一对应关系。在英语中,定式动词结构 IP 是不能独立出现在主语位置上的,必须有引导词,有引导词的 CP 结构才能具有[＋N]性(具有指称功能),也就是说,英语的主语排斥 IP 结构,接纳 CP 结构;而汉语的主谓结构位于主语位置和述语位置可以没有形式上的差异,处于主语位置上的主谓结构之后的复指成分可以出现也可以不用,不是必备条件。也就是说,与英语相反,汉语的主语位置是可以接纳 IP 结构的,这就意味着,在汉语中,位于主语位置上的 IP 结构,同样可以具备[＋N]性的特点。

第二,标记论实际上是以意义范畴中的词类也即我们所说的静态语法意义为标杆,考察并阐释静态类名词、动词和形容词在句子结构中的分布及其标记状况。结论是,在主语位置上的动词或形容词是有标记的,汉语和英语都是如此,不过汉语是以广义形态和分布频率的形式出现的。

但是,如前所述,对于英语来说,在主语位置上有标记的"动词",即非定式动词,与处于述语位置上的同一词根的词,语音形式不同、功能上有对立,应该归为不同类别的概括词,而汉语同一词根的动词处于主语和述语的位置上音义不变,属于同一概括词。再则,也是更重要的一点就是,英语处于主语位置上的静态语法类动词以及形容词的标记是词内标记,而汉语的广义形态则是词外标记。这种词内标记改变词的属性,这种词外标记只是对词的类别有所显示,但不改变词自身的属性。

至于 DM 说,由于强调结构环境的唯一规定性,离开了意义的支撑,因而缺乏充分的解释力。如果词根都是中性的话,为什么不同的词根分布的环境会有差异、会形成不同的类别呢? 这一点已经有人质疑,不再赘述。

就动词和名词等词类划分的依据来说,意义、功能、形态是一体的,但是三者的结合具有两个不同的维度,汉语和英语的动词与名词的分类标准属于不同的维度,两种词类的类别属于不同的维度,这是由不同语言类型的语法结构特点决定的。属于整个句子的时体意义,在英语等屈折语中,由担当述语的定式动词来体现,主语和谓语在形式上具有呼应性;而汉语的句子时体意义则由动词之外的其他成分来体现,主谓语只是在语用上具有陈述和被陈述的关系,没有彼此呼应的形态要求。英语具有区别意义的词类的形态变化是和句子成分之间的关联相应和的,汉语具有区别意义的词类的广义形态是和短语结构相应和的。

但是,在普遍语法的观照下,汉语和英语划分动词和名词的两个维度的语法意义等标准是可以接轨的。

参考文献

(1) 程工《名物化与向心结构理论新探》,《现代外语》1999 年第 2 期。
(2) 戴庆厦《中国民族语言文学研究论集》,北京:民族出版社,2001 年。
(3) 丁声树《现代汉语语法讲话》,北京:商务印书馆,2004 年。
(4) 范晓《关于汉语词类的研究——纪念汉语词类问题大讨论 50 周年》,《汉语学习》2005 年第 6 期。
(5) 高航《语言类型学中的词类问题》,《外国语言文学》2003 年第 1 期。
(6) 郭锐《现代汉语词类研究》,北京:商务印书馆,2002 年。
(7) 黄伯荣、廖序东《现代汉语》(增订四版),北京:高等教育出版社,2007 年。
(8) 黎锦熙《新著国语文法》,北京:商务印书馆,2001 年。
(9) 吕叔湘《汉语语法分析问题》,北京:商务印书馆,1979 年。
(10) 陆俭明《现代汉语语法研究教程》(第三版),北京:北京大学出版社,2005 年。
(11) 林巧莉、韩景泉《从"分布形态理论"看汉语的词类》,《外国语》2011 年第 2 期。
(12) 马建忠《马氏文通》,北京:商务印书馆,1983 年。
(13) 沈家煊《汉语里的名词和动词》,《汉藏语学报》2007 年第 1 期。
(14) 沈家煊《我看汉语的词类》,《语言科学》2009 年第 1 期。
(15) 王力《中国语法理论》,济南:山东教育出版社,1984 年。
(16) 文炼、胡附《文炼胡附语言学论文集》,北京:商务印书馆,2010 年。
(17) 朱德熙《语法答问》,北京:商务印书馆,1985 年。
(18) 王晓娜《关系本体视野中名名并列的语义和功能研究》,北京:中国社会科学出版社,2009 年。
(19) 王晓娜《论动词优先说——兼论汉语和英语的类型问题》,《外语和外语教学》2011 年第 4 期。
(20) [美]威廉·克罗夫特著、龚群虎等译《语言类型学与语言共性》(第二版),上海:复旦大学出版社,2009 年。

(王晓娜:大连外国语学院,116064,大连)

从银雀山汉简字形看隶变对汉字的简化

张　会

提要： 银雀山汉简字形是早期隶书的代表之一，真实呈现了两千多年前汉字隶书开始走向成熟的过程。本文在部件分析的基础上，将银雀山汉简所出现的同一字种的不同字形进行比较，然后再与小篆比较，在历时与共时两个平面上总结当时字形所反映出来的汉字隶变的规律。其实，汉字隶变是对汉字的一次大规模简化，是当时的语言文字环境促使隶书迅速普及并最终使汉字成为记录汉语的符号。

关键词： 银雀山汉简　隶变　隶分　隶合

银雀山汉墓竹简字形书写于汉朝初年，是早期隶书的代表，字形散而不乱、笔道曲中就直，书写较为率性自由，有的字还保留篆书意味，有的字已经发生了变化，毕竟与篆书相去未远，整体来看仍保留较浓的弯曲的风格。但与睡虎地秦简相比，则又前进了一步，更接近隶书的架构。因此，将银雀山汉简字形与其前代字形进行历时比较，可以发现当时汉字隶变的程度；将银雀山汉简内部同一字形的不同写法进行比较，可以看到汉字所经历的演变过程。

隶书在形成的过程中，打破小篆线条式书写方式对汉字的结构进行了调整，对构字部件也做了重组。这个调整和重组的过程是对篆书部件分化和合并的过程，即隶分和隶合。"隶分"是一个篆书部件在隶变的过程中分化为几个隶书部件的现象；"隶合"是几个篆书部件在隶变的过程中被同化合并为一个隶书部件或者某个部件先经过分化然后再与其他形近部件合并的现象。以往学者多将小篆与汉隶字形做比较，从篆体部件的分合角度考察隶变问题，在隶变的研究上取得了重大进展。但是汉隶已经成熟，银雀山汉简隶书尚在形成当中，还没有彻底突破篆体，后世的许多变化在当时并没有变，或者刚刚开始变。例如"火"作为构字部件，在灥(赤)、秌(秋)、然(然)等字中虽然所处位置有异，但还保持基本相同的形体。"奉"、"秦"、"泰"三个字的小篆各有所从，在银雀山简文中这三个字分别作𡘜(奉)、秦(秦)、泰(泰)，上半部字形的差别还很明显，在后来持续的隶变过程中才逐渐混同。因此，通过对银雀山汉简字形中隶分、隶合状况的考察可以了解汉字隶变初期的规律。

汉字多合体字,构字具有理据性,字形结构可以分析。本文首先对银雀山汉简字形进行部件分析,然后将发生隶分、隶合的部件与小篆进行比较,寻找汉字形体发展演变的轨迹及其在隶变的过程中所出现的分化与合并、继承与创新等问题。在用部件分析法来分析早期隶书时,主要从当时的实际字形出发,既考虑构字功能,同时兼顾造字本义。比如"更"在银雀山汉简中篆形与隶形共存,要反映隶变的轨迹,还得分析为"攴"、"丙"两个部件。这样得出的部件有两种,一种是像"人、口"等可以独立使用,有音有义的部件叫作成字部件,这些部件如果从用字的角度来说,就是独体字;另一种像"艹、宀"等虽然不能独立使用,但经常作为一个整体参与构字的部件,叫作非字部件。在对部件进行溯源分析以考察隶分、隶合的情况时,本文基本参照《说文解字》对小篆字形的解释,例如"月"、"肉"、"舟"做部首时在银雀山汉简中字形因隶变而渐趋同形,所以在切分部件的时候,把它们切作一个部件,而小篆中三者有别,来源各异,对比而言是发生了隶合。经过分析共得出部件大约 437 个,其中成字部件 351 个,非字部件 86 个。这相对于许慎《说文解字》540 部少了一百多个,因为隶变时隶合的发生比较普遍。

综观银雀山汉简中字形隶变对篆书的发展,主要有简省、同化、异化、连写和拆分等方法。这几种隶变的方法并非当时的独创,而是自古有之。赵平安认为,"隶变的基本方法都来自古汉字的形变方法。但是,在古汉字阶段,这些方法的使用还只是零星的、偶然的,包括大篆都是如此。只有到了隶变阶段,这些方法才普遍地、大规模地使用。……因此隶变的方法既是古汉字形变方法的继承,更是古汉字形变方法的发展"。

1. 简省　从广义上讲,简化是汉字发展过程中的重要趋势,始终伴随着汉字的发展演变。所以这里我们用"简省"表达对字形中部件的减省。在不影响文字交际功能的前提下将字形的冗余信息降低。简省的方法除了将不方便的曲笔简省外,还有对于构字部件的省并,前者贯穿隶变的全过程,后者或者是省去字形中重复的部分,或者省去不重要的部分。例如:

"雷"字下部篆形为三个同样大小的类似"田"的形体,在银雀山汉简中写作𩂣、𩃓,前一个字在结构安排上与小篆不同,可能人们意识到三个是多余的,所以上面两个已缩小;后一个直接迈出了简化的步子,省去了下面的一个"田"。至于"雷"进一步简化为一个"田"是后来的事。这种简省构字部件的办法应用得比较谨慎,在同样有三个"田"的 𡔗(垒)、纍(累)都没有简省的字形。

"屈"本是"从尾出声",在睡虎地秦简中既有"从尾"的"屈",也有省略"毛"的从"尸"的"屈",到银雀山汉简中只出现了后者屈,"毛"作为次要成分被彻底省略了。

除了对篆体字形进行精简以外,还可以对已经隶变的字形做进一步精简。例如"阜"字是先变为阝,然后进一步简化为阝的,"险"字从"阜",在银雀山竹简中作险、险两形,且同在《孙膑兵法·官一》中出现,后一形是对前一形的简化。同一书写者掌握这两种写法,此时应正处在后者将取代前者的阶段。

2.同化　同化是指来源不同的字或不同的构字部件因隶变的作用而发生形体混同的现象,是通过部件类化发生隶合的过程。例如:

小篆中从㔾(卩)的字,到了银雀山简文中写作㔾,如"危、厄、印、卷、迎"等字,由于这个部件书写较为方便,且有一定的应用范围,所以有较强的同化力量,将其他本不从㔾的字犯(犯)、匂(包)也类化了。

"月"和"肉"在小篆中字形相近,在银雀山汉简中字形已难以分辨。例如涓(涓)、肩(肩)、間(间)、明(明)。由此可知,在汉字简化运动中,被合并成为一个"月"并非首创。隶变后在楷书中"月"和"肉"再次被区分开,当是出于对汉字表意功能的重视。另外有些今天的简体字如"贝、见"在当时已经出现了,賦(赋)、得(得)、烦(烦)、则(则)、观(观)、见(见)、亲(亲),有些字简化得非常厉害,例如者(者)、焉(焉)、是(是)、武(武)、定(定)、走(走)。

"青"本从"丹",小篆字形与"月"、"肉"均有别,但在隶变的过程中还是因为与"月"字的发展方向相同而被同化。例如:青(青)、請(请)、精(精)、静(静)。此外,在银雀山汉简中还可以看到"舟"字被"月"同化的过程。例如:舟(舟)、勝膆(胜)、服(服)。

"苗"、"男"、"当"等字从"田","田"是较常用的部件。而"思"、"雷"、"畏"、"胃"等字小篆字形均不从"田"。据《说文》,"思"上为"头会脑盖也","雷"下为"象雷回转形","畏"上为"鬼头也","胃"上象胃形。这些部件因其小篆字形已然接近,具备了混同的条件,所以在隶变的过程中,将其合并同化为"田",减少了生僻部件,而且增强了"田"的构字能力。例如:雷(雷)、畏(畏)、胃(胃)、渭(渭)。

"军"在银雀山汉简中多与"冖"或"宀"同化写作軍、宇,但还有一个"军"可展示被同化前的状态。

3.异化　与同化相反,异化是小篆中同一个部件在隶变的时候却因构字时所处位置不同等原因而产生形体变异的现象。

"人"作为构字部件在小篆中字形基本相同,隶变后却因位置不同而形体有别,如人(人)、備(备)、负(负)、囚(囚)、众(众)。

"水"在小篆中字形相同,有时受位置所限,横竖方向不同。睡虎地秦简中"水"的曲线已经被拉直,左偏旁已经分化为"氵",银雀山简文基本继承睡虎地秦简写法,如泰(泰)、涂(涂)、益(益)。

4.连写　连写是将相邻的不同部件合并为一个新的部件,这样则整字结构更紧凑,书写更方便。"更"本是"从攴丙声"的字,在睡虎地秦简中还是如此,到了马王堆汉墓帛书中就出现了将"丙攴"连起来书写的例子,在银雀山汉简中新旧两个字形并用。例如 ▨(更)、▨(更)、▨(便)。"史"本是"从又持中",到银雀山汉简中有"又"和"中"连写的例子。例如▨(史)、▨(吏)、▨(吏)、▨(使)、▨(使)。

5. 拆分　这里所说的拆分是狭义的,是将本来的一个独体字或一个部件拆分,使之结构更"合理"或书写更方便,这种拆分往往会与已有的其他常用部件发生再隶合。例如"萬"本象蝎子形,后来下部的尾巴与"禽"下部混同,模糊了构字的理据,所以隶变时上半部与"艹"字头混同,写作萬。隶变本是解散篆体的过程,因此从宽泛的意义上讲,拆分的方法应用非常广泛,每个解散篆体的行为都是拆分法的运用。

6. 部件重组　小篆是经过整理后的字形,比较规范,字形固定。但是在银雀山汉简中,不少字形的构字部件位置并不固定,处于重组过程中。这对于从象形走向符号的汉字来说,正是寻找既符合方块结构又便于书写美观的最佳方案的过程中。例如:▨、▨(静)、▨▨(犹)、▨(幼)、▨(袭)、▨(继)、▨(弦)、▨(散)、▨(质)、▨▨(杂)、▨▨(智)。

7. 部件通用与替换　相近构字部件混用或替换使用的现象很早就出现了。裘锡圭曾指出,大约春秋晚期就出现了将偏旁"又"变为"寸"的风气。在鄂君启节中"启"和"政"所从的"攴"均作"殳"形。这种现象也往往造成许多异体字的产生。银雀山简文主要出现了几对互换的部件,"彳"与"亻"、"广"与"厂"、"攴"与"殳"、"又"与"支"、"宀"与"冖"、"广"与"疒"。例如:▨▨(倍)、▨▨(便)、▨▨(复)、▨▨(庞)、▨▨(殺)、▨▨(坚)、▨▨(贤)、▨▨(宜)、▨▨(鹰)、▨▨(应)。

部件的替换情况在银雀山简文中并不多见,大概是因为它与构字部件通用性质相同,只是由于书写者的习惯因素,使被替换了的部件没有在银雀山简文中出现,例如从"又"与从"攴"的互换现象只在上述"坚"、"贤"两个字中出现,其他的字如▨(祭)、▨(察)等就没有从"又"的字形。此外,还有▨(奴)、▨(弩)、▨(怒)等字无从"又"的字形。

8. 变体并存　诸多变体可以反映字形由篆到隶的演变过程。例如:

言	▨	▨	▨	▨	心	▨	▨	▨
孙	▨	▨	▨	▨	走	▨	▨	▨
兵	▨	▨	▨	▨	正	▨	▨	▨
有	▨	▨	▨	▨	其	▨	▨	▨
之	▨	▨	▨	▨				

如果要展示每一个构字部件变化轨迹,需要更具体更全面地统计所有部件隶分、隶合及再隶合的情况,如果能将秦末汉初的几种出土文献进行历时比较,则可以再现汉字

隶书走向成熟的过程。

　　从上面概括的几种情况来看，其实隶变的方法也是汉字简化的方法，是在以小篆为标准字形的前提下，人们手写汉字的实际情况。隶变为了书写的简便不惜破坏象形理据，使汉字完全失去了古文字阶段的象形意味，成为记录汉语的书写符号。这与文字使用日益频繁使得提高书写速度成为人们的重要需求有关，也与当时社会的语言文字环境有关。

　　秦统一全国后，鉴于"言语异声，文字异形"的状况，确立了小篆的标准字地位，结束了春秋战国以来汉字长期混乱的局面。汉字发展到小篆，使用频率越来越高，但象形的意味却渐渐消失，以致人们对汉字构形理据已经不完全了解，构字部件的通用与替换现象充分说明了这一点。当一方面不甚了解汉字创造的历史和以形表意的原理，另一方面需要提高书写效率时，书写者的主观能动性就会发挥作用，于是对字形不方便书写的地方进行改造使之便于书写便是很自然的了，而且改造字形时不觉得可惜。

　　银雀山汉简出土于山东临沂，属战国齐国；云梦睡虎地秦简与马王堆汉墓帛书分别出土于湖北、湖南，战国时应属楚地。这些文献时代接近，地域有别，银雀山汉简与马王堆帛书字形风格非常接近。秦国较早统一楚地，最后统一齐国，出现这种情况，当如王宁所言，隶书早在战国秦文字里就已经出现，秦统一后得到了广泛的应用。是因为当时的语言文字环境促使隶书迅速普及并最终使汉字形成笔画。众所周知，六国文字相对秦文字来说简化得多。秦统一后一些六国人一定要经过学习秦国文字的过程，虽然可能有些知识分子会掌握几国的汉字写法。对习惯了书写笔画简单的汉字的六国人来说，学习书写秦文字时，当感觉有所不便，也许会不自觉地产生简单书写的意识。在字形本身不可简化的情况下，这种意识自然就转向了对书写笔画的方向、直曲的调整。秦朝享国日短，但从其发动统一战争开始算起，也有二十多年的时间，在这段时间里书写的各种信件、文书以及抄写的汉字典籍就可以反映出这种现象。同时，在书写文本时也会有六国的文字流露出来，在银雀山汉简中可以找到一些来自六国的汉字，例如 ▨（要）、▨（黑）、▨（留）、▨（坐）、▨（与）、▨（举）、▨（无）。就像今天汉字繁体简体并存，如果是掌握简体字的人去学习繁体字，可能会忽略一些笔画上的细节，也可能会对笔画复杂的字形产生改造的心理，正如王宁所言："六国文字虽然是汉字发展历史中的匆匆过客，但它对汉字的发展并非没有任何影响，例如它的简化倾向，对其后隶书的出现极具有启发意义。"

参考文献

(1) 王宁《汉字学概要》，北京：北京师范大学出版社，2001年。

(2)启功《古代字体论稿》,北京:文物出版社,1999年。
(3)裘锡圭《文字学概要》,北京:商务印书馆,1988年。
(4)赵平安《隶变研究》,保定:河北大学出版社,1993年。
(5)王凤阳《汉字学》,长春:吉林文史出版社,1989年。
(6)郭沫若《古代文字之辩证的发展》,《考古学报》1972年第3期。
(7)王贵元《马王堆帛书汉字构形系统研究》,南宁:广西教育出版社,1999年。
(8)姜宝昌《文字学教程》,济南:山东教育出版社,1987年。

(张会:北京师范大学汉语文化学院,100875,北京)

古籍整理校勘中的俗体字问题[*]

——以元代典籍整理实践为中心

杨 亮

提要: 俗体字是古籍整理、校勘中亟待解决的问题。元代典籍中的俗体字问题特别突出,这就对如何处理俗体字提出了严格而又规范的要求。既要对俗体字概念有一个准确把握,也要对俗体字在元代典籍中特别突出的原因有一个深刻认识。通过与异体字之辨别,详细论述俗体字判定及处理原则,以解决典籍整理过程中俗体字识别难、处理难的问题。

关键词: 元代典籍 整理与校勘 俗体字

整理、校勘古籍,当先识字,而俗体字则为元代典籍中最为普遍的问题之一。元代传世典籍,文字上虽有"胜于宋刻者"[1],但"元刻书中多用简体字和俗字"[2]却成为其文字上最突出的特点之一。我们在整理、校勘王恽《秋涧先生大全集》、郝经《陵川集》、袁桷《清容居士集》、马祖常《石田文集》等元代重要文人别集时,一方面苦于目前学界并无明确的俗体字处理原则;另一方面,已有元代典籍整理、校勘成果中,处理俗体字多有失误之处,参考价值并不大。究其原因:第一,文字学界在俗体字这一概念的认识上并不统一,多主张将其作为"异体字"的一部分,在内涵界定上也多有分歧;第二,古籍整理中具体处理俗体字与异体字(典型异体字)时又多有不同,对二者不加区别,从而使问题趋于复杂化;第三,已有工具书俗体字观并不切合典籍整理、校勘的实际需要,并时有漏收、误收之处。因而,从文献整理、校勘的实际需要出发,对存在原因、俗体字概念、与异体字的区别、俗体字判定及处理原则进行必要探讨,成为整理元代典籍最为迫切而亟待解决的难题之一。

一

俗体字普遍存在于传世典籍之中,而于元代典籍又极为突出。究其原因,历代封建

---

[*] 教育部人文社会科学研究青年项目《元代翰林国史院文士及其诗歌活动研究》(09YJC751021)阶段性成果之一。

[1] 叶德辉撰,李庆西标校《书林清话》,第150页,复旦大学出版社,2008年。

[2] 陈红彦《元本》,第32页,江苏古籍出版社,2002年。

政府缺乏行之有效的文字规范政策、"俗体字"自身的特性、使用者的态度、书写方式、"书法"艺术对汉字形体的持续改造都影响了俗字的使用,同时还要考虑到元代特殊的社会背景。具体而言:

第一,传统社会文字使用并不普及,推行文字规范化措施的社会基础相对较为薄弱。封建政府虽曾推行过《干禄字书》、《五经文字》之类文字规范化政策,也只是约束了科举考试及其考试内容中的用字,无法普及到更广层面。文人别集著述及刊刻带有更多的个体化色彩,这就为历代典籍中俗体字提供了绝好的生存空间。

第二,就汉字自身来说,从形成完整体系并走向成熟,字形简化是总体发展趋势。俗体字暗合了汉字总体发展的要求,很大一部分俗字发展演变成了今天所使用的正体字。就典籍本身来说,著述者图便,"书铺图快,书手图简,刻工图省"[3],使用俗体字在降低相应时间成本和经济成本的同时,恰好满足了典籍流传中的这些需求。

第三,在印刷术发明以前,典籍皆手刻手写。以刀刻在甲骨、金石等器物上,形体就难以统一。改用毛笔后,书写文字无定体可循,俗字自然滋生。《五经文字》、《干禄字书》虽提供了标准字体,但在日常使用中仍受到了俗字强有力的冲击;另一方面以手书写,字形难免要发生变化。雕版发明,刻本流行,作为印刷体的楷体字地位虽有所加强,但刻工雕版刻字为图效率往往也选择俗体字,甚至多有人为削减汉字部件的现象;同时,以手写、抄仍是典籍流通的主要途径之一,这都决定了不可能杜绝俗体字的大量存在。

第四,汉字作为一种表意的符号书写系统,古人为了追求形体的美观,特别是进入以毛笔为主要书写工具的时代,这种愿望空前强烈,"书法"一词也由一种古代史官记事的笔法转变成为一种追求汉字形体美的艺术。魏晋六朝缺乏行之有效的文字规范为"书法"艺术提供了适宜的温床,草书、行书、楷书通过对篆隶形体不同程度的改造,汉字在形体上发生了较大变化,若"書"作"书"、"爲"作"為、为",这也是魏晋六朝时期俗字大量存在的一个极其重要原因。元代书法总体师法晋、唐,书家若赵孟頫、康里夔夔、鲜于枢、袁桷等于小楷、行、草诸体取得较大成就,他们区别于正体的用字、书写习惯,反映于元代别集中,就成为我们今天整理时的文字规范对象,若赵孟頫书《汲黯传》中"黯"作"黯"、"發"作"癹"、"歸"作"归"、"還"作"还",以赵体在元代极为流行,模仿者群起,赵体甚至已经成为元代写、刻本的一个重要标志,因此这种俗体字在元代写刻本文人别集中数量极多。

第五,元代典籍"多用简化字和俗体字"有其特定的社会背景。《元史》卷二〇二《释

---

[3] 陈红彦《元本》,第 32 页,江苏古籍出版社,2002 年。

老·八思巴传》:

中统元年(1260),世祖即位,尊为国师,授以玉印,命制蒙古新字。……至元六年(1269),诏颁行于天下。……今文治寖兴,而字书有阙,于一代制度实为未备。故特命国师八思巴创为蒙古新字,译写一切文字,期于顺言达事而已。今后,凡有玺书颁降者,并用蒙古新字。[4]

也就是说,元朝不仅没有对汉字的使用做出有效规范,而且规定在政府层面上,若政府内部的上下行公文、政府对外交往的文书,一律使用八思巴所制蒙古新字,对"汉字书写和刻板的要求"管制不那么严格,俗体字广为流通自然成为元代典籍中最为突出的特点。

二

俗字一词,源于颜之推《颜氏家训·书证篇十七》:

世间小学者,不通古今,必依小篆,是正书记。……自有讹谬,过成鄙俗。"亂"旁为"舌","揖"下无"耳"……如此之类,不可不治。吾昔初看《说文》,蚩薄世字,从正则惧人不识,随俗则意嫌其非,略是不得下笔也。所见渐广,更知通变,救前之执,将欲半焉。若文章著述,犹择微相影响者行之;官曹文书、世间尺牍幸不违俗也。[5]

"颜师古注《汉书》、著《匡谬正俗》也经常使用正、俗字观点来区分不同字形。"[6]颜元孙上承家学,而集俗字研究之大成,著《干禄字书》,在《序》中将汉字分成俗、通、正三体:

所谓俗者,例皆浅近,唯籍帐、文案、券契、药方非涉雅言,用亦无爽,傥能改革,善不可加。所谓通者,相承久远,可以施表奏、笺启、尺牍、判状,固免诋诃。[7]

也就是说,俗体字是一种不合法的书写中文字的变异,构字方法未必合于六书标准的浅近字体,是文字应用过程中的不规范现象。俗体通行已久,经文人承认或加以

---

[4] 宋濂等《元史》,第十五册,第4518页,中华书局,1976年。

[5] 颜之推撰,王利器集解《颜氏家训集解》,第515页,中华书局,1993年。本文论述的俗体字与简体字多有重合之处,故凡转引古书,引文正文转化为简体字,引文中有著者所举之例字以引号标注者,为了不影响对文义的理解,皆以其本来面貌存之,若此处之"亂",下引《经典释文》文中"'无'音無","无"非简化字而为"無"的俗字,故陆氏直音"音無",既标其音又示其正字。另外,本文正文中所举的正俗字例字,亦存其本来面貌,若"發"作"淼"等。

[6] 张涌泉《汉语俗字研究》,第2页,商务印书馆,2010年。

[7] 颜元孙《干禄字书》,卷首《序》,商务印书馆,2005年。

改造,形成通体,便构成俗字的稳定部分,可能在后世某一时期取代相应"正字"的合法位置。

　　基于文献校勘、整理的实际情况,我们将俗体字定义为:汉字在使用过程中形成的一种便于书写、提高传刻效率的变体,或者省简、连写正字部分笔画、部件,若"德"作"德"、"随"作"随"、"强"作"強"、"倉"作"仓";或者以某个符号替换正字或正字某个部件,若"某"作"厶"、"棗"作"枣"、"堅"作"坚";或者添加一些带有区别意义作用的符号,若"王"作"王"以别于"玉"、"土"作"圡"以别于"士";或者是书写不够严谨,以致两字部首相混,若"彳"作"氵"、"木"作"扌"、"竹"作"艹";或者是形声字取其声符易其本字,若"驚"作"敬"、"霧"作"务";或者用笔画较少的另一字代替,若"後"作"后"、"鳳"作"风"、"體"作"体"。前三种情况我们称之为俗写,后三种情况称之为俗用,二者皆属俗字研究的范畴。

三

　　学界在俗体字与异体字的界定上出现较大分歧,一种主张将俗体字归入异体字,这以《汉语大字典》之《第一批异体字整理表·说明》[8]为代表;一种主张将异体字归入俗体字,这以张涌泉《汉语俗字研究》为代表。两种主张各有考虑,前者认为俗体字和异体字均为表义无别而字形不同,后者以为俗体字和异体字在地位上均不是规范字体而与正体字相对。就俗体字与异体字的处理而言,一方面,工具书中二者往往混用,使用者多不能加以辨别;另一方面,典籍整理、校勘中,对异体字(典型异体字)、俗体字的处理原则还有所不同,实有必要对二者予以辨别。

　　第一,俗体字主要是用字的问题,异体字则是构形的问题。俗体字主要是正体字的"书写变异"[9],多通过对字形的省改来实现,如:省笔画、部件例,"番、畨"、"德、德"、"随、随";连写笔画、部件例,"聯、联"、"關、关";省相同部件例,"靁、雷";省不同部件例,"點、点"、"灕、漓";以符号代替部件例,"堅、坚"、"壁、壁"、"棗、枣";调整部件位置例,"壁、壁";添加区别意义符号例,"玉"俗作"王"以与"王"别、"土"俗作"圡"以与"士"别。至于书法或者若上述"俗用"的情况,更加说明俗体字主要是一个用字的问题[10]。异体

---

[8] 《汉语大字典》,第八卷,第5333页,湖北辞书出版社、四川辞书出版社,1990年。
[9] 张书岩主编《异体字研究》,第12页,商务印书馆,2004年。
[10] 俗体字主要是一个用字的问题,当然也偶有涉及构形的问题,若"體"作"体",构形过程下文有详述。也就是说,"俗体字"所涉及的"构形"往往是一种浅近通俗的造字,这种造字表义直白却多不合于六书标准,使得同一字形有两种"构形法",一为形声,一为会意。

字则是构形的问题,或者汉字构字部件位置不固定,如"羣、群""峯、峰";或者更换构字之形符或声符,如"襪、韈、韤""雞、鷄""輩、軰";或者更改构形方式,如"淚、泪""體、骵、躰"。

第二,俗体字和正体字在相互关系上,不同于异体字之与正体字。尽管二者都是历史的产物,在相互关系上也皆不固定,其表现形式还是有很多不同。俗体字暗合文字字形总体趋于简化的发展要求,前代被认为俗字,随着使用频率增加,往往发展成为正体字,而本来的正体字又成了相应的俗体字。甲骨文、金文、古文、大篆、小篆、隶书在各自通行并成为官方用字的时代,都是正体字,但小篆成为秦代的正体字,那么其前身大篆就又成为了其俗体字。魏晋时期,真书(即楷书)是隶书的俗体;隋唐时期成为官方主流用字,篆书、隶书又成了它的俗体[11]。袁桷《清容居士集》中"善"一作"譱(按,古文)"、"貴"一作"臾(按,篆书)"、"眉"一作"䵶(按,隶书)",王恽《秋涧集》中"時"一作"旹(按,古文)"。异体字和正体字关系的不稳定,表现在本来是异体字,在应用中具体用法有了不同或受讹用影响,变成非典型异体字(即部分异体字)甚至是两个字,如"階、堦""愁、愀"。

第三,判定二者的标准与方法不同。判定异体字,要看两个字形代表是否是同一个词,代表同一个词,那就是典型异体字;代表的是不同的两个词或有微殊的两个词,那就不能判定为典型异体字。俗体字则主要是汉字"书写变异"的问题,判定俗体字必须具备必要的文字学知识,以文献用例和历代重要字书的收录情况作为我们研究俗体字最重要的参考。

四

通过对俗体字盛行的原因、俗体字的概念与内涵、与异体字的区别等方面的论述,在对俗体字概念有一个准确把握的基础上,才能对俗体字进行判定。就典籍整理、校勘来说,判定俗体字主要有两方面工作:字书已著录的俗字、字书未著录的俗字。于前者,重在正确有效利用字书;于后者,重在提供一个考证其正字的方法。

第一,俗字相关的工具书在判定俗字过程中,发挥至关重要的作用。了解相关的工具书有哪些,并以工具书产生或所收语料时间先后参互使用。除前文所提到的《干禄字书》

---

[11] 需要说明的是,在楷书成为统一字体之后,金文、古文、篆书、隶书与草书、行书一道,主要以一种艺术字体的形式存在。出于不同的艺术追求,书家在书法形体中融入自己的特色,我们在以楷体抄刻的文人别集中,经常发现其中夹杂有这种俗体字,详见下文所举《清容居士集》《秋涧集》例字。今人在古籍整理、校勘时亦应该特别引起注意。

(南北朝至唐)外,慧琳《一切经音义》(唐)广收俗字,列于正字之后;丁度等修《集韵》(宋),虽是韵书,字典功用远远大于韵书功能,收大量俗字;明代有《正字通》,清继而成《康熙字典》,价值远超《正字通》;近人刘复、李家瑞撰《宋元以来俗字谱》(宋元明清),最近又有张涌泉《汉语俗字研究》(历代)、黄征《敦煌俗字典》(唐)。俗字材料的编纂,一脉相承。另外,一些虽非专门的俗字典,如《说文解字》(汉)、《玉篇残卷》(南北朝)等,也要经常翻检。

第二,所翻检之字书,对其体例应有一个整体把握。以张涌泉《汉语俗字研究》、黄征《敦煌俗字典》为例。张、黄二先生师出同门,但对俗字的界定仍有差别,这主要与研究对象不同有关:张氏对全部俗字进行整体性研究,像"古体字"、"后起字"、"简化字"、"繁化字"都归入俗字;黄氏是对特定时期特定的材料进行研究,对于其中所有区别于标准用字的都予以收录,若《敦煌俗字典》所附徐复先生《序》:"收释敦煌莫高窟藏经洞出土写本文献异体俗字,兼收隶古定字、避讳字、武周新字、合文等,隶、楷、草、行之书体不限。"[12]

第三,准确把握俗体字概念,充分发挥对工具书的鉴别能力。以刘复、李家瑞《宋元以来俗字谱》为例,一方面,《字谱》所依据材料仅为元明清时期刊刻抄写的十二种世俗小说,所收俗字与同期实际使用的俗字相比,远不能满足实际需要;另一方面,《字谱》实际上还包含了相当一部分典型异体字、非典型异体字、古今字、通假字,如:"羣、群"、"黏、粘"、"侯、矦"、"泰、太"[13]等。《汉语大词典》中"亦作"、"某同某"术语,谓异体字,但包含了"典型异体字、非典型异体字、古今字、俗字",剔除"典型异体字、非典型异体字、古今字",亦能判定俗体字。《字谱》亦同。

第四,俗字中有相当大一部分是字书所无收而需要一番考证的。这部分字又分为两类:已有汉字的书写变异、已有汉字书写变异而与另外汉字相同(这一类目前尚有争议,下文单独讨论)。如"専"俗作"専",与"専"的俗字极难区别,检索《四库全书》,发现"専一"亦作"専一",可知"専"为"専"俗字。亦可通过文字学知识进行俗字的考释:

《秋涧集》卷三《春揄叹》:"皇家泽霶霈,蠲尽租与征。"[14]

按,《秋涧集》诸本皆作"霶",当为"霶"的俗字。字书中皆无收"霶"字,在《汉语大词典》电子版中输入"*霈"检索到"霶霈"。再从文字构形学上进行字形分析:霶,从雨汸声;霶,从雨滂声;汸,《洪武正韵》卷五:"滂,普郎切,沛也,渥也。亦作霶、雱、汸"[15];滂,《集韵》:"或作雱、霶、霶"[16];霶字的声符省去右上部分而音义皆不发生变

---

[12] 黄征《敦煌俗字典》,第1页,上海教育出版社,2005年。
[13] 刘复、李家瑞《宋元以来俗字谱》,上述字分别见第129页、第133页、第2页、第45页,台湾文海出版社有限公司,1978年。
[14] 王恽《秋涧先生大全集》,卷三《春揄叹》,台湾新文丰出版公司,1985年。
[15] 乐韶凤、宋濂等《洪武正韵》,文渊阁四库全书本。
[16] 丁度《宋刻集韵》,第65页,中华书局,2005年。

化。霶霈,独孤及《毗陵集》卷三《酬皇甫侍御望天灣山见示之作》:"天旋物顺动,德布泽霶霈。"[17]我们在整理古籍时,考证俗字的完整过程依次为:寻求可能的正字→构形上分析可能性→字书中寻找旁证→上下文义→相同用例书证。

第五,"已有汉字书写变异而与另外汉字相同",有人认为这是古人写的别字,而不能作为俗字来看待。从典籍的实际情况来看,问题要复杂得多,这就很有必要将别字与此类情况区别对待:

《秋涧集》卷二《感寓》:"负之献楚子,致前须近臣。"[18]

按,摛藻堂四库荟要本、文渊阁四库全书本作"须";元刊明补本、明弘治十一年本作"湏",当为"须"的俗字。《宋元以来俗字谱》:"得,《古今杂剧》㝵"[19],《汉语大字典》:"㝵,用同'得'。"[20]彡、氵形近,"须"、"湏"书写多有相同者,《秋涧集》亦多见,若卷八《泾阳镇中秋赠马君》:"湏知世事皆偶然,剩却私忧胸刺梗。"考虑到俗字"书写变异"的本质,古人在书写这些字时,本无意将"须"写成"湏",《汉典》亦言:"湏,古同须。"从其他字书中寻求两字可能为正俗字的旁证,再借助工具书寻求二字意义可以相通的证据。《字谱》中收"等、苐"、"答、荅"、"節、莭"、"商、啇"[21]都是此类。这也是张涌泉先生所言"出于书写习惯或为了达到简化字形"[22]之字不妨看作俗字的意思。

第六,在具体的文献当中,俗字中还包含一些比较特殊的情况。若上文所说"调整部件位置例"、"添加区别意义符号例",并非出于简化汉字或便于书写的需要,而是基于世俗的理解,有意识地对汉字字形进行某种改造;文献中还有在字右下角点一点(如大),有人也将这种情况看作"俗写",这既不是"部件位置"的"调整",也非"区别意义符号"的"添加",而仅仅是古人的一个书写顿笔习惯,与"俗写"无涉。"俗用"本身即是"俗字"中比较特殊的一类,若上文所言《字谱》中误收的"声符易本字"、"直接替换"两类:

声符易本字[23]	慘	蝴	論	銀	鎖	霧	頭	驚	舖	鸳鸯	麒麟
	参	胡	侖	艮	貞	务	豆	敬	甫	夗央	其粦
直接替换[24]	僕	後	機	欸	漢	岡	驚	體	鳳		
	仆	后	机	欢	汗	冈	京	体	风		

---

[17] 独孤及《毗陵集》,四部丛刊涵芬楼影印本。
[18] 王恽《秋涧先生大全集》,卷二《感寓》,台湾新文丰出版公司,1985年。
[19] 《宋元以来俗字谱》,第7页,台湾文海出版社有限公司,1978年。
[20] 《汉语大字典》,第三卷,第1648页,湖北辞书出版社、四川辞书出版社,1990年。
[21] 《宋元以来俗字谱》,上述字分别见第11页、第61页,台湾文海出版社有限公司,1978年。
[22] 张涌泉《汉语俗字研究》,第7页,商务印书馆,2010年。
[23] 《宋元以来俗字谱》,上述字分别见第35页、第69页、第83页、第97页、第98页、第104页、第105页、第108页、第131页、第112页、第113页,台湾文海出版社有限公司,1978年。
[24] 《宋元以来俗字谱》,上述字分别见第3页、第7页、第31页、第44页、第47页、第63页、第108页、第109页、第112页。

这些字在元代典籍中大量存在,如果说"蝴蝶"作"胡菜"、"鸳鸯"作"夗央"、"麒麟"作"其粦"还可以在词汇学上予以解释,那其余"声符易本字"则明显是由于对汉字过分简化,这其中"抄手图快,刻工图省"当是其中重要的动因。"银、艮"、"雾、务"、"頭、豆"、"驚、敬"字皆不通用,这种以"声符易本字"的现象尽管在文字学上也可以找到一定的内在理据,但在文献传播过程中,这只是抄手、刻工在抄刻古籍时为图效率而使用的极不规范的用字现象。"直接替换"也与误字极其类似,所不同的是"俗用"中的"直接替换"虽有误字的表象,实质却是简化字形以求便于书写:"驚"字从马敬声,后另造"惊"字从心京声,"京"、"驚"声同,故以其异体字的声符代替;"體"从骨豊声,后另造"骵"字从骨从本,俗以形符"骨"不若"人"表义明确,故易而为"体",而"体"本从人本声,不可音"體",作为"體"的俗字则为会意字,实际上"體"、"体"本即二字,音义皆不同,这更加说明俗字字义浅近而未必合于汉字构形的根本特质;至于"歡"作"欢",盖以"漢"俗作"汉",而简化为"欢","歡"的声符"蓳"亦有书作"又"者,今以"歡"作"欢",表面上看"歡"作"欢"为误字,实际上以古人简写汉字时有一个替换符号兼有几种职能的情况,这只是字形简化中比较特殊的情况;至于"僕"作"仆"、"後"作"后"、"機"作"机",本为二字,以声同而古人早有混用者,故以笔画较少者作为相应正字的俗字;而"罔"作"冈"、"鳳"作"风",皆是一字的简写字与另一字的简写字相似,并进一步简化为另一字的简化字。于此不难看出,如果没有字体处理的经验和学理上的认识,很容易将这些情况当作误字来看待,不但增加了校勘的工作量,也影响整体整理、校勘的质量。

总的来说,判定俗体字,特别是其中比较特殊的"俗用"一类,我们不仅要经常翻检工具书,在对工具书体例有一个准确认知的前提下,还必须具备汉字构形、书体流变等知识,透过表象而窥其本质,作出准确之判定,这样我们才能处理好下一步的文字规范工作。

五

关于典籍中俗体字的处理,陆德明在《经典释文·序录·条例》中曾有专门的论述:

五经字体,乖替者多,至如"鼋"、"鼍"从"龜","亂"、"辭"从"舌","席"下为"帶","惡"上安"西","析"旁著"片","離"边作"禹",直是字讹,不乱余读。如"寵"丑陇反字为"寵"力孔反、"錫"思歷反字为"錫"音阳,用"攴"普卜反、《字林》普角反代"文"武云反,将"无"音無混"旡"音既,其□之流,便成两失。又"來"旁作"力",俗以为"约勑"字,《说文》以为"勞倈"之字;"水"旁作"曷",俗以为"饥渴"字,字书以为"水竭"之字,如此之类,改便惊俗,止不可不知耳。[25]

在这段话中,陆氏谈了三个方面的问题:俗写、俗用、通体[26]。俗写,陆氏所举有以下两种情况:部件简化,若"亂"、"辭"作"乱"、"辞";部件变异,若"惡"作"恶"。俗用,即本为不同的两字,以其字形相似,故有混用者,若"支"作"文"。陆氏对"俗写"的定性为"字讹",对"俗用"的定性为"字讹"且"音讹"。对于前者,陆氏的做法是先书正字,再标以"讹字"所"讹"的部分;对于后者,陆氏则两字并存,注音释义以见二字之不同。至于"通体",以"改便惊俗"者,保存典籍原貌,不可更改。陆氏区别对待俗体字的论述,给我们今天校勘、整理古籍时处理俗体字问题做了很好的示范。

我们今天整理古籍,通过比对不同版本校出字形有区别的异文之后,还必须突出其整理中的规范性,也就是对其中不规范的用字现象进行规范,于俗体字而言就是要改成相应的正体字。在这个过程中,我们要兼顾不妄改底本、出校务求简洁明了、校勘中体现必要的学术价值三个方面的要求,那么如何将处理俗体字的做法反映于校勘记中,也是一个重要的问题。我们的处理方法是:

第一,对于那些常见的、字书已经收录的"俗写"类俗体字,若"夾"作"夹"、"德"作"德"、"隨"作"随"、"收"作"收"、"顧"作"顾",于文中径直改俗体字为相应的正体字,不再出校。

第二,对于那些字书无收而需要予以考释的"俗写"类俗体字,校改处则需于校记中予以标注,并将简要考释过程附入校记。如此,一方面,这些校改之处或有差误,保存所改动底本的情况,以便使用者了解底本原貌并对考释作出判断;另一方面,弥补、纠正了前代字书、当前研究之的不足,提高了整理、校勘的学术价值。

第三,对于"俗用"一类,一方面它妨碍了古籍的正常阅读,也是文字规范化需要重点解决的对象;另一方面,这类情况在文字学、训诂学、词汇学都有重要研究价值;改成相应的正字,在校记中作出详细说明,注意与"声近而误"和"形似而误"区别开来。

为了更好地说明典籍整理、校勘中关于俗体字的问题及其处理情况,特附上我们在元代典籍整理、校勘中所整理之重要俗体字:

---

[25] 陆德明撰,黄焯断句《经典释文》,第 3 页,中华书局,1983 年。"其□"一作"若斯",力孔反之"寵"一作"寵",详见黄焯《经典释文汇校》,第 3 页,中华书局,1980 年。

[26] 陆德明在此处讨论的问题,俗写和俗用属于狭义的俗体字的范畴,也是我们本文所讨论的对象;至于第三方面的问题,即属颜元孙在《干禄字书》中的"通体"一类,界于"俗体"和"正体"之间,是一类已经被人们接受而通用的俗字,于此,我们用"通体"一词来概括这种情况。

正	夾	來	勑	從	德	屬	因	圖	隨	弔	壞	宜	富	密	賓	將	狀	壯	晉
俗	夹	来	勅	从	德	属	囙	圗	随	吊	壊	冝	冨	密	賔	將	狀	壯	晋
正	怪	兑	兢	恥	參	番	贊	收	遊	淵	營	癢	答	算	聰	遠	蓋	奇	邊
俗	恠	兊	兙	耻	叅	畨	賛	収	逰	渊	营	痒	荅	筭	聦	逺	盖	竒	邉
正	亡	顧	冀	亞	世	冰	於	爭	解	鮮	寢	滾	聽	養	戲	段	兒	慁	博
俗	亾	顾	冀	亚	丗	氷	扵	争	觧	鱻	寑	滚	聴	养	戱	叚	児	恩	愽
正	曬	讓	強	皐	備	揭	藏	娟	款	輕	減	回	罕	蚓	辭	遲	覽	叫	器
俗	晒	让	强	皋	俻	掲	蔵	娟	欵	轻	减	囙	羋	蚓	辝	遅	覧	叫	噐
正	似	鬭	憑	灘	凡	曾	黑	商	鄉	竺	澀	緣	簧	懺	美	關	船	畫	趁
俗	侣	闘	憑	灘	凢	曽	黒	商	鄊	竺	澁	縁	簧	懴	美	関	舡	畫	趂
正	壽	寶	寇	沖	涼	奈	底	決	炯	泯	祕	兔	乘	養	準	羡	淒	盜	舍
俗	壽	寳	冦	冲	凉	柰	底	决	烱	泯	祕	兎	乗	養	凖	羡	凄	盗	舎
正	步	曹	廚	湊	專	惠	巡	迪	酒	曆	鳳	腸	寫	插	冤	疎	寧	廁	蠱
俗	步	曺	厨	凑	専	恵	巡	廸	洒	厯	鳯	膓	冩	挿	寃	踈	寜	厠	蠱
正	謐	脈	頤	熙	陰	歲	罵	冪	賴	構	肯	蒙	家	役	頰	釜	屈	留	楚
俗	謐	脉	頥	熈	阴	歲	罵	冪	頼	搆	肎	蒙	家	役	頬	釡	屇	畱	楚
正	還	裹	葬	損	恭	泥	雄	規	喬	等	祭	塊	樹	喪	微	鼠	滅	取	兼
俗	還	裏	葢	揁	恭	浞	雄	規	高	芉	祭	塊	樹	喪	微	鼠	滅	取	兼
正	達	卻	歃	獎	攜	吳	龐	隱	窗	虛	嘗	蘂	歷	卯	聯		總		
俗	達	却	咖	奖	擕	呉	庞	隐	窓	虗	甞	蕋	歴	夘	聨聮		総捴		
			畞	奨	携	吴	龎	隠	窻	虚	尝	蕊	歴	夗	聮		總捴		

按,表中同一声符、形符的一组字,基本仅存一例,如"夾夹、俠侠、挾挟、陝陕"、"吳呉吴、娛娱、悞悮"下表仅存"夾夹"、"吳呉吴"。在具体典籍中碰到此类情况,可类推。但仍需谨慎,汉字简化过程中时有个例情况出现。使用过程中,注意与我们的另一篇论文《古籍整理校勘中异体字问题及其处理》比较使用,能深化对典籍整理中俗体字的认识。

"书不校勘,不如不读。"[27]今人日常所接触的文字皆是规范化的文字,对于已经消亡或取缔的俗体字相对较为陌生。这就要求整理者在校勘、整理古书时,要准确把握俗体字的性质及概念,在将其规范化为相应的正体字时,做到有理有据,切忌"不学者以意改订之"[28]。同时也需要古籍整理者站在更高的层次,有深厚的学养,多方考索,发挥工具书应有的价值,对部分俗字及俗用字予以深入研究,有一个学理性的认识。这样,解决古籍校勘、整理中俗体字识别难、处理难等问题的同时,自然会提高元代古籍整理的学术水平。

(杨亮:河南大学文学国学所,475001,开封)

---

[27] 叶德辉著、李庆西标校《书林清话》,第308页,复旦大学出版社,2008年。
[28] 俞正燮《癸巳类稿》,第242页,辽宁教育出版社,2001年。

祖妣考辨

黄国辉

提要： 本文就古文字中的"祖"、"妣"等进行考辨，探讨了"祖"、"妣"的本义、引申义、假借义等问题。

关键词： 祖 妣

一 释"祖"

"祖"，甲骨、金文常作🅰、🅰、🅰等，隶定为"且"。对于"且"的研究，学界还存在争议，简述如下：

（1）牡牝说：郭沫若以为，祖妣是牡牝之初字，乃上古先民盛行生殖崇拜的反映。他认为祖是牡器之象形，故可省为丄。匕是匕栖字的引申，盖以牝器似匕，故以匕为妣若牝也[1]。郭老此说影响甚大，今人仍有从其说者[2]。

（2）祖庙说：高鸿缙认为，🅰字本义为祖庙。🅰上象庙宇之形，左右两墙，中二横为楣限，下则地基也。商周皆为祖宗之祖[3]。日本学者高田宗周的意见与此相近，但略有不同。他把"且"字古有二：一作🅰，古文祖字；一作🅰、🅰，古文俎[4]。高田宗周强分🅰、且为二字，不可信。

（3）坟冢说：加拿大学者明义士以为，🅰象坟冢之形。底部的一象地平，中间横画象坟冢侧部直立之木栏以绳索缚束之形。坟冢为子孙追荐之所，故训荐。又为先人之阴宅，故训始庙[5]。

---

[1] 郭沫若《释祖妣》，《郭沫若全集·考古编》第一册《甲骨文研究》，第19页，科学出版社，2002年。
[2] 王琪《上古汉语称谓研究》，第26页，中华书局，2008年；赵林《殷契释亲》，第45页，上海古籍出版社，2011年。
[3] 高鸿缙《中国字例》第二篇，第145页，台湾三民书局，1992年。
[4] 高田忠周《古籀篇》，见周法高、张日昇主编《金文诂林》，第7695页，香港中文大学，1974年。
[5] 严一萍《柏根氏旧藏甲骨文字考释》，第8页，台湾艺文印书馆，1991年。

(4) 阁厨说：马叙伦以为，且即支物之阁子，《礼记》所谓天子之阁五之阁的本字。今北方名为格子南方称为厨，亦《周礼》牛人凡祭祀共其牛牲之互的互的本字[6]。

(5) 礼俎说：唐兰认为，且字本作且，象俎形，其作且者，盖象房俎，于俎上施横格。这种看法实发端于《说文》。许慎《说文》记："且，荐也。从几，足有二横，其下地也。凡且之属皆从且。"唐兰以为，且是俎的本字，而之所以又能用为祖妣之义，乃是由于音转假借的关系，而不当求之于形。盖且即今之爹、爷字，犹父之即爸字也[7]。另有学者孙海波则认为，且，荐也，从几，足有二桄，象形。神主之主因且之形为之，故孳乳为祖始，父之父以上皆得称焉[8]。

(6) 神主说：强运开认为，且象木主形，是祖的本字。从示之祖是后起字[9]。李孝定以为，契文且作且，俎作且，截然有别。盖且象神主之形，且则象礼俎之形。二物皆属长方，于文难以为别。且、且非一字，而其文形近，除或从二肉或否外，其从且作则全同也者，以神主与礼俎二物于形本相类也[10]。

此外，《甲骨文字诂林》"祖"字条下亦分别且、且二字，以为前者即祖先之祖，后者即俎，与宜同字[11]，然关于且字形体来源则尚不可知。

上述诸家关于"且"字的考察从多角度大大拓宽了相关研究的视野，这是值得肯定的。但是争论依然存在，对于"且"字的研究虽诸说林立，然欲求其证据之一二，实多不可得。如郭老即承认匕是匕柶字的引申，却依然认为牝器似匕。这显然是基于他对"且"的解说而来，即以且（祖）是牡器之象形，而不是基于事实。再如高鸿缙、明义士、马叙伦等诸说只是孤立地看待"且"字，于"且"字音义皆不可取，亦无法说明"且"与"俎"之关系，不可信。而李孝定以为契文且作且，俎作且，两者截然有别，这种看法也是有问题的。其所谓且字，实际上是宜字，而非俎字。于豪亮《说俎字》一文已将古文字俎、宜二字彻底分开，即以且为"俎"字，且为"宜"字，当属可信[12]。唐兰既已指出且是俎的本字，然其仅据音转假借而论且（俎）、祖二字关系，不可信。如"俎"字从且，上古精纽鱼部字；"爹"字从多，上古端纽哥部字，声韵悬远，故不可信。

在上述诸说中，孙海波先生的观点值得重视，然其说以为神主之形因且之形为之，故孳乳为始祖的看法在今天看来仍然有待进一步完善，现补论如下：

---

[6] 马叙伦《说文解字六书疏证》卷二十七，第41页，上海书店，1985年。
[7] 唐兰《殷墟文字二记》，《古文字研究》第1辑，第58页。
[8] 孙海波《甲骨金文研究》，见李圃《古文字诂林》第10册，第625页，上海教育出版社，2004年。
[9] 强运开《说文古籀三补》卷一，第1页，武汉古籍书店，1985年。
[10] 李孝定《甲骨文集释》，第4079页，台湾中研院史语所，1970年。
[11] 于省吾主编《甲骨文字诂林》，第3554页，中华书局，1996年。
[12] 于豪亮《说俎字》，《于豪亮学术文存》，第77页，中华书局，1985年。

王宁先生曾指出,汉语词义的引申是一种有规律的运动,两种事物本质不同,形状、性质、用途、特征相似,可以引申,即可以同词或同根,此即同状之引申。例如,"互"的本义是绞绳的工具,形状像抖的空竹,挂肉的架子形状与它相似,所以也叫"互"。《周礼·地官·牛人》:"牛牲之互。"注:"若今屠家悬肉格。""鍪",既是"鍑属"(锅),又当"盔"讲(兜鍪),是因为锅与盔形状相同[13]。甚确。俎与祖的关系亦当作如是观。且是俎的初文,本义为礼俎,且(俎)字如王国维所言,"象自上观下之形"[14],即正面俯视的俎面之形。神主之形与礼俎之形相似,故亦称"且",属于同状的引申。这种同状引申是"状所引申"中的一种,它与我们经常理解的理性引申不同,即它不是反映事物之间观念上或变化过程中的相关,而是反映事物之间外在的相联或相似。具体说来,祖之本义当为神主,而神主又因其形皆近于礼俎之"且",故同命之为"且"。

这里需要指出的是,神主之形既然与礼俎之形相似,那为什么我们会认为作为神主之形的"且(祖)"是因礼俎之形的"且(俎)"而来,而不是反过来认为礼俎之形的"且(俎)"是因神俎之形的"且(祖)"而来的呢？笔者以为,这是因为从词义特点上看,"且"和它的同源字多与荐人、荐物有关。陆宗达先生曾指出,且本为古俎字,与藉、席、苴、菹、蒋等同源,它们除了明确的声音关系外,也是因为彼此存在着相似点或共同点。人们用俎荐祭肉,又用藉、席荐人或物,藉、席是铺于地阶,特征与俎相似,是俎的引申。至于蒋,则与藉、席同物。《广雅·释器》:"蒋,席也。"分封诸侯土地时,用白茅荐土则称为菹。履中垫草以荐人足则称为苴。菹、苴皆从且得声,盖由且发源而出。在这种义列中,"且"是语根[15]。陆先生的看法是可信的。此外,在周代金文中还有一个现象值得注意,即我们常可以看到祖字能够借俎字字形来表示,但没有发现俎字借用祖字来表示的情况。如"郑大子之孙壶"记有"皇祖文考"、"剌(烈)祖"等,其中的"且(祖)"字均作俎形,即为俎形。

因此,我们认为,作为神主之形的"且(祖)"是因礼俎之形的"且(俎)"而来,而不是相反的。还需要看到的是,虽然神主之形的"且(祖)"是因礼俎之形的"且(俎)"而来,但是早在商周之际,本是礼俎之形的"且(俎)"就已经被作为神主之形的"且(祖)"久借,而多用"且"为祖,又另造"俎"字来表示其礼俎之本义。故古文字中且多表示祖,而俎则表示俎。

---

[13] 王宁《训诂与训诂学》,第119页,山西教育出版社,1994年。
[14] 王国维《说俎》,《观堂集林》卷三,第155页,中华书局,1959年。
[15] 陆宗达《"且"和它的同源词释证》,《陆宗达语言学论文集》,第458页,北京师范大学出版社,1996年。

二 释"妣"

"妣",古文字常借"匕"为之。"匕"字,《说文》谓:"相与比叙也。从反人。匕亦所以用比取饭,一名柶。"(匕与柶最初是否同物还有待进一步研究)许君对于匕字有两种解释,"相与比叙"实际上是对"比"的解说。"匕"的种类大致可分两种:一是"匕黍稷",用于取粮食;一是"匕牲体",用于别出牲体[16]。"匕"之字形与文献所载及出土的匕的实物相合,如《陶斋古录》卷三第五十图(图一)的铜匕及1923年山西浑元李峪村出土的"鱼颠匕"(图二,《集成·00980》)正作其形。

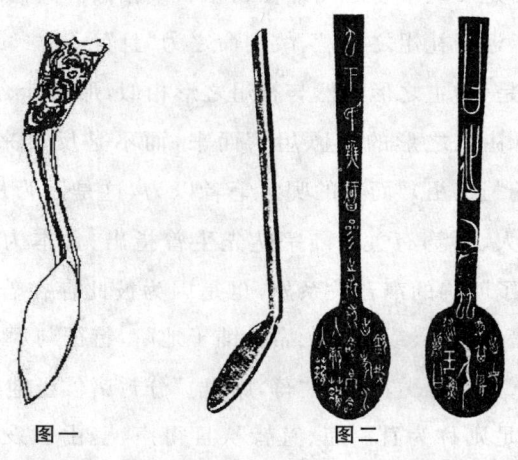

图一　　图二

故今日学界研究以匕柶为匕之本义,以妣为匕之假借义[17]。这是可信的。郭沫若以为匕是匕柶字的引申,盖以牝器似匕,故以匕为妣若牝也,这显然不符合事实[18]。孙海波以为,匕有柄中空,引申之训雌,训雄。兽母曰牝,鸟母曰雌,人母曰妣[19]。这更是牵强。究其原因,实是早前学界对"比"字的研究不够透彻,尚未把甲骨文中的"比"字与"从"字分离。

比,《说文·比部》:"密也。二人为从,反从为比。凡比之属皆从比。""比"字至许慎时代似已讹变为从人,当属事实。反从为比,比字从人之说影响甚大。即使在甲文出土后很长一段时间里,学界依然没有把比、从很好地区分开,多数学者仍以比字从人。这就造成了一些问题。如:妣,《说文》:"殁母也。从女比声。"而在古文字中,我们可以发

---

[16] 可参段玉裁《说文解字注》"匕"字条,第384页,上海古籍出版社,1988年。
[17] 李圃《古文字诂林》第7册,第451页,上海教育出版社,2004年。
[18] 郭沫若《释祖妣》,《郭沫若全集·考古编》第一册《甲骨文研究》,第19页,科学出版社,2002年。
[19] 孙海波《甲骨金文研究》,见李圃《古文字诂林》第7册,第454页,上海教育出版社,2004年。

现,甲骨及早期金文均以匕为妣,或又作妃,故妣从匕声无疑。那么妣字所从声音到底是此前误解为"从人"的比,还是本义为匕栖的匕呢?正是由于早期的古文字学者尚不能很好区分比、从二字,使得他们对妣字的认识直接从匕字形体入手,提出各种假说。而这一点反而不如汉语史研究者论述的合理。如王力先生以比、妣、媲、妃、配、匹属同源,皆有齐同相配之义,这实际上是从声音及词义特点入手来考察比、妣关系,显然更为可信[20]。

真正把古文字中比、从二字分开的是屈万里和林沄两位先生[21]。屈万里先生正确指出,从字系从二人,而比字则本来并非从人,是从二匕。但是他没有明确找到卜辞中比与从在写法上的不同,因此在很长一段时间里,他的看法也没有得到认同。直到林沄先生作《甲骨文中的商代方国联盟》时,才依据甲骨分期把卜辞中的比与从做了明确区分,使得屈万里先生的看法得到了完全的确认[22]。

由于甲骨文中的比、从区别处较为细微,且存在不同组类上的字体差异,故前人难以区分。但其细微处一旦被看破,则比、从二字的区分也就成为了必然。比字从二匕,同形同向,故有比次、相亲、齐同、匹配之义;甲文又有用匕为比之例,如:

癸丑卜:弜比目。   典宾类(《合集》4313)
癸丑卜:令雀匕(比)目。   自宾间类(《合集》20173)

目为人名,《合集》20173中的"比"字正作"匕"。故比又从匕得声。若按《说文》段注体例,比字当属会意兼形声。把比字与从字区分开是有重要意义的,它表明《说文》妣字从比声与古文字妣字从匕声其实是一致的,因为比字亦是从匕得声字。但要注意的是,古文字以匕为妣是属同音通假,二者在词义特点上并无相通处,即二者仅有声音上的关系,故不能如郭沫若、孙海波那样从匕之形上来强解匕之为妣。而妣、比二字则当如王力先生所归纳,属同源字,其词义特点相同。故妣之为妣,乃是因其从比得声,有匹配、相亲、齐同之义。比又从匕声,故妣因其声而假匕为之。

此外,笔者以为匕借为妣与且(俎)假为祖之间可能还蕴含着一定的文化意义。在先民的礼仪文化中,俎与匕常常是相对的。

《仪礼·士虞礼》:"匕俎从士。"
《仪礼·士昏礼》:"匕俎从设,北面载,执而俟。"
《仪礼·特牲馈食礼》:"赞者执俎及匕从鼎入。"

---

[20] 王力《同源字典》"比"字条,第426页,商务印书馆,1982年。
[21] 屈万里《甲骨文从、比二字辨》,《中研院史语所集刊》第13本,第213页。
[22] 林沄《甲骨文中的商代方国联盟》,《古文字研究》第6辑,第67页,中华书局,1981年。

《仪礼·少牢馈食礼》:"匕皆加于鼎,东枋。俎皆设于鼎西,西肆。"

《仪礼·士丧礼》:"素俎在鼎西,西顺,覆匕,东柄。"

又记:"举者盥,右执匕,却之,左执俎,横摄之,入。"郑玄注:"举者盥,出门举鼎者,右人以右手执匕,左人以左手执俎。"

可见,在古人的实际生活中,匕、俎经常对举,其在方位的设置上亦常相对,或左右,或东西。匕、俎不仅有相对的一面,还有相配的一面。郑玄注《仪礼·士婚礼》:"匕,所以别出牲体也;俎,所以载也。"故匕之用途是别出牲体而载于俎,而俎则是载其牲体而荐之,匕、俎在古人具体的礼仪实践中又是相配而用的。俎、匕这种既相对又相配的特点与祖、妣是一致的。祖为父辈以上之男性祖先,妣则是母辈以上女性之祖先[23],但祖、妣之间又相互为配偶。因此,妣之借匕为之与祖假且(俎)为之在先民文化中似蕴含一定的对应关系。我们可以简单借助图形表示如下:

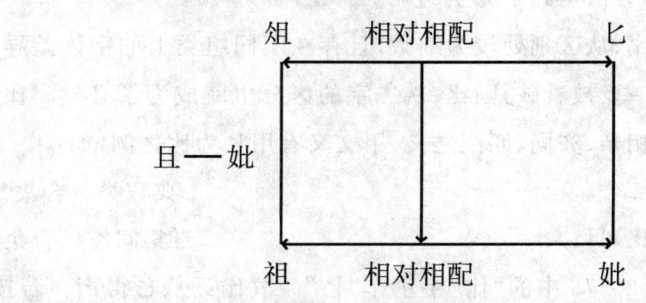

```
        俎   相对相配   匕
       ┌─────────┬─────────┐
       │         │         │
  且─妣 │         │         │
       │         │         │
       └─────────┴─────────┘
        祖   相对相配   妣
```

当然,这种文化意义上的关系,其形成可能要晚于其词义的生成,但如果我们认为礼仪文化是源于最初的生活,那么其时代也就不会太晚了。

(黄国辉:北京师范大学历史学院,100875,北京)

---

[23] 甲骨金文中的祖、妣皆如是,妣义为母目前还仅见于后世典籍。

《礼记》用器类名物词"异实同名"现象探析

刘 兴 均

提要: "异实同名"是指用同样的名称来指称不同的实物这一命名现象。《礼记》用器类名物词中有大量异实却同名的现象,同名之词达 15 个,所涉词项有 40 个之多。文章归纳《礼记》用器类名物词"异实同名"现象表现出思维的三个方面取向:(一)物有同状予之一名;(二)物有同用予之一名;(三)物有同制予之一名。这些思维取向体现出在言语递转过程中先民定名百物时的一些认知规律,最突出的是,通过联想类比循于旧名以作新名。

关键词: 《礼记》 用器类名物词 异实同名 命名理据

一 引 言

汉语名词从古至今都存在着两种命名现象:"异实同名"与"异名同实",亦称"同名异实"与"同实异名"。即不同的实物可以用同样的名称来指称,反过来,不同的名称也可以用来指称同样的实物。本文主要讨论"异实同名"现象。

最早对汉语"异实同名"现象进行学术研究的是清代学者,他们把学术视野投入到古代地名学,发现古代地名存在大量的异地同名现象,对其进行了较为深入的研究。清学开山顾炎武(1613—1682)在《日知录》卷二〇"史书郡县同名"条指出:"汉时,县有同名者,大抵加'东'、'西'、'南'、'北'、'上'、'下'字以为别。"[1]后来王鸣盛(1722—1797)《十七史商榷》卷一七《汉书》十一在顾氏的基础上多加一"新"字[2]。江永(1681—1762)所著《春秋地理考实》四卷,对于《春秋》及《左传》文献记载中的名同地异、注家牵合混淆者,作出了精审的辩证。

上个世纪初,王国维、刘师培两位国学大师对秦汉之际的雅学大著《尔雅》记载的动

---

* 2010 年度教育部人文社会科学研究西部和边疆地区规划基金项目"'三礼'名物词理据与词义系统研究"(10XJA740004),项目负责人:刘兴均。本文写作过程中,研究生张宇做了前期资料收集工作,谨表谢意!

[1] 顾炎武撰,黄汝成点校《日知录集释》,第 25 页,中华书局,1935 年。
[2] 王鸣盛撰,黄曙辉点校《十七史商榷》,第 121 页,上海书店,2005 年。

植物名词中的"异实同名"现象进行了较为全面的探究。王国维(1877—1927)有《〈尔雅〉草木虫鱼鸟兽名释例》一文,指出:"凡雅俗古今之名,或同实而异名,或异实而同名。"[3]并敏锐地觉察到:"凡雅俗古今之名,同类之异名与夫异类之同名,其音与义恒相关。"[4]并具体地分析了《尔雅》动植物类名物词中同类异名的音转条件及其意义联系。刘师培(1884—1919)有《尔雅虫名今释》一文,提出"有以相似之物而同名",都接触到"异实同名"现象[5]。

现代学者对汉语名词"异实同名"现象的关注度还远远不够,目前能见到的论文仅4篇。杨士首《古汉语同名异实现象的产生》[6],朱习文《〈汉语大词典〉同名异实古星名条目的问题》[7],谭宏姣等《古汉语植物名的同名异实研究》[8],蔡少青等《关注中药与原植物"同名异物"现象——倡议将原植物中文名与中药名分离》[9]。另有孟迎俊硕士论文《〈尔雅·释草〉名物词研究》中的§2.3《〈尔雅·释草〉中的"异名同实"和"同名异实"现象》一节[10],接触到这个问题的探讨。无论就广度还是深度看,都赶不上清代和近代的学者。

笔者以为,要深入探讨汉语名词中的"异实同名"现象,就应分门别类地进行研究。因为不同类别的名词具有"异实同名"现象的表现形式和形成的原因是不一致的,例如:地理类名词中有因名带吉祥而异地同名,在其他类别的名词中就不一定有。而要做到分门别类地深入研究,最好是从专书研究入手。本文选择"三礼"中的《礼记》,它虽编纂成书于西汉宣、成之际,但其内容大多在战国时期就有了,多数篇目经由孔子及其弟子和门人之手,内容广博,时间跨度较其余"二礼"长,最适于探求言语递转过程中的"异实同名"现象,我们把研究对象限定在用器类名物词,范围越小,越便于深入,以此作引玉之举。

二 《礼记》用器类名物词"异实同名"现象厘析

《礼记》四十九篇有大量反映具体而特定之物的名物词,据张宇统计,共有2979个,

---

[3] 王国维《观堂文集》(一),第219页,中华书局,1996年。
[4] 同上书,第221页。
[5] 刘师培《刘申叔遗书》(上),第446页,江苏古籍出版社,1997年。
[6] 杨士首《古汉语同名异实现象的产生》,《辽宁大学学报》1991年第5期,第72页。
[7] 朱习文《〈汉语大词典〉同名异实古星名条目的问题》,《辞书研究》2006年第2期,第73页。
[8] 谭宏姣《古汉语植物名的同名异实研究》,《吉林师范大学学报》2008年第2期,第28页。
[9] 蔡少青《关注中药与原植物"同名异物"现象》,《中国中药杂志》2008年第1期,第727页。
[10] 孟迎俊《〈尔雅·释草〉名物词研究》,广西师范大学硕士学位论文,2010年。

而反映人们日用之器的名物词有399个,其中单音节词238个,双音节词161个[11]。这399个用器类名物词中就有15组异实却同名的现象,所涉义项达40个之多。不同的用器用同样的名称来指称,这反映了先民定名百物时的一些思维取向,归纳起来有以下三个方面。

(一) 物有同状予之一名

"物有同状"出自《荀子·正名》篇,其云:"物有同状而异所者,有异状而同所者。"[12]荀子所说的"状"是指状态形质,包括形体、色理等,也就是用眼睛能观察到的实物的表象。它与"所"相对,"所"是指存在的时间和空间,即外部的环境。对有生命的物体来说,时空的改变,有时会引起状态的变化,比如说同样的一个人,他的幼年、少年和青年的状貌显然和成年、老年的状貌有很大的区别。按荀子的观点,状同而异所就应看成是二实,即不同的实物,那就应给予不同的名称。即"异实者异名",这是命名的一般规律。可是,在汉语名词特别是名物词的形成过程中却有相当多的反例。人们往往根据外貌特征的相似而给予同样的一个名称,例如:古代把大雁和家鹅都统称为雁(字亦作鴈),至今壮泰语系中也把家鹅称为[ha:n⁵⁵][13]。作为"异实者异名"的变例,我们把这种命名原则称为"物有同状予之一名"。此非笔者臆造,刘师培先生早已指出:"盖古人之于物类也,凡同形同色则其呼名亦同。"[14]章太炎(1869—1936)更明确指出:"物有同状而异所者予之一名。"所举例子即有雁与家鹅之同名[15]。《礼记》用器类名物词中属于这类"异实同名"现象有8组,所涉词项有23个。具体分析如下:

1. 具叉形、编联之状者则予之"毕"名

"毕"字在《礼记》一书中出现34次,用作副词当"尽"、"全"讲的有15次,用作动词当"结束"、"完成"讲的有14次,用作名词的有5次,其中当"畋猎时捕鸟用的长柄小网"讲的1次,当"二十八宿中的毕宿"讲的2次,当"小孩练字用的竹简"讲的1次,当"祭祀时举牲肉的木叉"讲的1次。由于二十八宿中的毕宿非用器类名物词,理应排除出去。属于用器类的"毕"正好在全书中出现3次,却指称三个不同的实物,是典型的"异实同名"之例,值得探究。这3例分别出现在以下语境之中:

---

[11] 张宇《〈礼记〉用器类名物词研究》,广西师范大学硕士学位论文,2011年。
[12] 王先谦《荀子集解》,第279页,上海书店,1986年。
[13] 广西区民语委研究室《壮语通用词与方言代表点词汇对照汇编》,第355页,广西民族出版社,1998年。
[14] 刘师培《刘申叔遗书》(上),第1443页,江苏古籍出版社,1997年。
[15] 参见《文始·叙例》,页三,浙江图书馆用著者手写稿本影印,1926年版。

《月令》:季春之月……田猎、罝罘、罗网、毕、翳、馁兽之药毋出九门。

郑玄注(以下简称"郑注"):"网小而柄长谓之毕。翳,射者所以自隐也。"(6—235)[16]

《学记》:今之教者,呻其占毕,多其讯言。

郑注:"简谓之毕。"(18—550)

《杂记上》:毕用桑,长三尺,刊其柄与末。

郑注:"毕所以助主人载者。"

朱彬《训纂》引聂崇义《三礼图》云:"毕似天毕,以载牲体。"(20—621)

据郑注、朱疏,"毕"在以上语境中分别指称三种不同的用器:一是用于打猎时网罗飞鸟的带柄小网;二是儿童练习写字的竹简;三是祭祀时仆从帮助主人撑举牲体的木叉。这三个指称义中,第一义应该是"毕"的本义。《说文·华部》:"畢,田网也。从田,从华象形。或曰田声。"[17]段注:"谓以华象毕形,柄长而中可受。毕与华同,故取华象形。"[18]许慎对"毕"的本义解释是可信的,核证古文字,"毕"正像打猎时用的罗网:

🔾 周原卜甲四五

🔾 段簋

从周原甲骨和西周中期金文字形看,"田网"之训可信。正像一带柄木叉上安一网兜的样子。许氏对字形的解释还有可商之处,"毕"是一个整体象形字,不能拆开解释。段注谓"以华象毕形"亦不足为凭。正因"毕"的本义是网罗天上飞鸟的网,它就具有两个形象特征:一个是呈叉形,从周原甲骨字形中的丫形可证。天上列宿中的毕宿由八颗星组成,其形为𝑥,也像弹弓的木叉状,晋郭璞注《尔雅·释天》"浊谓之毕"云:"掩兔之毕,或谓之浊,因星形以名。"[19]则以为"毕网"得名于"毕宿",此说不可信。古代天文学产生之前就有田猎,从词汇发生的角度看,自然是田网之义先于毕宿之义。因此,凡分叉张口之形可以"毕"称。《尔雅·释丘》有将水旁匡岸称为"毕"的,今四川阿坝州理县毕棚沟,是四姑娘山的背影,正好呈分叉张口向上状,故称"毕棚"。同书中叉举牲体的木叉称"毕",其意一也。

---

[16] 所据文本为朱彬撰,饶钦农点校《礼记训纂》,中华书局,1996年版。以下凡引《礼记》文献均用此版本,为节省篇幅,只在引文后注明卷号和页码。"6—235"即《礼记训纂》第六卷,第235页。饶氏正文与注文"毕翳"连读为误读,依郑注,毕、翳为二物,当正。

[17] 许慎《说文解字》,第83页,中华书局,1963年。

[18] 段玉裁《说文解字注》,第158页,上海古籍出版社,1981年。

[19] 郝懿行《尔雅义疏》,《〈尔雅〉·〈广雅〉·〈方言〉·〈释名〉清疏四种合刊(附索引)》,第195页,上海古籍出版社,1989年。

毕的另一个外貌特征是它有一网兜,网是编联成形的,在纸张未出现之前,小孩习字是在竹简上进行的,《尔雅·释器》:"简谓之毕。"郭注:"今简札也。"[20]简札称"毕",需要从"毕"作为田网义的第二个外貌特征去考察。简札又称册,册之制,据《说文》"象其札一长一短,中有二编之形",是用牛皮绳将长短不一的竹简编连起来的,册,甲文作:

⿲册粹一〇二七

正与许说掩合。"简谓之毕"与"毕网"的联系,就在于它们都有编联成形的外貌特征。

2. 具匏瓠之状者则予之"壶"名

"壶"字在《礼记》一书中共出现17次,用作量词的有1次,用作盛酒浆之容器的有5次,用作刻漏之器的有1次,用作宴饮时投壶游戏纳矢容器的有10次。除用作量词外,其余16次均为用器之名。其义项有三:一为盛酒之容器;一为投壶时纳矢之容器;一为刻漏计时之器。这三种使用义分别出现在以下语境中:

《礼器》:五献之尊,门外缶,门内壶。

聂崇义《三礼图》引《公羊传昭公二十五年》何休注:"腹方口圆曰壶,反之曰方壶。"(10—364)

《投壶》:投壶之礼,主人奉矢,司射奉中,使人执壶。

陆德明《释文》:"壶,器名,以矢投其中,射之类。"(40—849)

《丧大记》:君丧,虞人出木、角,狄人出壶,雍人出鼎,司马悬之,乃官代哭。

郑注:"壶,漏水之器也。"(22—665)

"壶"的第一使用义是其本义。《说文·壶部》:"壺,昆吾圜器也。象形。从大象其盖也。"[21]据段于《缶部》"匋"下注,昆吾本名樊,夏时为伯,封于昆吾(卫地),是颛顼的后裔,《世本》记载是他发明了陶冶[22]。其实早在夏之前,陶器就已经出现了。今见出土的新石器时期的"壶",其图形为(图1):

图1 新石器时期的"壶"

---

[20] 郝懿行《尔雅义疏》,《〈尔雅〉·〈广雅〉·〈方言〉·〈释名〉清疏四种合刊(附索引)》,第177页,上海古籍出版社,1989年。
[21] 许慎《说文解字》,第214页,中华书局,1963年。
[22] 段玉裁《说文解字注》,第224页,上海古籍出版社,1981年。

大腹、长颈,呈匏瓠之状,也就是葫芦的样子。到了青铜器时代,青铜壶才加盖和裙底座。故甲文"壶"字之形为:

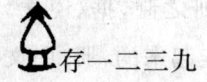

存一二三九

但仍不失匏瓠之形。在上古文献中,"壶"与"瓠"每相通。《诗·豳风·七月》:"七月食瓜,八月断壶。"毛传:"壶,瓠也。"[23]匏瓠之"瓠"写作"壶",音同形似而义通。

古代计时之器,以滴水、漏沙的方式来计时,又称"刻漏",其形为(图2):

图 2　刻漏

因具有匏瓠之状,故以"壶"称。

上古人们宴请宾客时,常以投壶作为宾主娱乐的方式,主宾各执一定数量的筹码,投掷于壶,以中筹码多少决定胜负,此游戏称为"投壶"。所中之壶,也具有匏瓠状。其形为(图3):

图 3　投壶纳矢器

亦为长颈阔腹。因此,凡颈长腹阔类似匏瓠者,都可以"壶"称。《尔雅·释木》:"枣,壶枣。"晋郭璞注:"今江东呼枣大而锐上者壶,壶犹瓠也。"《释文》引孙炎云:"枣形上小下大似瓠,故曰壶。"[24]孙说可从。名"枣"曰"壶",就因其形似匏瓠之状而得其名。陶壶之得名于匏瓠,符合人类社会历史和人们认知的规律。人类在没有陶制用器之前,正是以匏瓠作为盛酒浆的工具,有了陶制的替代品,在命名时,自然就会联想到匏瓠之"瓠"。故"壶"之得名,无疑与匏瓠有关。

---

[23]　阮元等校刻《十三经注疏》,第 391 页,中华书局,1980 年。
[24]　郝懿行《尔雅义疏》,《〈尔雅〉·〈广雅〉·〈方言〉·〈释名〉清疏四种合刊(附索引)》,第 275 页,上海古籍出版社,1989 年。

3. 具圆筒通孔之状者则予之"管"名

"管"字在《礼记》一书中出现 20 次,用作动词,当"看管"讲的有 1 次,用作乐器名,当"笛管"讲的有 7 次,当"定音律管"讲的有 1 次,当开锁的"钥匙"讲的有 1 次,当"笔管"讲的有 1 次。另有 5 次是用作姓名字和 4 次是用作掌馆舍之职官名的。作为用器之名的共 10 次,分别指称:(1)用竹制的管乐器;(2)用竹制的定音管;(3)用竹制的笔管;(4)铁制的钥匙。这四种使用义出现的语言环境是:

《礼运》:澄酒在下,陈其牺牲,备其鼎俎,列其琴、瑟、管、磬、钟、鼓,修其祝嘏,以降上神与其先祖。(9—336)

按:郑于此无注,在《周礼·春官·小师》"掌教鼓、鼗、柷敔、埙、箫、管、弦歌"下注云:"管如篴(笛)而小,并两而吹之。"孙诒让《正义》引徐养原云:"长尺而施六孔为太促,故分而为二,盖每管三孔,并之而得六孔。然则管之形似两籥耳。籥如笛,故管亦如笛。"[25]可见,管为两管相并,每管三孔,合吹之则六孔,是似笛一样的吹奏乐器[26]。

《礼运》:五声、六律、十二管,还相为宫也。

郑注:"五声,宫商角徵羽也。其管阳曰律,阴曰吕。"(9—346)

《内则》:左佩纷帨、刀、砺、小觿、金燧;右佩玦、捍、管、遰、大觿、木燧。

郑注:"管,笔彄也。"(12—414)

《月令》:(孟冬之月)命司徒循行积聚,无有不敛。坏城郭,戒门闾,修键闭,慎管钥,固封疆。

郑注:"键,牡。闭,牝也。管钥,键器也。"(6—274)

孔颖达疏(以下简称"孔疏"):"(管籥)以铁为之,似乐器之管籥。"[27]

"管"作为用器名的四种使用义,其第一义为管之本义。《说文·竹部》:"管,如篪,六孔,十二月之音,物开地牙,故谓之管。"[28]段注云:"《风俗通》曰:'管,漆竹,长一尺。六孔。十二月之音也。物贯地而牙,故谓之管。''物开地牙'四字有脱误,当作'物贯地而牙'。贯、管同音,牙、芽古今字。古书多云十一月物萌,十二月物牙,正月物见也。"[29]据段注,管最初是指象征十二月之音的乐管,谓之管者,与贯有音义上的联系。十一月草木萌芽,十二月草木之芽贯(穿)地而出,反应此时物候地气之音的乐器称为

---

[25] 孙诒让《周礼正义》,第 1861 页,中华书局,1987 年。
[26] 今《汉语大字典》"管"字条第一义项"古乐器"插图作一管,上有七孔,不知何据。当以钱玄、钱钟奇《三礼辞典》之插图(见 P1001)为是。
[27] 阮元等校刻《十三经注疏》,第 1381 页,中华书局,1980 年。
[28] 许慎《说文解字》,第 98 页,中华书局,1963 年。
[29] 段玉裁《说文解字注》,第 197 页,上海古籍出版社,1981 年。

管,管与贯音同而义通。

第二义是指十二律管之管,是由竹或铜制成的代表十二个乐调的定音管,以管长的不同分别定出高低不同的十二个乐调:黄钟、大吕、大簇、夹钟、姑洗、中吕、蕤宾、林钟、夷则、南吕、无射、应钟。奇数调的为阳律,阳律六:黄钟、大簇、姑洗、蕤宾、夷则、无射。偶数调的为阴吕,阴吕六:大吕、夹钟、中吕、林钟、南吕、应钟。黄钟管长九寸,按三分损益法得出其余十一管之管长。管长者发音低,短者发音高。十二管之管与似笛之管看似相同,实则非一,应看作异实而同名。

第三义为笔管。郑注为"笔彄",按:彄本为弓之系弦的端头,在这里当"管"讲。清桂馥《说文义证》:"笔管亦谓之彄。"所举例证即出自《内则》此例[30]。笔管亦为圆筒通孔之状,故可以"管"称。

第四义为钥匙。按古代锁钥与今不同,开启门锁之钥匙多呈圆筒状,且有孔道,这样才便于插入牡键以启锁簧。其形如图4所示。

图 4 古代管钥

上图为管籥之形,据贾公彦疏所云"似乐器之管籥",作为钥匙的"管"亦得名于它的外形。

因此,具圆筒通孔之状者则可予之"管"名。

4. 具削杀张大且有交合之状者则予之"衽"名

"衽"字在《礼记》一书中出现13次,用作动词,当"坐卧"讲的有2次,用作用器名,当"卧席"讲的有2次,当"连结棺盖与棺木插入坎中的木楔"讲的有4次,其余用作服饰类名物词,当"衣下两旁,掩裳布幅"讲的有3次,当"连接衣领的开襟"讲的有2次。作为用器类名物词,分别指称:(1)卧席;(2)连结棺盖与棺木的木楔。它们出现的语言环境是:

《曲礼上》:请席何向?请衽何趾?

郑注:"衽,卧席也。"(1—18)

《檀弓上》:棺束,缩二横三,衽每束一。

郑注:"衽,今小要。"

孔疏:"衽,小要也。其形两头广,中央小也。既不用钉棺,但先凿棺边及两头

---

[30] 桂馥《说文解字义证》,第395页,中华书局,1987年。

合际处作坎形,则以小要连之,令固棺。"(3—120)

卧席称"衽",固棺木楔亦称"衽",盖缘于同状的联想。衽,一作袵,《说文·衣部》:"袵,衣裣也。从衣,壬声。""䘳,交袵也。从衣,金声。"[31]许氏的解释不甚明了,需借助前人的注释。段玉裁注引江永古代深衣之制说云:"以布四幅,正裁为八幅,上下皆广一尺一寸,各边削幅一寸,得七尺二寸,既足要中之数矣。下齐倍于要,又以布二幅斜裁为四幅,狭头二寸在上,宽头二尺在下,各边削幅一寸,亦得七尺二寸,共得一丈四尺四寸。此四幅连属于裳之两旁,所谓袵当旁也。"[32]按:江说古深衣之制极精。古代深衣形制如图5:

图 5 深衣形制

结合此图所示,便能清楚地知道:下裳的长度是上衣的两倍,而宽度正幅前后四幅是与上衣相同的,按古代的尺寸,都为七尺二寸。所不同的是下裳增加了四幅布,而这四幅是各以二尺二寸布斜裁的,斜裁不是对角裁,而是留有二寸的边头。这样二寸窄头对齐,二尺宽头对齐与前后四正幅缝合,就呈上小下大而又处于两旁呈燕尾之状的四块布幅。《礼记·深衣》"续衽钩边"正是此意。郑注:"衽,在裳旁者也。"(39—846)衽作为服饰类名物词,所指也不是单一的,有时是指开襟。例如:

《丧大记》:小敛大敛,祭服不倒,皆左衽,结绞不纽。

郑注:"左衽,衽向左,反生时也。"(22—674)

此"衽"指连接衣领胸前的左右两幅。华夏民族一般是右衽,即左幅掩于右幅之上,结绞曲纽而固定之。但丧服则相反,是右幅掩于左幅,故称"左衽"。此左衽是指丧服制式。衽的这两种指称义所指对象均有削杀交合之状。汉末刘熙《释名·释衣服》云:"衽,襜也,在旁襜襜然也。"[33]指出了"衽"作为裳旁幅际的一个特征——"襜襜然"即张大的样子。从段引江永关于深衣之衽是斜裁而成,那么它还应该具备削杀的特征,斜裁两幅有杀上与杀下之貌,连接两幅之窄头,形成上小下大之状,削杀与张大义相关。而作为连接棺盖与棺木的木楔,其形如▼,正具削杀与张大之状,故以"衽"称。《释名·释丧制》:

---

[31] 许慎《说文解字》,第 170 页,中华书局,1963 年。
[32] 段玉裁《说文解字注》,第 390 页,上海古籍出版社,1981 年。
[33] 王先谦《释名疏证补》,《〈尔雅〉·〈广雅〉·〈方言〉·〈释名〉清疏四种合刊(附索引)》,第 1063 页,上海古籍出版社,1989 年。

"棺束曰缄,缄,函也。古者棺不钉也。旁际曰小要,其要约小也。又谓之衽,衽,任也。任制际会使不解也。"[34]刘氏所说的旁际(又称小要)的实际上就是《檀弓上》所云"两头广,中央小"的"衽"。此"楔"称衽,无疑是因其形有削杀张大而又具交合之状。

作为卧席之"衽",非设于床上之簀席,而是古人坐时垫于身下的褥子之类。与《周礼·司几筵》之"筵"同。《礼记》衽席连文属词,则衽与席同义,席与筵在《周礼》中有时是有分别的,筵是先铺设于地之竹席,席则是加于筵之上的垫褥。郑于《周礼·春官叙官·司几筵》下注云:"筵,亦席也。铺陈曰筵,藉之曰席。然其言之,筵席通矣。"贾疏云:"假令一席在地,或亦云筵。《仪礼·少牢礼》云'司宫筵于奥'是也。"孙诒让《正义》指出:"凡对文,则筵长席短,筵铺陈于下,席在上,为人所坐藉,散文则筵亦云席,故本职云掌五席,实兼筵言之。"[35]由上所引,可见衽指称卧席,与"当裳两旁布幅"这一使用义实相通。衽之为席是加于筵之上的,衽短筵长,有削杀之意;衽与筵叠合,有相交之意;在无筵的情况下,衽亦为筵,筵有长大之词义特征,故作为卧席之衽亦有张大之义。段氏注以为衽作为卧席义是今"褥"之语转,衽、褥双声,同为日纽,韵一为侵部,一为屋部,看似差得很远,上古侵、冬未分,韵亦可旁对转。可褥字后出,不能说衽得名于褥,要探寻衽作为卧席之称的词源义,还得从衽的本义出发。笔者以为,"衽"指称连接棺盖与棺木的木楔和卧席这两个用器,实为"当裳两旁布幅"这一词义的同状引申。

5. 具横向置放之状者则予之"衡"名

"衡"字在《礼记》一书中出现 24 次,用作形容词,与纵相对,当"横着"讲的有 3 次,用作名词,当"心"讲的有 4 次。用作用器名,当"横向设置的束棺绳索"讲的有 2 次,作为衡器,当"秤"讲的有 8 次,当"佩玉上的横玉"讲的有 3 次。作为葬具,通"桁",指"置放甕甒等明器的木架"有 1 次,作为下棺时置放于棺上横木,以维持平衡的 1 次。另外还有 2 次是记录"衡山"一词的。作为用器类名物词,分别指称:(1)横置束棺索;(2)杆秤;(3)佩玉上的横玉;(4)葬具;(5)作为下棺时置放于棺上的横木。它们出现的语言环境是:

《檀弓上》:棺束缩二衡三,衽每束一。

郑注:"衡亦当为横。"

孔疏:"古棺木无钉,故用皮束合之,缩,纵也。纵束者用二行,横束者三行。"(3—120)

《经解》:礼之于正国也,犹衡之于轻重也。

---

[34] 王先谦《释名疏证补》,《〈尔雅〉·〈广雅〉·〈方言〉·〈释名〉清疏四种合刊(附索引)》,第 1107 页,上海古籍出版社,1989 年。

[35] 孙诒让《周礼正义》,第 1253 页,中华书局,1987 年。

郑注："衡，秤也。"(26—738)

《玉藻》：一命缊韨幽衡，再命赤韨幽衡，三命赤韨葱衡。

郑注："衡，佩玉之衡也。"(13—464)

《杂记上》：瓮、甒、筲、衡，实见间，而后折入。

郑注："衡当为桁，所以庋甕、甒之属，声之误也。"

孔疏："甒者盛醴酒，筲者盛黍稷，衡者以大木为桁，所以庋举于瓮甒之属。"(20—621—622)

《丧大记》：君封以衡，大夫士以咸。

郑注："衡，平也。人君之丧，又以木横贯缄耳，居旁持而平之。"(22—688)

作为用器类名物词，衡的这五个义项都具有一个共同的词义特点——横向置放。这与衡的本义有关。《说文·角部》："鬣，牛触横大木。从角大，行声。"[36]段注："各本大木下有'其角'二字。今依《韵会》所据错本。许于'告'字下曰：'牛触，角著横木。所以告也。'是设于角者谓之告。此云牛触横大木，是阑闲之谓之衡。衡与告异义。"[37]按：段说为是，衡是牛栏上的横木，横向置放于栅栏之上，牛欲出，常以角去觚触它。与"告"之设于疯牛角上的横木不同。衡的本义是设于栅栏上的横木，它所指称的对象就有横向置放的状貌特征。

束棺之皮索，横束者称衡，纵束者称缩，显然也是有其横向置放的状貌特征。

杆秤谓之衡，一是有权衡物之重量，二是在物的重量与秤锤置放戥子的距离相等平衡时，秤杆是横向水平的，也是因其有横向置放的状貌特征而得"衡"名。

佩玉，是系于革带之玉，由上中下八块玉组成，上有两块横向长方形的玉，即《玉藻》所云"幽衡"、"葱衡"中的衡，中有圆形的琚瑀三个，下有半圆形的璜两个置于两边，中有三角形的冲牙一个。其图示如下（图6）：

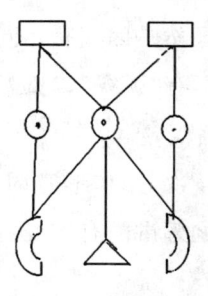

图6 古代的佩玉

---

[36] 许慎《说文解字》，第94页，中华书局，1963年。
[37] 同上，第186页。

可见，佩玉上组两块长方形的玉称"衡"，也与它的横向置放的状貌有关。

作为葬具，用于置放甕甒等祭器的衡，也具备横向置放的状貌特征。故孔氏疏云"衡者以大木为桁，所以庪举于甕甒之属"，大木只有横向置放，方可在其上放置祭器。

作为持棺之平衡木的衡，其具有横向置放的特征更不待言。因此，《礼记》中的"衡"，作为用器名，所指对象皆有横向置放的外部特征，方以"衡"称。

6. 具纡屈之状者则予之"弧"名

"弧"字在《礼记》一书中出现6次，均用作名物词。其中单言弧的有4次，与桑连言，成"桑弧"一词有2次。作为星宿名，指天狼星左下之九星——弧矢星座的1次；作为用器类名物词，当"木弓"讲的有4次；当"撑举旌旗之竹弓"讲的1次。它们出现的语言环境是：

《内则》：生男子设弧于门左，女子设帨于门右。

郑注："弧者，示有事于武也。"（12—435）

《明堂位》：孟春乘大路，载弧韣。旗十有二旒，日月之章，祀帝于郊。

郑注："弧，旌旗所以张幅也。其衣曰韣。"（14—482）

"弧"的这两个词项皆有一个相同的外部形象特征——纡屈之状。在《礼记》一书中，"弧"指木弓，特指生有男孩的家里悬挂在门左的用桑木做的较为原始的弓，它一般不用来射杀目标，只具有象征意义，诚如郑注所云"示有事于武也"。这一词项是与"弧"的本义相吻合的。《说文·弓部》："弧，木弓也。从弓瓜声。"[38]段注："按：木弓，不傅角者，后世圣人初造弓矢之遗法也。"[39]段注可信。弧是指简单地将桑木枝条弯成纡屈之形，加上一条弦而成的弓，这种弓是单弓，也就是段注讲的没有绑缚角片、骨片的弓。古代弓有单弓，有复合弓，单弓呈圆弧形，复合弓就呈两峰夹一谷的形状[40]。而设于天子乘车旗杆之上，张挂旌旗的竹弓自然也是将竹片烤弯而成的一种原始单弓之状。故不同的两种用器用一个相同的名称，显然是因其有相同的纡屈之状貌特征。直到今天，人们还将纡屈成圆弧状的称为"弧X"，有"弧线"、"弧刀"等称谓。

7. 具直指之状者则予之"矢"名

"矢"字在《礼记》一书中出现24次，用作形容词，当"直"讲的1次。用作用器类名物词，当"箭"讲的有13次，当投壶之筹讲的有10次。它们出现的语言环境是：

《王制》：诸侯赐弓矢然后征。

---

[38] 许慎《说文解字》，第269页，中华书局，1963年。
[39] 段玉裁《说文解字注》，第640页，上海古籍出版社，1981年。
[40] 参见笔者《今本〈老子〉"天之道，其犹张弓"与"注解辨正》，韩国《东亚文献研究》第6辑，2010年。

郑注:"得其器,乃敢为其事。"(5—176)

《投壶》:投壶之礼,主人奉矢,司射奉中,使人执壶。

郑注:"矢所以投者也。"(40—849)

作为征伐之器的箭与作为娱乐宾客游戏投壶所用的筹算显然是两个不同的实物,却用一个相同的名——"矢"来称呼,也是合乎"物有同状予之一名"的思维取向的。矢,刘熙《释名·释兵》云:"矢,指也。言其有所指向迅疾也。"[41]关于矢之得名的理据,清代阮元考之甚详[42]。笔者此不赞述。刘氏之说尽管未得该名物词得名的真正理据,但至少可以说揭示了"矢"的一个很重要的外貌特征——指。矢有直义,例如:

《玉藻》:端行,颐霤如矢。

孔疏云:"颐霤者,行既疾,身乃小折,而头直俯临前,颐如屋霤之垂也。矢,箭也。前进不邪,如箭也。"(13—475)

矢之得名当与"直指"这一外貌特征有关。投壶之矢,与射杀之器的矢也仅在直而有指向目标这一点上相同,故同以"矢"称。

8. 具纵横交错、颜色驳杂之状者则予之"绞"名

"绞"字在《礼记》一书中出现 18 次,均用作名物词。有单言"绞"的,也有和"布"、"揄"等构成合成词的。用作采帛类名物词,当青黄间色的"缯"讲的有 2 次;用作器类名物词,当"缠尸带"讲的有 15 次;当"柩车车盖下垂的青黄间色的旗幡"讲的有 1 次。它们出现的语言环境是:

《丧大记》:小敛布绞,缩者一,横者三。

郑注:"绞,既敛所用束坚之者。"(22—672)

《丧大记》:士布帷、布荒,一池,揄绞。

郑注:"揄,揄翟也。青质五色,画之于绞缯而垂之,以为振容。"(22—685)

"绞"的这两个词项所指不同,一个是用于缠裹尸体的带子,以使衣衾更加贴于尸身。一是用来装饰柩车车盖,类似于旗幡的缯帛。由于它们都具有交错和色彩驳杂的外部特征,而获相同的一个称谓——绞。此亦属"物有同状予之一名"之例。

物有同状予之一名是造成异实同名现象主要的一种思维取向。就《礼记》用器类名物词来看,就有 8 个名物词,涉及到 23 个词项,平均一名有三指之多。值得深入研究。

---

[41] 王先谦《释名疏证补》,《〈尔雅〉·〈广雅〉·〈方言〉·〈释名〉清疏四种合刊(附索引)》,第 1085 页,上海古籍出版社,1989 年。

[42] 见《揅经室集》卷一《释矢》篇,阮氏从义生于音的角度得出矢得名于施,与"屎"等都有音义上的联系。

（二）物有同用予之一名

作为用器类名物词,它所指称对象有一个重要的特征就是于人有用,可用于人们日常的生活和劳作。因此,这类名物词产生"异实同名"现象的另一个直接原因就是由于两种不同用器的用途相同。因此,人们由此及彼,给予一个相同的名称。《礼记》用器类名物词中属于这类"异实同名"现象的有3组,所涉词项有7个。

1. 垂饰之用则予之"緌（绥）"名

"緌"字在《礼记》一书中出现14次,其中有5次是通作"绥"。字作"緌"者有两个义项:一是用作动词,给系冠之缨留馀以作垂饰,此种用例有3次;一是用作名词,指的就是冠带上的垂饰。此种用例有6次。通作"绥"的都是指上有垂饰的旗帜。由于文字的通假,并没有改变语词的性质,我们放到一起讨论。

作为"冠缨之馀"的"緌"与作为"注旄牛尾於杠首的旌旗"之称的"緌（绥）",其用相同,都用于垂饰。所以,古人命名亦同。它们出现的语言环境是:

《明堂位》：有虞氏之旗,夏后氏之绥,殷之大白,周之大赤。

郑注："四者,旌旗之属也。'绥'当为'緌',读如冠蕤之'蕤'。有虞氏当言'緌',夏后氏当言'旗',此盖错误也。'緌'谓'注旄牛尾于杠首',所谓大麾。《书》云：'武王左杖黄钺,右秉白旄以麾。'《周礼》'王建大旗以宾,建大赤以朝,建大白以即戎,建大麾以田'也。"（14—485）

《玉藻》：缁布冠缋緌,诸侯之冠也。

郑注："诸侯缁布冠有緌,尊者饰也,'缋'或作'绘','緌'或作'蕤'。"

緌,《说文·糸部》："緌,系冠缨也。"[43]"系冠缨也"段注本作"系冠缨垂者"。并注云："各本作'系冠缨也'。《韵会》无'也'字,皆误。今正。'緌'与'缨'无异材,垂其馀则为緌,不垂则臿于缨卷间。《内则》'冠緌缨',注曰：'緌者,缨之饰也。'《正义》曰：'结缨颌下以固冠,结之馀者散而下垂谓之緌。'按《玉藻》曰：'有事然后緌',《檀弓》曰：'丧冠不緌,扱其馀也。'引申之为旌旂之緌,以旄牛尾为之。古字或作'蕤',或叚'绥'为之。"[44]由段注可知,今行大徐本有脱误,当以段校为是。"缨"与"緌"的区别不在材质,而在功用。"缨"是用来固定冠冕于头,而"緌"则是起到一种垂饰的作用。留系冠之缨垂于颌下,以起装饰点缀的作用。一般情况下古人著冠都有緌,只有亲人去世服丧期间戴冠才不能留緌。《礼》有"丧冠不緌"（见《檀弓上》）之禁忌。此为"緌"的本义。

---

[43] 许慎《说文解字》,第274页,中华书局,1963年。
[44] 段玉裁《说文解字注》,第653页,上海古籍出版社,1981年。

季汉刘熙著《释名》欲求名称得名之缘由,其《释兵》篇对"緌"这个词也有探讨:"緌,有虞氏之旌也。注旄杆首,形褮褮然也。绥,夏后氏之旌也,其形衰衰也。"清代王先谦《释名疏证补》曰:"吴校绥上有'或曰'三(疑为二,引者注)字,通上为一条。"[45]《释名》所释之义,当为"緌"的另一义项。由冠带之飘逸的"緌",推及到旌旗上的垂饰,再以所饰而命旗帜之名,这在古人定名百物过程中是很常用的。特别是旌旗之类的名物,比如,把上画有龟蛇的旗帜称为"旐",据刘熙的解释,"旐"得名于"兆",因"龟知气兆之吉凶"[46]。同理,有虞氏时代把旗帜称为"緌",是因其"注旄杆首,形褮褮然也"。系联旄牛尾于旗杆之首,目的也是起到一种垂饰的作用。故我们认为"緌(绥)"一名二物,是因其都具有垂饰的功用。

2. 维系之用则予之"缨"名

"缨"字在《礼记》一书中出现15次,全为名词,其义项有四:一是作为身上佩物(例如香囊之类)的系绳,此例有3次;二是指系冠的丝带,此例有8次;三是马颈革带下的丝绳,此例有3次;四是指女子出嫁时的系绳,此例有1次。它们出现的语境是:

《内则》:男女为冠笄者,鸡初鸣,咸盥漱、栉、縰、拂髦,总角、衿缨,皆佩容臭。

郑注:"容臭,香物也。以缨佩之。"(12—416)

《檀弓上》:有子盖既祥而丝屦、组缨。

孔疏:"当用素为缨,未用组。"(3—88)

《曲礼下》:野外军中无挚,以缨、拾、矢可也。

郑注:"非为礼之处,用时物相礼而已,缨,马繁缨也。"(2—75)

《曲礼上》:女子许嫁缨。

孔疏:"妇人质弱,不能自固,必有系属。缨有二:一是少时常佩香囊;二是许嫁时系缨。此则是为许嫁时系缨。"(1—23)

缨,《说文·糸部》:"纓,冠系也。"[47]段注:"冠系,可以系冠者也。系者,係也。以二组係于冠卷结颐下是谓缨。"[48]可见,系冠的丝带是缨的本义。而这一义项源于其字根——賏,《说文·贝部》:"賏,颈饰也。从二贝。"[49]即今所谓"项链",项链是需要有绳线维系的,故有维系的词义特点[50],引而申之,维系之绳,也称为賏,字

---

[45] 王先谦《释名疏证补》,《〈尔雅〉·〈广雅〉·〈方言〉·〈释名〉清疏四种合刊(附索引)》,第1089页,上海古籍出版社,1989年。

[46] 同上。

[47] 许慎《说文解字》,第274页,中华书局,1963年。

[48] 段玉裁《说文解字注》,第131页,上海古籍出版社,1981年。

[49] 许慎《说文解字》,第274页,中华书局,1963年。

[50] 《说文·女部》"婴"字字义之释与"賏"同。分析字形时云:"从女賏,賏其连也。"(大徐本,第262页)可见,賏有维系之义。賏、婴为古今字。

作"缨"。朠与缨就具备同源关系。婴、缨均由朠孳乳而成。而男女未嫁时用来系联香囊的丝带和女子许嫁时的系绳以及马颈下的系带皆由颈饰义派生出来,并直接从冠缨义引申。本属于不同的四种用器,却予之一名,概因其功用相同,都用于维系它物。故可同以"缨"名命之。

3. 支撑之用则予之"杖"名

"杖"字在《礼记》一书中出现61次,是使用频率较高的一个字。其中用作动词的有27次。其义项有二:一是持哭丧棒以支撑身体,此例有19次;二是年老的人手持拐杖,此例有8次。用作名词,其义项亦有二:一是作为50岁以上的老人手持的拐杖,此例有8次;二是指天子、国君、父母死后,臣子服丧时手持的用竹、桐木做成的哭丧棒,此例有26次。我们这里只讨论用器物类名物词,其义项有二:一是指拐杖;二是指哭丧棒。它们出现的语境是:

《曲礼上》:大夫七十而致事,若不得谢,则必赐之几杖。行役以妇人,适四方乘安车。

郑注:"几杖、妇人、安车,所以养其身体也。"(1—9)

《问丧》:或问曰:"杖者何也?"曰:"竹、桐一也。故为父苴杖,苴杖,竹也。为母削杖,削杖,桐也。"

郑注:"言所以杖者义一也,顾所用异耳。"

孔疏:"父是尊极,故苴恶之物以为杖,苴恶之色唯有竹也,母屈于父,故用削杖。虽削,情同于父。桐,是桐父之义。"(35—828)

杖,《说文·木部》:"𣏾,持也。从木丈声。"[51]段注:"凡可持及人持之皆曰杖。丧杖、齿杖、兵杖皆是也。"[52]可见,杖的功用就是供人秉持以支撑身体。段所云的"齿杖"即老人用的拐杖。"丧杖"即亲死用的哭丧棒。年老体衰,腿脚不灵便,需扶杖以支撑身体。亲死哀伤,不思茶饭,体虚质弱,也需要竹木之杖做支撑。故本来是两种器物,却用一个名称来称呼,盖其用一也。

物有同用予之一名在《礼记》用器类名物词中仅有这3个词,却具有一定的代表性,亦不可忽视。

(三) 物有同制予之一名

作为用器类名物词,大多是经人工打造而成,其成品有一个制作过程。制作涉及到

---

[51] 许慎《说文解字》,第123页,中华书局,1963年。
[52] 段玉裁《说文解字注》,第263页,上海古籍出版社,1981年。

用材、制作的工艺、方式等。《礼记》用器类名物词中的同名异实现象的产生有时与制作有关,我们归纳为"物有同制予之一名"。这类名物词在《礼记》一书中有 4 个,涉及到的词项有 10 个。

1. 同以兽角所制则予之"角"名

"角"字在《礼记》一书中出现 29 次,有 8 次读 jué,指五音之一的"角",应排除在本文讨论的范围之外。读 jiǎo,并与动物之角有关的仅有 14 次。其中指二十八宿中东方苍龙中的角宿有 1 次,指牛角的有 4 次,指鹿角的有 2 次,指男女未成年时扎的发角有 3 次,指四方之角的有 2 次,这些都与用器类名物词无关,也不在本文讨论之列。"角"作为用器类名物词,在《礼记》一书有两读,一读 jiǎo,所涉义项有二:一是弓背,此例有 1 次;二是指做弓之材,此例有 1 次。二读 jué,所涉义项亦有二:一是指盛酒器,此例有 6 次;二是指舀水器,此例有 1 次。它们出现的语境是:

《曲礼上》:张弓尚筋,弛弓尚角。

孔疏:"弓之为体,以木为身,以角为面,筋在外。"(1—33)

《月令》:命工师令百工审五库之量:金、铁、皮、革、角、齿、羽、箭、榦、脂、胶、丹、漆,毋或不良。(6—237)

按:朱彬《训纂》引蔡邕《月令章句》云:"五库者,一曰车库,二曰兵库,三曰祭器库,四曰乐器库,五曰宴器库。"(6—238)则角、齿、羽、箭、榦、脂、胶皆为古代做弓之材,当入兵器库,角可用于作弓面之材。

《礼器》:尊者举觯,卑者举角。(10—364)

按:觯受三升,角受四升,此礼以小为贵者之例。又:

《少仪》:胜则洗而以请,客亦如之,不角。

郑注:"角,谓觥,罚爵也。"(17—531)

《丧大记》:君丧,虞人出木、角,狄人出壶。

郑注:"角以为斛,水斗。"(22—665)

"角"在《礼记》用器类名物词中,一名可指四物。概与所用之材皆为角有关。角,《说文·角部》:",兽角也。象形。"[53] 许氏之说可信,角在甲文中作:

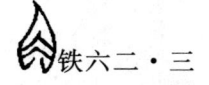

 铁六二·三

可见,兽角是角的本义,而以兽角作为材质制成的用器,也多以"角"名之。古代制作复合弓,以木为体,为了增加弓的张力与弹性,往往会在木片外黏傅兽角刮削成的角片,因

---

[53] 许慎《说文解字》,第 93 页,中华书局,1963 年。

此弓背可以"角"称。"弛弓尚角"之角即是指弓背。角作为盛酒器,也与材质有关。清朱骏声《说文通训定声·需部第八·角》下云:"《特牲馈食礼》记:'一角一散。'注:'角四升。'疑古酒器之始,以角为之,故觚、觯、觞、觥等字多从角。"[54]按:朱氏的怀疑有民俗学上的证明,贵州西江千户苗寨至今迎接客人还以水牛角盛酒以酬酢客人(见图7):

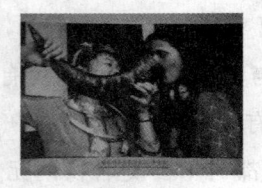

图7 苗家酬酢客人

可以推知,远古人们酬酢宾客就是用的以牛角等做成的盛酒器。后来进入青铜时代,才用铜制的角,但其形还有兽角的痕迹(见图8):

图8 青铜饮酒器——角

上面两尾酷似牛角。同样,作为舀水之器的角,最早也有可能是以大的兽角为之,后来才以陶制品代替。不然,就不好解释把舀水器称为"角"。因此,角一名而指四物,盖因其所用之材同而使然,此为物有同制予之一名之例。

2. 同以穿连编排而制成则予之"策"名

"策"字单用在《礼记》一书中出现6次,均作为用器类名物词,所涉义项有二:一是指编简,此例有1次;二是指驱马的竹杖,此例有5次。它们出现的语境是:

《曲礼上》:先生书策琴瑟在前,坐而迁之,戒勿越。

朱彬《训纂》引《释文》云:"策,编简也。"(1—19)

《曲礼上》:献车马者执策、绥。

孔疏:"策是马杖。"(1—32)

"策",《说文·竹部》:"筞,马箠也。""箠,击马也。"[55]段注于"策"下云:"以策击马曰

---

[54] 朱骏声《说文通训定声》,第378页,中华书局,1984年。
[55] 许慎《说文解字》,第98页,中华书局,1963年。

敇。经传多假'策'为'册'。又计谋曰'筹策'者,'筹'犹'筭',筭所以计历数,谋而得之,犹用算而得之也,故曰筭曰筹曰策,一也。"于"箠"字下"击马"前加"所以"二字,并云:"假借为杖人之称。《汉书》定'箠令'是也。《周礼》假'垂'为'箠',垂氏掌供燋契是也。"[56]按:"策"的本义为"马杖",最早应为竹制,故字从竹,今山区农村耕地驱牛所用的鞭策之物仍以竹可证。笔者于《周礼名物词研究》一书中考证策的词源义为刺[57],结合"异实同名"现象,这一看法需重新审视。段注以为经传假"策"为"册",其实这种假借不是同音替代的通假,而是音近而义通。"策"、"册"二字古音同在锡部、初纽,读音完全相同,有相通的语音条件。而"责"、"侧"等也与"册"音相近,为什么偏选"策"作为借字?这就要从义的角度考虑。"策"一名二物,概因其制作方式相同而使然。策作为马杖,就不是骑马者所执的短鞭,而是赶车的人所执的长鞭。由于是竹制,古代马杖难有实物保存下来,但我们可从今东北一带赶车人所执的长鞭推知其形制(图9):

图9 赶车人手执长鞭

由此图片看出,马杖应是用细长竹根穿连编排而成。这样用起来既有韧性,又有力度,再加之麻制的绳索,甩起来才发出"啪——啪"的清脆声,以达到驱赶马匹的作用。故孔疏特别强调"策"是马杖,而不是我们今天说的马鞭。马杖是用于赶车的,故《礼记·曲礼上》称"君车将驾,则仆执策立于马前"(1—46),同时鞭策还连文属辞:"载鞭策,不敢授绥。"(1—50)明白这一点,就可知古人立文为什么以"策"同时指马杖和简策了。册,《说文·册部》:"冊,符命也。诸侯进受于王者也。象其札一长一短,中有二编之形。"[58]段注云:"蔡邕《独断》曰:'策,简也。其制:长者一尺,短者半之,其次,一长一短,两编下附。'""札,牒也。亦曰简。编,次简也。次简者,竹简长短相间,排比之,以绳横联之,上下各一道。一简容字无多,故比次编之,乃容多字。"[59]段注说"册"之形制甚

――――――――
[56] 段玉裁《说文解字注》,第196页,上海古籍出版社,1981年。
[57] 参见笔者拙著《周礼名物词研究》,第219页,巴蜀书社,2001年。
[58] 许慎《说文解字》,第48页,中华书局,1963年。
[59] 段玉裁《说文解字注》,第85页,上海古籍出版社,1981年。

详。可见,马杖与简册皆因以穿连编排而制成,故可同用"策"称[60]。

3. 以木为之,重叠而成者予之"重"名

"重"字《礼记》一书中出现 116 次,有两读,一读 zhòng,用作形容词,与轻相对,此例有 93 次。一读 chóng,其中当形容词重复、重叠讲的有 7 次,当量词讲的有 9 次。这些都与用器类名物词无关,不在本文讨论之列。作为用器类名物词,"重"在《礼记》一书中共出现 7 次,涉及两个义项:一是丧礼中用来悬挂盛粥之鬲的木架,未葬时代替死者的灵位,既葬以后埋于土中,重新作一死者的神主牌位,此例有 4 次;二是指架设在棺椁上面的抗木[61],用于担承覆于棺木上的土石。此例有 3 次。它们出现的语境是:

《檀弓下》:重,主道也。殷主缀重焉,周主重彻焉。

郑注:"始死未作主,以重主其神也。重既虞而埋之,乃后作主。《春秋》传曰:'虞主用桑,练主用栗。'缀,犹联也。殷人作主而联其重,悬诸庙也。去显考,乃埋之。周人作主,彻重埋之。"(4—129)

《礼器》:天子崩七月而葬,五重八翣。诸侯五月而葬,三重六翣。大夫三月而葬,再重四翣。

孔疏:"古者为椁,累木于其四边,上下不周。致茵于椁下,所以藉棺。从上下棺之后,又置抗木于椁之上,所以抗戴于土。"(10—363)

按:重,《说文·重部》:"壴,厚也。从壬,东声。"大徐引小徐曰:"壬者,人在土上,故为厚也。"[62]按"壬"与"壬"在《说文》中为两字,前者为"挺"之本字,挺立土上,故有厚重之意。后者为十天干中的壬。重有厚意,故可向轻重之重、重叠之重的词义方向引申。《礼记》一书中以此二义的用例为多。作为用器类名物词的重,一指丧礼中用来悬挂盛粥之鬲的木架,其制如图 10 所示:

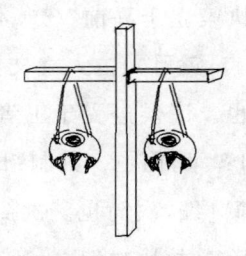

图 10 古代丧礼中的重

---

[60] "册"因穿连编排而制,成排列整齐之状,此又与另一用器类名物词——"毕"发生联系,详见上文(一)1 条。
[61] 今《汉语大字典》、《汉语大词典》和钱玄、钱兴奇编著《三礼辞典》对此义项均失收,当补。
[62] 许慎《说文解字》,第 169 页,中华书局,1963 年。

重,形似西方神教之十字架,只不过上要悬挂盛有稀粥的鬲,由于是两个配对的,这种鬲又称"重鬲",重鬲所盛之粥是用给死者饭含时留下的米饭做的[63]。上悬几重鬲,根据死者身份地位而定,一般是士二鬲,大夫四,诸侯六、天子八。则天子有四重鬲,其横木有四,诸侯有三重鬲,其横木有三,大夫二重鬲,其横木有二,只有士一重。士之重就类似十字架。可见作为死者神位的替代品,重的形制有两个特征:一是为木结构,二是有重叠的特征。作为架设在棺椁上面的抗木的"重",也具此两种制作的特征。据孔颖达等人的疏可知,"重"是架于棺椁之上下的抗木,配以荐席,担承覆盖的土石,以护棺椁不受损坏。据《礼器》文,这种抗木铺设多寡也是根据死者的身份地位来定的,天子四重,诸侯三重,大夫两重,则士一重。由大夫以上,其铺设的抗木均有重叠层累的形制特征,所以,把丧礼中用来悬挂盛粥之鬲的木架和架设在棺椁上下两面的抗木都称为"重",是缘于它们的形制特征。此外,其功用也有相同之处,那就是可以担承重物。故此条实包(二)之条例。

4. 以木为框、以缯蒙面、以璧羽为饰,以作饰物者予之"翣"名

"翣"字在《礼记》一书中出现15次,除一次用作动词外,其余14次均用作名词,且均作为用器类名物词。所涉义项有二:一是指棺饰,此例有12次;二是指设于钟鼓横架两角的扇状装饰物,此例有2次。它们出现的语境是:

《檀弓上》:饰棺墙置翣。

郑注:"墙柳衣,翣以布衣木,如㭉与?"(3—98)

《明堂位》:夏后氏之龙簨虡,殷之崇牙,周之璧翣。

郑注:"簨虡,所以悬钟磬也,横曰簨,饰之以鳞属;植曰虡,饰之以臝属、羽属。簨以大版为之,谓之业,殷又于龙上刻画之以重牙,以挂悬纮也。周又画缯为翣,戴以璧,垂五采羽于其下,树于簨之角上,饰弥多也。"(14—489、490)

按:刘熙《释名·释丧制》第廿七:"翣,齐人谓扇为翣,此似之也,象翣扇为清凉也。翣有黼有画,各以其饰名之也。"[64]据刘氏所云,则翣和扇为异名同实,只有雅、俗之别。作为遮避风尘的扇本为羽毛所制,而作为棺饰和乐器架饰的翣却是以木为框、以缯蒙面、以璧羽为饰,本为不同的器物。饰棺之翣与饰钟鼓架子的翣本为二物,盖因其所制相同,故同以翣称,此亦为物有同制予之一名之例。

物有同制予之一名在《礼记》用器类名物词中有以上4个,所涉义项有10项。也是值得关注的。

---

[63] 参见钱玄、钱兴奇编《三礼辞典》,第601页,江苏古籍出版社,1998年。
[64] 王先谦《释名疏证补》,《〈尔雅〉·〈广雅〉·〈方言〉·〈释名〉清疏四种合刊(附索引)》,第1106页,上海古籍出版社,1989年。

三　结　论

本文将考实与探源紧密结合,广泛吸收前人的研究理论和方法,参考了古文字学和考古学、民俗学最新研究成果,运用当代中国训诂学比较互证、系统贯通的研究方法,探讨了《礼记》用器类名物词中15组"异实同名"现象。归纳总结这15个词指称40个对象所反映出来的先民定名百物时的思维取向,证实了王国维"异类之同名,其音与义恒相关"的结论。

《礼记》用器类名物词"异实同名"现象能在一定程度上反映出先民命名时的一些认知规律,其中最突出的是,通过联想类比来循于旧名以作新名。联想和类比在《礼记》用器类名物词的命名中发生了很重要的作用。而联想主要是同状的联想。例如:"毕"既用来指称田网,又用来指称叉举牲肉的木叉,完全是从外形上去展开联想的,二物同具叉形。但把小儿习字的竹简称为"毕",则又从田网之毕的另一外形特征——"编联之状"而展开的联想,从而把两种本来性质和属性差别很大的两物联系到了一起。把盛酒之容器、投壶纳矢之器和刻漏计时之器都称为"壶",同样也是通过外形——匏瓠之状而展开的联想。在类比中主要是同用、同制的类比。例如,系于人颈的丝带称为缨,而系于马颈的也称为缨,系于香囊的还是称为缨。概因其功用相同——同用于维系,这就把于人于物的不同指称对象类比到一起。人死未葬竖立以临时代替死者神位的木架称为"重",死后下棺覆于棺椁上下以担承覆土的木头也称为"重",盖因同为木制又具层累叠加的制作特征而类比到一起。只有从认知的角度去研究汉语名词"异实同名"现象,才会发掘出真正具有规律性的东西。

汉语名词"异实同名"现象本身是很复杂的。不同时代、不同文本、不同类别的名物词所体现出的特征是有差别的。笔者以为要深入探讨汉语名词中的"异实同名"现象,就应立足于专书的词汇研究,在专书词汇研究中还应采取分门别类地进行研究。只有这样,才能避免做表面文章之弊,消除高腹空心、浮泛急躁之病。因此,本文的研究只是一个开端,后续的研究还会很多。

(刘兴均:成都大学文学与新闻传播学院,610106,成都)

论骈赋句法语义特征

马 燕 华

提要： 骈赋是汉语古典韵文文学体裁之一,骈赋语言属于汉语古典文学语言。由于汉语缺乏语法标记、韵文文体句式的字数韵律限制,骈赋句法语义具有明显特征。本文以汉语语法特点、汉语古典诗歌语法特点和认知语义学前景与背景(Figure and Ground)特征为理论基础,探讨骈赋句法语义特征。我们认为这种特征突出表现为句法关系的分析性和语序的灵活性。

关键词： 骈赋　句法语义

一　引言

1. 骈赋句法语义

骈赋是汉语古典韵文文学体裁之一,一般指汉代逞辞大赋之后出现的抒情小赋,以魏晋六朝的作品成就最高。它篇幅短小,句式整齐,讲究对仗押韵,语言简洁典雅,属于汉语古典文学语言[1]。

启功认为:"汉语古典文学语言,是从口语中提炼加工并且合乎自然节拍的。诗句是五言、七言居多,骈文是四言、六言居多。这些节拍形式是有民族习惯的。""大致说来,诗歌、骈文的语言形式比口语程式化一些,但制作时,容得多加考虑修辞,细致安排章法……成了集中美术的文学形式。"[2]我们对启功先生这段话的理解是,汉语古典文学语言是在符合汉语口语规律基础上经过加工提炼具有美学价值的语言。

具体到骈赋的语言特征,由于种种原因,过去很长一段时间里正面研究骈赋语言规律的文献几乎是空白。目前能查到的较有影响的研究成果,大多集中在上世纪三

---

* 此文为本人博士论文《魏晋骈文句式研究》的一部分,感谢导师王宁教授的悉心指导,感谢何九盈教授等答辩委员会各位先生对博士论文的充分肯定和提出的宝贵意见。此次发表做了较大修改。

[1] 汉语古典文学以韵文体裁为主要形式,宽泛地说,汉语古典韵文语言是汉语古典文学语言的主要代表。

[2] 启功《古代诗歌、骈文的语法问题》,见《汉语现象论丛》,第 7 页,中华书局,1997 年。

四十年代,而且不区分骈文、骈赋的文体差异。即便是这些骈文骈赋合二为一的研究文献,也是文学方面的多,语言方面的少;语言方面韵律、修辞的多,句法语义的少之又少[3]。

由于受到句式字数和押韵的限制,虚词极少出现,骈赋句法语义具有不同于散文体的特殊规律。我们认为,分析骈赋句法语义特征要更多地从文体特点、语义特点以及语言表达的注意力来探讨。

2. 研究骈赋句法语义理论基础

骈赋语言属于汉语古典文学语言,而汉语古典文学语言是在符合汉语口语规律基础上经过加工提炼具有美学价值的语言。因此,我们认为研究骈赋句法语义特征应以汉语语法特点、汉语古典韵文语言特点和认知语义学前景与背景(Figure and Ground)特征为理论基础。

汉语语法特点 "汉语的特质是表现在语序和虚词上的,而这两者基本上都属于句法范畴。"[4]"汉语里大多语法范畴都是隐藏的,不是有明白的标记的。"[5]朱德熙认为汉语语法真正的特点"主要只有两条。一是汉语词类跟句法成分(就是通常说的句子成分)之间不存在简单的一一对应关系;二是汉语句子的构造原则跟词组的构造原则基本上是一致的"[6]。可见,语序和只表句法意义的虚词是汉语句法重要手段,由于虚词常常不出现,分析句法关系往往要从意义出发,语法学界将汉语语法的这一特点概括为"意合性"。"汉语的词组组合和句子排列,很少有形式上的成分来衔接,大部分都是意合。"[7]

汉语古典韵文文学语言特点 汉语古典韵文文学语言主要指汉语古典诗词曲赋的文学语言。启功先生用"汉语古典诗歌骈文语言"来指称,认为汉语古典诗歌骈文句法特点可简要归纳为以下几点:"1. 以偏代全,以少代多;2. 环境中衬出主宾,或上下挤出谓语;3. 少有真正的倒装句;4. 句型和句中字数可以伸缩自如,上下句可以因此而比齐;5. 句型以简短为主,极少套着的短语。"同时,句中词语的增减、颠倒也是常见现象[8]。

---

[3] 详见马燕华《重视另类语料的语言运用规律研究——骈赋语言研究综述》,载《陆宗达先生百年诞辰纪念文集》,中国广播电视出版社,2005年。

[4] 黎锦熙《汉语语法的科学体系和学科体系》,见《黎锦熙语言文字学论著选集》,第271页,北京师范大学出版社,2002年。

[5] 赵元任著、吕叔湘译《汉语口语语法》,第11页,商务印书馆,1979年。

[6] 朱德熙《语法答问》,第4页,商务印书馆,1985年。

[7] 王宁《汉语现象和汉语语言学》,见《汉语现象问题讨论会论文集》,第37页,文物出版社,1996年。

[8] 启功《古代诗歌、骈文的语法问题》,见《汉语现象论丛》,第9页,中华书局,1997年。

启功将汉语古代诗歌骈文句子打了一个形象的比喻"那些缺头短尾巴的诗句、骈文句，不但它们的头尾可有可无，手脚有时也可以左右互换"[9]。我们理解启先生说的"头尾可有可无"指句法成分可以不全，"手脚可以左右互换"指语序可以颠倒。启功还提出："在古代的诗歌、骈文的语言特点中，形象性更重于逻辑性。"[10]

王宁认为应从变动、超常的语言事实中寻求汉语古典韵文文学语言规律，"因为用'葛朗玛'[11]来套汉语，'超常'的'变例'就出现得很多。可是'变例'又反而具有巨大的表现力，常常能够成优美的诗词作品，耐人欣赏，激人遐想"[12]。

认知语义学前景与背景特征　认知语义学从心理认知功能出发研究语言表达中的语义现象，认为"语言用一个概念作为一个参考指出或者给另一个概念定位。它假定语言中存在的两种基本的认知功能是需要定位的前景（Figure）和用来定位的背景（Ground）。认知定位主要包含语言的重要图解系统（schematic systems），即注意力和它的不同分布"[13]。

本文将主要讨论骈赋句法层面的两个突出特点，即句法关系的分析性和语序的灵活性。

二　句法关系的分析性

骈赋句法关系的分析性表现为有些句式的组合形式相同，但句法语义不同；同一个组合形式，可做多种句法语义分析；减省词语后的句法语义的意合性以及不合常理的句子。

1. "主语＋谓词＋而＋谓词"的句法语义

骈赋句式四言、六言居多，俗称四六句。"主语＋谓词＋而＋谓词"是骈赋六言句典型句式，一般上下两句对仗。但是这种句式的句法语义并不完全相同。如：

[1] 日下壁而沈影，月上轩而飞光。（江淹·别赋）

[2] 雁失群而行断，猿求林而路绝。（庾信·三月三日华林园马射赋）

[3] 鸟才食而便堕，雨薄洒而皆零。（萧詧·樱桃赋）

---

[9]　启功《古代诗歌、骈文的语法问题》，见《汉语现象论丛》，第 3 页，中华书局，1997 年。
[10]　同上书，第 23 页。
[11]　葛朗玛，英语 grammar 的音译词，意为语法。
[12]　王宁《汉语现象和汉语语言学》，见《汉语现象问题讨论会论文集》，第 34 页，文物出版社，1996 年。
[13]　Leonard Talmy, *Toward a Cognitive Semantics / Volume 1* (The MIT Press Cambridge, Massachusetts), P311.

[4] 草自然而千华,树无情而百色。(江淹·江上之山赋)

[5] 美人恋而婵娟,壮夫去而踟蹰。(江淹·横吹赋)

[6] 草色杂而香同,树影齐而花异。(萧纲·临秋赋)

例[1]、[2]、[3]为一类,两个谓词之间为连动关系,有时间的先后。

太阳落下隐没于壁,才消失光彩,月亮升上高空,月光才闪耀光辉。

雁先失群才使雁阵断开,猿寻找树林才走遍了寻找之路。

樱桃被鸟啄食后才落下,细雨薄薄一洒便掉光了。

例[4]、[5]、[6]为一类,两个谓词之间没有明显的时间先后,既可以分析为状谓关系,也可以分析为连谓关系,甚至位置颠倒也可以。如:

例[4]既可分析为草"因自然而千华",树"因无情而百色";也可分析为草"自然并千华",树"无情并百色";还可以分析为草"千华而自然",树"百色而无情"。

例[5]既可分析为美人因"恋"而"婵娟",壮夫因"去"而"踟蹰";也可分析为美人"恋"并"婵娟",壮夫"去"并"踟蹰";还可以分析为美人"婵娟而恋",壮夫"踟蹰而去"。

例[6]既可分析为草"因色杂而香同",树"因影齐而花异";也可分析为草"色杂并香同",树"影齐并花异";还可以分析为草"香同而色杂",树"花异而影齐"。

正因为描写的是一种状态,没有时间先后限制,两个谓词互换位置后,并不影响意义的表达。

这两类句子的语义不同,是充当谓词的不同词性造成的。第一类句子的谓词为动作性的。如,下、沈(沉)、上、飞、失、断、求、绝、食、断、洒、零;第二类句子的谓词多为描写性的。如,自然、无情、婵娟、踟蹰等。"汉语词类跟句法成分(就是通常说的句子成分)之间不存在简单的一一对应关系"[14],这一特点在骈赋句法上表现为同一个句法成分可以由不同词性的词语充当,因此,句法意义是意合的、分析的。

2. 同一种组合,可做多种句法关系分析

受句式字数限制,大多数情况下骈赋句中表句法意义的虚词是不出现的,加上句法成分与词类之间不存在一一对应关系,这样完全由实词组合的短语/句子,就有可能做多种句法关系分析。我们以最常见的名词+名词、谓词+谓词、形容词+名词组合为例进行分析。

名词+名词 可以分析为主谓关系、定中关系、并列关系。如:

[7] 故秦人秦声,楚音楚奏。(江淹·四时赋)

"秦人秦声、楚音楚奏",既可以分析为主谓关系:秦人发秦声,楚地音乐楚人演奏;

---

[14] 朱德熙《语法答问》,第4页,商务印书馆,1985年。

也可以分析为定中关系：秦人的秦声，楚音的楚奏；也可以分析为并列关系：秦人与秦声，楚音与楚奏。做何种句法意义分析均不影响意义的表达。

[8]后栏丹葵，前轩碧桐。（江淹·丽色赋）

《丽色赋》通篇描写赞叹绝代佳人的美丽高贵。"后栏丹葵，前轩碧桐。"出现在赞美佳人住处高雅的段落中，"故气炎日永，离明火中，槿荣任露，莲花胜风。后栏丹葵，前轩碧桐。笙歌畹右，琴舞池东"，其中的"后栏丹葵，前轩碧桐"分析为主谓关系"后栏有丹葵"，"前轩有碧桐"；定中关系"后栏之丹葵"，"前轩之碧桐"；并列关系"后栏和丹葵"，"前轩和碧桐"。做何种分析都不影响描绘佳人住处高雅的意义表达。

谓词＋谓词 可以分析为连谓、状谓、谓补关系。如：

[9]月似金波初映空，云如玉叶半从风。（萧绎·言志赋）

[10]荇湿沾衫，菱长绕钏。（萧绎·采莲赋）

《采莲赋》描写有"妖童媛女"相伴采莲的愉悦心情。分析为"荇菜湿且沾裳"，"菱角长且绕钏"，"荇菜湿着沾裳"，"菱角长长地绕钏"，"荇菜湿得沾裳"，"菱角长得绕钏"，都不影响荡舟水面欢快画面的描写。

形容词＋名词 既可以分析为定中关系，也可以分析为形容词的意动用法。如：

[11]参差黛色，陆离绀影。（沈约·丽人赋）

[12]陆离羽佩，杂错花钿。（江淹·灵丘竹赋）

既可分析为"陆离之羽佩"，"杂错之花钿"，也可分析为"陆离着羽佩"，"杂错着花钿"。"陆离"、"参差"、"纵横"、"杂错"等联绵词在骈赋中使用频率比较高，均具有这种句法语义特征。

没有表示句法关系虚词的同一个组合，可以分析为不同的句法关系，这是汉语古典诗歌普遍句法现象，这种句法语义的分析性为人们理解欣赏汉语古典诗歌提供了更大的想象空间，这也正是汉语古典文学语言虚灵、朦胧、典雅的魅力所在。

3. 减省字词后句法语义的意合性

受句式字数限制，骈赋句子尽可能减省不必要的虚词或词语，句法语义由意合产生。如：

[13]望江南兮清且空，对荷花兮丹复红。（萧纲·采莲赋）

应为：望江南兮（江南）清且空，对荷花兮（荷花）丹复红。

[14]石望夫而愈远，山望子而愈多。（庾信·哀江南赋并序）

应为：（登）石望夫而（夫）愈远，（上）山望子而（子）愈多。

[15]苔染池而尽绿，桃含山而并红。（萧绎·春赋）

应为：苔染池而（池）尽绿，桃含山而（山）并红。

[16]丽咏楚赋,艳歌陈诗。(江淹·莲花赋)

《莲花赋》通篇歌咏莲花的美丽、高洁。主题为莲花。此句意思是莲花之美丽在楚赋被歌咏,莲花之娇艳在陈诗中被歌唱。应为:丽咏(于)楚赋,艳歌(于)陈诗。

这些句子虽然可补出减省的词语,但补出后的句子已索然无韵味了。正是这种减省,才形成了骈赋简洁高雅的语言风格。这是骈赋句子的普遍现象。

4. 不合常理的句子分析

文学语言表达上强调、渲染的需要,文学创作上不落窠臼的追求,骈赋句式的字数限制,使得骈赋作品中出现了一批不合常理的句子。如:

[17]使人意夺神骇,心折骨惊。(江淹·别赋)

"心"如何能"折"?"骨"如何能"惊"?应为心惊骨折。

[18]霜封园橘,冰裂池荪。(江淹·灯赋)

"封"的应是下满霜的"橘园","裂"的应是结冰的池面,"荪"为干枯之香草,如何再"裂"?应是霜封橘园,冰裂荪池。

[19]石堰水而浇园,花乘风而绕殿。(庾信·三月三日华林园马射赋)

"石堰水"是一种现象,如何能"浇园"?"花"如何能绕殿?应为石堰水而水浇园,花乘风而风绕殿,或乘花之风绕殿。

[20]喧密叶于凤晨,宿高枝于鸾暮。(沈约·桐赋)

"凤晨"、"鸾暮"不合常理。应为:凤喧密叶于晨,鸾宿高枝于暮。此句与杜甫的名句"红豆啄余鹦鹉粒,碧梧栖老凤凰枝"何其相似。

对于古典诗歌中不合常理的句子,启功认为:"由于字数、声调以致为了增强某种效果而有所夸张时,特用倒词。"[15]我们认为出现这些不合常理的句子,正是文学语言的特点,因为文人创作文学作品时追求独具匠心,出奇制胜,希望表达自己的独特感受。

三 语序的灵活性

语序是汉语语法重要特点。但语法学家黎锦熙在他的划时代著作《新著国语文法》第一版(1924)中就非常清晰地意识到,文学语言的语序有变异性。"图解法上固定的次序,正是一种论理的次序;语文习惯上移动变更的次序,乃是文学的次序。"[16]骈赋语言

---

[15] 启功《古代诗歌、骈文的语法问题》,见《汉语现象论丛》,第6页,中华书局,1997年。

[16] 黎锦熙《新著国语文法》,第45页,商务印书馆,1998年。

是经过作者精心推敲加工过的文学语言。文学作品为了表达作者的独特感受和个人情感，语言上追求别出心裁，出新出奇以达到"语不惊人誓不休"。因此，语序上表现出不同于一般散文语序的灵活性。我们主要分析主谓颠倒和叠字语序现象。

1. 主谓颠倒

汉语句子一般语序应该是主语在前，谓语在后，但是主谓颠倒现象在骈赋中很普遍。如：

[21] 潺湲澒溶兮，楚水而吴江。刻划崭崒兮，山云而碧峰。（江淹·江上之山赋）

"潺湲"指远水流动貌，"澒溶"指水深广貌。此句是从山上远远地描写楚水吴江这两条河流水深流动的样子，"潺湲澒溶"应为"楚水吴江"的谓语；"刻划"指用刀刮削，"崭崒"形容山峰险峻，"刻划崭崒"形容山上之云和山峰的险峻，应为"山云碧峰"的谓语。但都放在主语之前。

[22] 双飞兮翡翠，并泳兮鸳鸯。（萧绎·秋风摇落）

双飞的是翡翠，并泳的是鸳鸯。从理论上分析应为：翡翠兮双飞，鸳鸯兮并泳。

[23] 崎岖兮狭室，穿漏兮茅茨。（庾信·小园赋）

"崎岖"义为高低不平，是形容"狭室"的，"穿漏"义为破败有漏洞，是形容茅屋屋顶的。论理的语序应为：狭室兮崎岖，茅茨兮穿漏。

例[21]、[22]、[23]都出现了主谓之间的语气词"兮"，更明确了谓词出现的是主语位置。

清代骈文大家孙德谦认为主谓颠倒是作者追求语用新奇所致，"所谓颠倒文句者，句何以颠倒，以期其新奇也"[17]。

深得汉语古典诗歌三昧的启功认为："凡是正倒皆可讲通的句子，多半由于侧重点不同所致。提到前头的必是要说的突出点。"[18]

启功所说的颠倒由侧重点不同所致与现代认知语言学的注意力观点不谋而合，有异曲同工之妙。认知语义学认为，语言用一个概念做参考点即背景（Ground，简称 G）来给另一个概念即前景（Figure，简称 F）定位。F 是认知图像中的聚焦对象，G 是认知图像中的背景。F 的关注度、相关度、依赖度、可移动程度高；G 的固定程度、独立程度高。语言一般表达时，F 优先于 G（in their basic expression, the Figure has syntactic precedence over the Ground.）。如：

---

[17] 孙德谦《六朝丽指》，见《孙隘堪所著书》，第 27 页，四益宧刊，1942 年。

[18] 启功《古代诗歌、骈文的语法问题》，见《汉语现象论丛》，第 19 页，中华书局，1997 年。

a. The ball(F)rolled into the box(G).

b. * The box(G)rolled (in) with the ball(F).[19]

为什么"ball"是 F(前景)呢,因为反映了语言表达者的注意力。"box"只是陪衬背景。

前景与背景也可以很好地解释骈赋句子的主谓颠倒现象。

例[21]作者的注意力是楚水吴江的水流貌,楚水吴江作为背景来衬托江水的深广与流动。

例[22]主谓颠倒意在使人关注的不是翡翠、鸳鸯,而是翡翠、鸳鸯成双成对的恩爱情意。因为此篇《秋风摇落》从自然界秋景的萧瑟"秋风起兮寒雁归,寒蝉鸣兮秋草腓",联想到自己的凄凉,因此强调翡翠、鸳鸯的成双成对、恩恩爱爱,才更能衬托自己的孤独、寂寞与凄恻。

例[23]出自庾信《小园赋》。《小园赋》全篇描写作者"数亩弊庐,寂寞人外"的农家生活,这两句所在段落是描写小园居住环境的简陋贫寒。"崎岖兮狭室,穿漏兮茅茨。檐宜倚而妨帽,户平行而碍眉。"因此,狭小房屋的高低不平、茅草屋顶的破败有漏洞,比房屋、屋顶的关注度更高,依赖性、可移动性更强,只有将"崎岖"、"穿漏"提至主语前,违背一般表达规则,才能起到引起关注的目的。

2. 叠字语序的灵活性

叠字即是前人所谓"重言",吕叔湘认为文言里的叠字"以模拟事物的容状声音为主"[20]。骈赋大量使用叠字,常出现的典型句式是"主语+叠字+而+谓词",但是叠字的语序比较灵活,可以出现在"而"之前,也可以出现在"而"之后。如:

[24]风萧萧而异响,云漫漫而奇色。(江淹·别赋)

[25]甘泉集而溟溟,油云兴而漠漠。(张缵·秋雨赋)

同是用来描写天空、月色状态的叠字"苍苍",语序可前可后。如:

[26]天惨惨而无色,云苍苍而正寒。(庾信·伤心赋并序)

[27]雾笼笼而带树,月苍苍而架林。(江淹·伤爱子赋)

[28]风吹衣而懔懔,气空积而苍苍。(裴子野·寒夜赋)

同一位作家作品中的叠字语序也可前可后。如裴子野的作品:

[29]风索索而傍起,云霏霏而四密。(裴子野·卧疾赋)

[30]风吹衣而懔懔,气空积而苍苍。(裴子野·寒夜赋)

---

[19] Leonard Talmy, *Toward a Cognitive Semantics / Volume 1*(The MIT Press Cambridge, Massachusetts),P334.

[20] 吕叔湘《中国文法要略》,第 8 页,商务印书馆,1982 年。

不过,出现在"而"之前的叠字居多。例[17]、[20]位于"而"之后的叠字也和押韵有关,我们知道,骈赋押韵不是一韵到底,而是根据意义以语段为单位押韵的[21]。例[17]的"漠漠"根据意义和前一句、后一句互相押韵。三句的韵脚字是"作"、"漠"、"昨"都为铎韵。例[20]的叠字"苍"和前一句、后一句互相押韵。三句的韵脚字是"霜"、"苍"、"光","霜"为阳韵,"苍"、"光"为唐韵,古代诗歌阳韵、唐韵可以互押。但是叠字本身的描写性语义特点与同为谓词的另一个词语没有时间上先后关系的语义特点,才能使语序变化后符合一般句法规律,不影响意义的表达。

四 结 论

语序和虚词是汉语主要语法手段,但是骈赋等汉语古典诗词曲赋等韵文文学语言,由于受到文体句式字数、韵律的限制以及创作上独具匠心、出奇制胜的追求,句法特征突出表现为句法关系的分析性和语序的灵活性。理解欣赏骈赋等汉语古典诗词曲赋文学语言,不能套用一般口语语法规则,应更多地从语义分析、语用效应入手,更多地关注语言表达的注意力。

其实,汉语古典诗句有多种语义理解又何妨?"诗无达诂"正是汉语古典诗歌文学语言的魅力所在。字字有确解,句句求直白,那还能叫诗歌吗?那还是文学语言吗?

汉语古典诗词曲赋是中华民族的宝贵精神财富,对于研究汉语古典文学语言规律、解读汉语古典文学特征、阐释中华文化都很有价值。

(马燕华:北京师范大学汉语文化学院,100875,北京)

---

[21] 马燕华《骈赋韵律特征分析》,见《励耘学刊》(语言卷)第2期,学苑出版社,2005年。

夸诞之言·似道之言·两行之言

——《庄子》"寓言"含义词源学考辨

于雪棠

提要: 本文从词源学角度,运用因声以求义的训诂方法,并结合《庄子》一书的语境,考辨"寓言"一词的含义。"禺"、"寓"、"颙"、"愚"、"喁"、"遇"、"偶"、"耦"为同源字。"寓"在古音侯部,侯部的字有厚、大之义。"禺"有相似义,"寓"也有相似义。"寓"通"耦"(偶),有二物相并、相对义。"寓"之厚大、相似、相对三个义项,都可以从其声音的来源上找到根据,三者统一于"寓"的词源意义之中。在《庄子》中,"寓言"的本义是大言,亦即夸诞之言,兼具似道之言(与道相似的言说)和两行之言(不执着于是非之争的言说)义。

关键词: 庄子 寓言 夸诞之言 似道之言 两行之言

"寓言"一词最早见于《庄子》,对其含义,众说纷纭。通行的一种解释是"寓",寄也,"寓言"为寄托之言[1]。然而,有所寄托并非《庄子》所独有,先秦诸子多有寄托之言,但他们并没有提出"寓言"这一概念,这种解释的问题在于它抹煞了《庄子》言说方式的独特性,因而并不可取。笔者认为,"寓言"不是一种文体,而是庄子学派对《庄子》一书特有的思想表达方式的命名,不适用于先秦其他著述。本文认为"寓言"的本义是夸大之言,即荒诞之言,兼具似道之言和两行之言义。

一 "寓"之词源有大义,"寓言"即大言、荒诞之言

《庄子》对"寓言"的内涵有界定,其说甚明。《天下》:"庄周闻其风而悦之,以谬悠之说、荒唐之言、无端崖之辞,时恣纵而不傥,不以觭见之也。以天下为沈浊,不可与庄语,

---

[1]《庄子·寓言》"寓言十九"郭象注:"寄之他人,则十言而九见信。"成玄英疏:"寓,寄也。世人愚迷,妄为猜忌,闻道己说,则起嫌疑,寄之他人,则十言而信九矣。故鸿蒙、云将、肩吾、连叔之类,皆寓言耳。"清郭庆藩撰,王孝鱼点校《庄子集释》,第947页,中华书局,2004年。清王先谦也认为寓言是"意在此而言寄于彼"。清王先谦《庄子集解》,第245页,中华书局,1987年。

以卮言为曼衍,以重言为真,以寓言为广,独与天地精神往来。"这里阐明了"寓言"的意思。"寓言"为"荒唐之言,无端崖之辞"[2],即大言,故曰"以寓言为广",广亦大。"寓"在古音侯部,有大义,与"寓"同声符的"颙"、"禺"、"愚",也都有大义。颙可训为大,古籍中不乏其例。颙,《说文》:"大头也。"《诗·大雅·卷阿》:"颙颙卬卬,如圭如璋,令闻令望。"毛传:"颙颙,温貌。卬卬,盛貌。"毛传释"颙颙"为"温貌",不确,当为大貌。《尔雅·释训》:"颙颙卬卬,君之德也。"谓德之高大。《易·观》:"盥而不荐,有孚颙若。"马注"敬也",虞注"君德有威容貌"(见《说文通训定声》),皆是大义。《诗·小雅·六月》:"四牡修广,其大有颙。"毛传:"颙,大貌。"这里直接训颙为大。西汉枚乘《七发》曰:"纯驰皓蜺,前后络绎。颙颙卬卬,椐椐强强,莘莘将将。"李善注:"颙颙卬卬,波高貌也。"李注所云"高貌",解释的只是"卬卬"的意思。"颙颙",这里应当是形容卷起的浪头很大。与"颙"对转的"洪"、"鸿"也是大义。

"禺"也有大义。《山海经·大荒东经》记北海有神,名曰"禺京",《大荒北经》又记北海之渚中有神,名曰"禺强"。郝懿行笺疏:"禺京即禺强也,京、强声相近。"《庄子·大宗师》曰:"禺强得之,立乎北极。"《尔雅·释诂》:"京,大也。"京、强,都有大义,"禺"在这里也是取大的意思。再如"禺谷"一词,《山海经·大荒北经》:"夸父不量力,欲追日景,逮之于禺谷。"郭璞注:"禺渊,日所入也,今作'虞'。"从谷声的字,如容、裕,都有大义,而且它们的声和韵都与禺相近,因此,"禺京"(禺强)和"禺谷"这两个词里的"禺"都可训为大。

"寓"与同在侯部的"厚"字双声叠韵,义亦可相通。"愚"与"寓"亦同源。"愚"有憃义,憃即厚大、厚钝。"寓"与"愚"可相假借。《山海经·北山经》记载马成之山有鸟,名曰鶌鶋,其鸣自叫,食之不饥,"可以已寓"。朱骏声认为寓"假借为愚"。此外,与"寓"声近的字,如"于",有大义,从于声的字皆有大义,对此清人已经论说甚明,为学界公认。于声在鱼部,与侯部为邻部,近旁转。"寓"与"于"古音相近,寓也可有大义。由此而来,"寓言"即夸大之言。

再从《庄子》文本特点的角度考察,"寓言"为大言、荒诞之言,更是无庸赘论。《庄子》崇尚大。书中描写了很多巨大的艺术形象,体积大的如《逍遥游》中不知其几千里的鲲鹏,《逍遥游》中的樗栎和《人间世》中的社树,《外物》中任公子所钓大鱼等。年寿大的如以八千岁为春、八千岁为秋的大椿,其大都令人瞠目,超乎想象。《庄子》一书"寓言十

---

[2]《诗·周颂·天作》:"大王荒之。"毛传:"荒,大也。"汉毛亨传,汉郑玄笺,唐孔颖达正义,龚抗云等整理,刘家和审定《十三经注疏·毛诗正义》,第 1293 页,北京大学出版社,1999 年。《说文》:"唐,大言也。"汉许慎撰,清段玉裁注《说文解字注》,第 58 页,上海古籍出版社,1981 年。

九"(《寓言》),"寓言"这种言说方式遍布全书,这是篇幅比重上的大。《庄子》语多夸张,如《德充符》对一系列形体异于常人的畸人的描写,《田子方》所写列御寇为伯昏无人射的故事,其夸张程度匪夷所思,令人难以置信,这是修辞上的大。总之,《庄子》之言多是"大而无当,往而不返","犹河汉之无极也"(《逍遥游》),其"恢诡憰怪"(《齐物论》)的风格,正是以"恢"为前提和基础,恢者,大也。"寓言"的本义当是夸大之言、荒诞之言[3]。

二 "寓"为相似,"寓言"乃似道之言

"寓"由"宀"和"禺"两部分构成。《说文》:"禺,母猴属,头似鬼。从由,从内,牛具切。"母猴,沐猴也,亦称猕猴[4]。章太炎《国故论衡》上卷《小学十篇》谈语言缘起论,说:"同一声类,其义往往相似。"他以"禺"字为例,解曰:"如立'禺'字以为根:禺亦母猴也,猴喜模效人举止,故引申之凡模拟者称禺。《史记·封禅书》云:'木禺龙栾车一驷,木禺车马一驷',是也。其后木禺之字,又变为偶,《说文》云:'偶,桐人也。'偶非真物,而物形寄焉,故引申为寄义,其字则变作寓。凡寄寓者非能常在,顾适然逢会耳,故引申为逢义,其字则变作遇。凡相遇者必有对待,故引申为对待义,其字则变作耦矣。"[5]章太炎认为"禺"的本义是母猴,猴喜模仿人,与人相似,因此,"禺"有模仿义。木禺车马,是仿真实的车马而制造,与真车真马相似。"偶",仿人形而做成,与人相似。由此推论,模仿之物与原物相似,则"相似"为"禺"的一个义项。

以"禺"为声旁的字多有相似义,如"喁"。《庄子·齐物论》曰:"前者唱于而随者唱喁。"《释文》引李云:"于、喁,声之相和也。"喁,应和声,与前者之唱相似。《淮南子·俶真训》:"圣人呼吸阴阳之气,而群生莫不喁喁然,仰其德以和顺。"《史记·日者列传》:"公之等喁喁者也。何知长者之道乎!"这两处的"喁喁",都是形容随声附和之声。再如"隅",隅是角,两面相同或相似的墙相交,才构成隅,隅也含有相似义。"耦"也是一例。《战国策·齐策三》记载苏秦劝谏孟尝君不要入秦。有言曰:"今者臣来过于淄上,有土

---

[3] 《尔雅·释诂》:"诞,大也。"晋郭璞注,宋邢昺疏,李传书整理,徐朝华审定《十三经注疏·尔雅注疏》,第9页,北京大学出版社,1999年。

[4] 禺为猴类,古籍中有例证。《山海经·南山经》:"有兽焉,其状如禺而白耳,伏行人走,其名曰狌狌,食之善走。"晋郭璞注:"禺似猕猴而大,赤目长尾,今江南山中多有。"清郝懿行《山海经笺疏》,第1页,巴蜀书社,1985年。《尔雅·释兽》举近十种似猕猴的动物,总曰"寓属"。阮校:"《说文》、《周礼·司尊彝》注均作'禺',是。许叔重、郑康成所据《尔雅》均作'禺'。"可知禺、寓可假借。详见晋郭璞注,宋邢昺疏,李传书整理,徐朝华审定《十三经注疏·尔雅注疏》,第331页,北京大学出版社,1999年。

[5] 章太炎《国故论衡》,第34页,上海古籍出版社,2003年。

偶人与桃梗相与语。"土偶,亦写作"土禺"、"土耦"。《史记·孟尝君列传》:"今旦代(苏代)从外来,见木禺人与土禺人相与语。"唐司马贞《索隐》:"禺音偶,又音寓。谓以土木为之偶,类于人也。"汉刘向《说苑·正谏》:"见一土耦人,方与木梗人语。"这说明"耦"也有相似义。此外,《淮南子·要略》:"假象取耦,以相譬喻。""象"与"耦"都是与原物相似之物。

"寓"字也有相似义。如"寓车"、"寓马",是随葬的木制车,木制马。《汉书·郊祀志上》:"诏有司增雍五畤路车各一乘,驾被具,西畤、畦畤寓车各一乘,寓马四匹,驾被具。"再如"寓钱",即纸冥钱。古时祭祀或丧葬时用圭璧币帛,祭毕埋在地下,因经常被盗,其后或用范土为钱,以代真钱,魏晋以后又改为纸钱。寓车、寓马、寓纸,都是与真物相似的替代品。"寓"与"偶"可通假。《史记·酷吏列传》"匈奴至为偶人象郅都",司马贞《索隐》:"《汉书》作'寓人象'。案:寓即偶也,谓刻木偶类人形也。"清王念孙《读书杂志·汉书十四》"偶人"条考曰:"《汉书》本作'寓人'。""寓读曰偶","偶与寓古同声而通用"。偶人、寓人,都与真人相似[6]。

禺、寓、偶,都有相似义,据此,"寓言"当是相似的言论。与什么相似的言论?在《庄子》一书语境中,"寓言"指的是与道相似的言论。庄子学派认为道是不可言说的,这在《知北游》篇有集中的体现,此不赘述。庄子学派倡导"不言之辩,不道之道"(《齐物论》),但他们又别无选择,必须以言传道,其观点与表达观点所用媒介之间存在先天的矛盾,解决的办法便是不直接论道,而是假借外物以论道,即《寓言》所说"寓言十九","藉外以论之",假借之外物无法完全传达出道的精髓,只能无限接近道的真谛,"寓言"只能是似道之言。

三 "寓"通"耦"(偶),寓言为两行之言

以"禺"为声旁的"耦"字对理解"寓言"的含义也颇为关键。《庄子·齐物论》曰:"南郭子綦隐几而坐,仰天而嘘,嗒焉似丧其耦。"郭象注:"耦,匹也。"司马彪注:"耦,身也,身与神为耦。"耦,相对、相匹配之义。《释文》:"耦,对也。""耦本亦作偶。"《说文》:"耕广五寸为伐,二伐为耦。从耒,禺声。"段注:"古者耜一金两人并发之。""伐之言发也。""今

---

[6] 寓与偶相通,有学者因此认为"'偶'又指木偶,就是能与'道'相对应的偶象、形象"。马冀《略论庄子学派的文学思想》,《内蒙古大学学报》(哲社版),第 115 页,1982 年第 3、4 期。或云:"'寓言'不是'道所寄寓之言',而只是道所假借之'偶'。"孙乃沅《庄子"三言"新探》,《中华文史论丛》1983 年第 1 辑,第 74 页,上海古籍出版社,1983 年。这种观点不无道理,但把"寓"仅理解为偶象,则不免拘泥。

之耙岐头两金,象古之耦也。""長沮、桀溺耦而耕。此两人并发之证。引申为凡人耦之称。俗借偶。"《玉篇》:"耦,二耜也。"依段注,"耦"由两人并耕之义引申出凡两人相匹对都称为"耦",又假借为"偶"。偶,《说文》:"桐人也。"段玉裁辨析了"耦"与"偶"的区别,注云:"按木偶之'偶'与二柏并耕之'耦'义迥别。凡言人耦、射耦、嘉耦、怨耦,皆取耦耕之意,而无取桐人之意也。今皆作偶,则失古意矣。"此说不错,不过,"偶"字也可以引申出相对、相匹敌的意思。清徐灏《说文解字注笺》云:"《释名》云:'偶,遇也,二人相对遇也。引申为凡对偶之称。《中庸》曰:'仁者,人也。'郑注:'人也,读如相人偶之人,以人意相存问之言。'《公食大夫礼》:'宾人三揖。'郑注:'每曲揖及当碑揖相人偶。'灏按:相人偶者,与人相偶也,人相遇曰偶,因之凡事之相值者曰偶矣。"徐氏认为凡事之相值者都称作"偶"。

"寓"与"耦"也可通假。闻一多解释《齐物论》"苔焉似丧其耦"一句,曰:"耦当读作寓。寓,寄也,神寄于身故谓身为寓。""案偶象之偶,本即寓字。""《德充符篇》:'直寓六骸,象耳目',寓与象对,寓即偶也,《淮南子·览明训》正作偶。夫抟土刻木为像,所以寄寓神之精气者也,故谓之寓。神,一也,像,二也,二者一之匹偶,故像又谓之偶。于人亦然,有精神焉,有形骸焉。神一形二,二为一之偶,故形为神之偶;神本形末,形所以栖神,故形为神之寓。偶与寓一而二,二而一耳。"[7]闻一多把"寓"解释为寄,又解释为偶像,因为偶像寄寓着人的精气,偶是形,神寄其中,因此,形与神,偶与寓意思虽不同,但实际是一个事物的两个方面。形与神为二,且形神相匹,这个意思就是"耦",也可作"寓"。

寓、耦、偶相通,皆有相并、相对、相匹配之义,"寓言"的含义也与此义有关。前引《天下》篇"不以觭见之"一句可证。"不以觭见之",成玄英疏曰:"觭,不偶也。而庄子应世挺生,冥契玄道,故能致虚远深弘之说,无涯无绪之谈,随时放任而不偏党,和气混俗,未尝觭介也。"钱基博在成疏基础上又做了进一步的申论。文曰:"按'觭'者,畸之异文,即奇偶之奇。《说文·可部》云:'奇,不偶也。''以觭见之',即'知其一而不知其二'之意。上文云:'天下多得一察焉以自好,譬如耳目鼻口,皆有所明,不能相通。'此'以觭见之'之蔽也!""而不明'不以觭见之'之说者,亦不足以发庄生之意也。惟明乎'不以觭见之'之说,而后'以卮言为曼衍,以重言为真,以寓言为广',皆所不害。""要之,言者毋胶于一己之见,而强天下之我信;但寄当于天下之所信,而纯任乎天倪之和;《齐物论》曰'莫若以明',此篇称'不以觭见之',所谓不同,归趣一也。"[8]

---

[7] 闻一多《庄子义疏·齐物论》,《闻一多全集·庄子编》,第379页,湖北人民出版社,1993年。
[8] 钱基博《读〈庄子·天下篇〉疏记》,张丰乾编《庄子天下篇注疏四种》,第129页,华夏出版社,2009年。

钱氏所论非常透辟。庄子学派的一个重要的思想方法,就是不以觭见之,即不偏执于一隅,不执着于一己之得,而是从相对立的两个角度分别观察事物,考虑问题。《齐物论》篇对此阐述甚明。如曰:"物无非彼,物无非是。""是亦彼也,彼亦是也。彼亦一是非,此亦一是非,果且有彼是乎哉?果且无彼是乎哉?彼是莫得其偶,谓之道枢。枢始得其环中,以应无穷。是亦一无穷,非亦一无穷。故曰:莫若以明。"《齐物论》篇大旨即此,意谓是非具有相对性。所谓"彼是莫得其偶","偶",相对待之意[9]。与"不以觭见之"相反的思想方法则是以偶见,表现为言说方式则是偶言,即"寓言"。"寓言"是"不以觭见之"之言,是"不遣是非"(《天下》)之言。《齐物论》曰:"是以圣人和之以是非而休乎天钧,是之谓两行。"郭象注:"任天下之是非。"寓言即"两行之言",是不执着于是非之争的言说。

总之,"寓"的厚大(夸大、荒诞)义,相似义,相对义,前面所述可证明来自同一个声音源头,从声音来源的意义上,三者是可以统一的。

(于雪棠:北京师范大学文学院,100875,北京)

---

[9]《庄子·寓言》一篇主旨与《齐物论》基本相同。《寓言》有多处文字与《齐物论》相同或相近。"天倪"、"天均"两个概念,罔两问景的故事和"恶乎然?然于然……无物不然,无物不可"一段话等,均见于两篇。

从羌藏历史看汉藏语同源假说与古音研究问题*

张民权

提要: 本文从历史文献出发,探讨了藏民族历史发展及"羌藏同源"问题,从语言接触与历史形态特征上论述了汉藏两种语言是否存在着历史同源关系。"汉藏同源"与"汉藏语同源"是两个不同的概念,前者是民族问题,后者是语言问题。民族同源是历史文化的认同,语言同源则是语言系统同一母语下的历史原生性,两者并不是一回事,我们应当把语源问题与族源问题区别开来,在亲属语言的比较研究中必须考虑汉藏语的时空差异,以及语言的历史变异过程。根据历史考察,现代藏语直接来自唐时吐蕃语,而吐蕃语又来自秦汉时期的西羌语,而古羌语至少在尧舜时代就已独立形成,因此,汉藏语之间很难找到发生学上的同源关系,汉语上古音系的历史比较构拟应当谨慎进行。

关键词: 羌藏源流 羌语 语源 族源 接触关系

在相关文章里[1],我们分别讨论了汉藏亲属语言的谱系关系、历史范围,同源词的历史比较与音系构拟问题。关于汉藏亲属语言的谱系关系和历史范围,学术界实际上还没有一致的看法,争议很大,因为"汉藏语系"本身就是一种假说,并没有得到科学的论证,更没有形成大家所能接受的公理。而关于同源词的比较,问题甚多,大多基础薄弱,缺乏相关语言事实的历史论证。笔者提出,同源词的比较应当具有历史观,严格择取比较的词语,不宜从自己虚拟的音系出发,去进行所谓的亲属语言比较。本篇在前两篇论文的基础上,从历史研究出发,对藏族及藏语的历史形成进行考察,并进而讨论汉语与藏语的关系性质。因为只有把汉藏语的历史关系弄清楚了,才能正确地进行汉语上古音系的比较构拟工作,否则,一切研究工作就失去了坚实基础,难免坠入凭空想象的虚无境地。

---

* 基金项目:《万光泰音韵学稿本与汉语上古音研究》,国家社科基金资助项目,项目编号10BYY048。

[1] 相关文章参见张民权《汉藏同源假说与上古音研究中的若干问题——汉藏同源的谱系关系及其研究方法讨论》,《山西大学学报》2012年第5期;《汉藏同源词的历史比较与汉语古音构拟问题》,《中国语言学》第七辑,2013年。

一　藏族的历史发展及其藏语的历史形成问题

汉藏语系同源,说到底还只是一种假说,要证明其真实性,不仅需要语言学方面的历史比较研究,而且更需要从历史文献上加以考证,就藏语而言,至少要追溯与之相关的民族演变史,寻找与汉语的接触关系,分析其历史层次及其地理分布。然而,这两方面我们都做得不够。一些从事亲属语言比较构拟的学者,大多不太注意藏语的历史形成及其历史层次问题,因此在词语的比较择对时就显得非常随意。就藏语而言,也有它的方言地域差别,也有它的时空变异,可有些学者从词典里随便抓上几个语音相似的词语,就确定为汉语的同源词,显得很不严肃。这种简单化的研究倾向,无论是"大家"还是凡俗小辈,都不同程度的存在。在没有对汉藏历史做出深度研究的情况下,却大谈特谈什么"原始汉语"或"原始汉藏语"等,上下五千年的历史鸿沟,似乎一个跨步就轻轻越过了。

实际上,很多人并没有认真去考察藏族的历史以及藏语的历史形成问题,也没有认真探寻藏语与汉语的历史接触问题。根据民族史和考古学资料,现代藏语的前身是唐时的吐蕃语,吐蕃语又来自汉代的西羌语,西羌语则来自尧舜时代的古羌语。在此,有必要将古藏语的历史形成及其历史发展做一番文献考证,抛砖引玉,企望于博雅君子。

1. 古羌语的历史形成

根据历史文献记载和笔者研究,今之藏语及其风俗在尧舜时期就已形成。考史,唐之吐蕃,其先为汉之西羌。羌族本为南方三苗部落,舜帝时被迁徙至今之甘肃省敦煌东南及青海省以东的荒漠地区而成为游牧民族。《尚书·舜典》中有"窜三苗于三危"和"分北三苗"之记载,《史记·五帝本纪》叙其事曰:"三苗在江淮、荆州数为乱,于是舜迁三苗于三危,以变西戎。"《禹贡》也有"三危既宅,三苗丕叙"之记叙。从此,三苗部落在三危居住,成为西戎中的氐羌种落。《后汉书·西羌传》述之甚详。其曰:

> 西羌之本,出自三苗,姜姓之别也。其国近南岳(衡山也——李贤注,后同),舜流四凶,徙之三危(三危,山,在今沙州敦煌县东南,山有三峰,故曰三危也),河关之西南羌地是也(河关,县,属金城郡)。滨于赐支,至乎河首,绵地千里。赐支者,《禹贡》所谓析支者也。南接蜀汉徼外蛮夷,西北〔接〕鄯善、车师诸国。所居无常,依随水草。地少五谷,以产牧为业。其俗氏族无定,或以父名母姓为种号。十二世后,相与婚姻,父没则妻后母,兄亡则纳釐嫂,故国无鳏寡,种类繁炽。不立君臣,无相

长一,强则分种为酋豪,弱则为人附落,更相抄暴,以力为雄。

如果上述历史记载可信的话,则羌族部落在尧舜时代就已形成,且风俗与当时的汉族迥然不同,在汉代尚属于"野蛮"社会。风俗不同,往往是语言也不相同[2]。殷周之时,羌族部落成为诸戎种落之一,并与中原国家时有冲突,史载商高宗武丁征西羌、鬼方,三年乃克,可见其势力强大。《商颂·殷武》诗有云:"自彼氐羌,莫敢不来享,莫敢不来王。"这里的西羌、鬼方和氐、羌,其中都有古羌人的种类。以此推论,古羌语成为一个独立的语系至少在三代以前。需要说明的是:根据古代赐姓制度,"姜姓之别"并不等于姜姓部落,他们实属"戎种"。详见文中第三节注释。

不过就种族而言,当时的西羌不再纯粹是"三苗"之部落,它与当地的"戎狄"已经融合混杂,周时已统称"西戎",只是内部还保留着种属差别而已。犹如史籍"氐羌"连言,浑言无别,析言有分。此借用清王夫之之言辩之曰:"氐乃有扈氏之苗裔,子孙迁流,逾陇而西。羌乃三苗姜姓之别,舜迁之于三危,后渐入内地,居陇蜀间。是氐羌种类皆居西南,内则武都,外则河湟。"[3]按史,氐羌虽杂居西南,但氐人汉化较早,其语言风俗与羌人颇有异同[4]。

春秋战国时,有一支叫爰剑的羌族部落开始强大,他们居住在"三河"之间,即黄河、赐支河和湟河之间,其地分别在青海省黄河之首的果洛、海南和玉树等藏族自治州以及青海湖周围的广大地区,今之青海省和甘肃省则成为藏族的发祥地。史载秦献公时,爰剑孙子卬畏秦之威,率领羌族的一支向南,出赐支河曲西数千里,与众羌绝远,不复交通,成为现代西藏人的祖先。赐支河主要指青海省果洛地区鄂陵湖以下黄河上游的一段河流。按照现在的地理概念,数千里之外应当是到达今西藏的腹地。当然,在卬入藏前,还一定有羌族部落南下,只是历史载籍缺少记载而已[5]。《后汉书·西羌传》曰:"其后子孙分别,各自为种,任随所之。或为牦牛种,越巂羌是也;或为白马种,广汉羌是

---

[2] 《左传·襄公十四年》:"我诸戎饮食衣服不与华同,贽币不通,言语不达。"此可旁证。又周时设有象胥之官,职掌夷狄语言翻译之事,见于《周礼》"秋官"、"大行人"等篇记载。郑玄皆注曰:"通夷狄之言者曰象胥。"又引郑司农云:"象胥,译官也。"可证当时羌戎等与华夏语言不同。

[3] 参见王夫之《春秋稗疏》卷一《隐公》条,四库全书本。

[4] 如杜佑《通典》记氐人生活风俗:"其俗语不与中国及羌胡同,各自有姓,如中国之姓。其衣服尚青,俗能织布,善田种,畜羊豕牛马驴骡。婚姻备六礼,知书疏,多知中国语,由与中国错居故也。"(卷一八九《边防五·西戎一》)按秦汉时氐人分布于今甘肃、陕西及四川等地,川地氐人则与羌人杂居为多。

[5] 有学者认为,位于西藏的古象雄、苏毗西女国是公元前10世纪至前6世纪之间,逐渐从今青海省的汉藏交界处迁徙到西藏的。参见龙西江《再论藏汉民族的共同渊源——青藏高原古藏人之古象雄(古支那)、西女国中的"嘉(夏)"部落与中原夏王朝的亲属渊源关系》,《西藏研究》2004年第1期。

也；或为参狼种，武都羌是也。"越嶲在今四川中南部汉源县以南，大渡河及雅砻江流域，广汉在今四川北部包括阿坝州、广元、绵阳及广汉市地区，武都范围在今甘肃陇南地区。这是离开故地的古羌人逐渐地向东南迁徙，成为后来川滇地区羌藏人的祖先。又曰："忍（爰剑曾孙）及弟舞独留湟中，并多娶妻妇。忍生九子为九种，舞生十七子为十七种。羌之兴盛，从此起矣。"此为留在河湟地区的羌人。其中，忍之子研那一支非常强盛，号称研种。其后种落繁盛，逐渐向南向东发展，而对后来汉朝构成威胁的也主要是这些种落。

汉初，尚无暇顾边，羌人得以蕃息发展。此时匈奴冒顿强盛，威震百蛮，臣服诸羌。景帝时，研种留何率种人求守陇西塞，于是羌人徙居于狄道、安故、临洮、氐道、羌道等陇中地区。武帝继立，北却匈奴，西逐诸羌，渡河、湟，筑令居塞，置河西四郡（酒泉、武威、张掖、敦煌），隔绝羌与匈奴相通之路。此后羌人与匈奴结盟，进攻陇塞，被武帝击溃，并迫使一部分羌人离开湟中，依居于西海（今青海湖）、盐池（青海湖东北）左右。当时羌人种落中较强的有先零羌、罕羌、开羌、狼何羌、烧当羌、彡姐羌等，他们曾多次叛乱，与汉廷时降时和。至王莽辅政，设置西海郡，逼迫诸羌离开西海，远涉赐支河曲。

东汉初，赤眉起义，天下大乱，羌人乘虚返据西海，攻掠金城、陇西地区，成为继匈奴之后对汉朝威胁最大的边患。尤其是东汉中叶以后，朝廷衰落，羌人屡屡攻掠汉塞，东汉政府为此虚耗巨大。安帝永初年间，曾一度将陇中四郡民众迁徙于关中。魏晋以后，羌人势力衰弱，永嘉之后，吐谷浑在西北兴起，并占有羌人之地。一部分羌人被迫迁徙外地。

根据历史文献，羌人当时种落繁多，大大小小共一百五十多个种落，分布于今甘、青、藏、川、滇及陕等广大地区。而川滇地区羌人多内属，陇西地区羌人则与汉人杂处，青藏地区羌人则以独立发展为主。此外还有两支重要的羌支种落——发羌、唐旄等，他们离开河湟地区，远涉赐支河首，与诸羌未尝往来，进入西藏地区，文献记载，当时一些反叛的羌族往往逃依之。这些种落也成为后来吐蕃人的基础。

汉末，一部分羌人逐渐东移，进入内地，与当时西北地区的汉族和其他民族融合。当时军阀董卓、马腾、韩遂等部伍里都有大量的羌人。"五胡乱华"，北方少数民族纷纷进入中原和西北地区，并建立各种割据政权，形成所谓"五胡十六国"（其中也有汉人政权）。东晋孝武帝太元九年（384年），羌人姚苌建立后秦政权。

古羌语与汉语不同可以从汉代文献中看出来，据《后汉书·西羌传》记载，当时双方来往，其间必有"译使"才能进行，如曰："迷吾（羌人）兵败走，因译使欲降，（张）纡纳之。"又"建武九年，隗嚣死，司徒掾班彪上言：今凉州部皆有降羌，羌胡被发左衽，而与汉人杂处，**习俗既异，言语不通**，数为小吏黠人所见侵夺，穷恚无聊，故致反叛，夫蛮夷寇乱皆为此也。"此记叙汉时凉州降羌言语风俗与汉人不同。

2. 吐蕃建国

吐蕃建国是在公元六世纪以后,此前都是一些零散的部落。永嘉之乱,五胡乱华,南北分裂,河湟甘青诸羌主要与当时一些非汉族部落来往,吐谷浑国建立,相当一部分归附之,一部分先后归附于南凉秃髪氏政权和北凉沮渠氏政权。此外,还有其他一些羌族部落,如邓至羌、宕昌羌、党项羌、白兰羌、羊同羌、苏毗羌、东女国羌、多弥羌、葱茈羌、白马羌、黄牛羌等,邓至、宕昌、党项诸羌主要分布于西北的甘陕及川西北地区,白兰羌等分布于青海南部、西藏的北部和西部、四川西北部以及云南省的西北部金沙江、澜沧江和独龙江流域等,葱茈羌等则在西域之外。这些部落有的先后被吐蕃吞并了。

《新唐书·吐蕃传》叙吐蕃建国始末曰:

> 吐蕃本西羌属,盖百有五十种,散处河、湟、江、岷间,有发羌、唐旄等,然未始与中国通。居析支水西,祖曰鹘提勃悉野,健武多智,稍并诸羌,据其地。蕃发声近,故其子孙曰吐蕃,而姓勃窣野。或曰南凉秃髪利鹿孤之后,二子曰樊尼,曰傉檀。(权按:据《晋书·载记》,樊尼为傉檀长兄乌孤之子,傉檀与利鹿孤及乌孤皆为兄弟辈。《新唐书》误。)傉檀嗣,为乞佛炽盘所灭。樊尼挈残部臣沮渠蒙逊,以为临松太守。蒙逊灭,樊尼率兵西济河,逾积石,遂抚有群羌云。……其吏治无文字,结绳齿木为约。

这是吐蕃建国经过。南凉秃髪氏建国时在东晋安帝隆安元年(公元397年),其亡在安帝义熙十年(公元414年)。北凉建国亦在此年。其亡在宋文帝元嘉十五年(公元438年)。按照《晋书·载记》,秃髪氏为河西鲜卑人,其先与后魏拓跋氏同出。沮渠蒙逊为临松卢水胡人,其先世为匈奴左沮渠。按照本文作者的理解,《新唐书》或曰之言可能不确,当时可能是羌人依附于南凉秃髪氏而误以为秃髪氏之后。按照《晋书》等文献,秃髪傉檀死,南凉亡后,其子秃髪破羌则归于魏,因与拓跋氏,改赐源氏名贺。另一支则由樊尼率领归附于沮渠蒙逊。蒙逊氏灭,亦归于魏。《旧唐书·吐蕃传》曰:"及蒙逊灭,樊尼乃率众西奔,济黄河,逾积石,于羌中建国,开地千里。樊尼威惠夙著,为群羌所怀,皆抚以恩信,归之如市。遂改姓为窣勃野,以秃髪为国号,语讹谓之吐蕃。其后子孙繁昌,又侵伐不息,土宇渐广,历周及隋,犹隔诸羌,未通于中国。"这是羌人一次大规模的向西南迁徙。

不过这里要纠正一个历史事实,新旧《唐书》皆言樊尼率众西奔,在羌中建国,不确。按照杜佑《通典》等文献记载,樊尼投奔北凉后,其子孙世袭为临松郡守,广施惠政而得众心。西魏末年,朝廷大乱,樊尼氏子孙遂率众西奔,于羌中建国。其时在公元550年至560年之间。此吐蕃建国之可考时间。

积石山,今名阿尼玛卿大雪山,在青海东南部果洛藏族自治区内,其主峰坐落在玛沁县境内,翻越大雪山,便进入青藏羌人地区。从文献记载看,吐蕃在当时只是诸羌中的一支,臣属于鲜卑族政权之下,唐以前还是羌人中一个小部落,自唐贞观以后势力强大,先后消灭吐谷浑,统一党项羌、白兰羌、羊同羌、苏毗羌等诸羌种落,至高宗时,其疆土扩充到今藏、甘、青、川、疆等广大地区,其东与唐之凉、松、茂、嶲等州相接,南至婆罗门,北抵突厥,西取龟兹、疏勒四镇,地方万余里,形成一个与唐抗衡的多民族的统一的国家政权,其中心亦由山南迁至逻些(今拉萨)。其民族中含有汉(占领区)、诸羌、鲜卑、突厥等多种成分,成为现代藏族的基础。国家政权下的民族统一必然使语言趋向于同化,尤其是藏文的制订和使用,加上宗教的力量,从而形成新的"蕃语"。

吐蕃强盛之后时为边患,与唐时战时和。贞观八年(公元 634 年),吐蕃遣使聘问,十五年(公元 641 年)太宗遣宗女文成公主和亲,从此唐蕃关系缓解,而弄赞亦"渐慕华风,仍遣酋豪子弟,请入国学,以习诗书。又请中国识文之人,典其表疏"[6]。自唐中宗神龙元年(公元 705)至穆宗长庆二年(公元 822 年),唐蕃会盟达八次之多,长庆三年,双方建立唐蕃会盟碑,立于拉萨大昭寺门前。八世纪中叶,吐蕃王朝盛极一时,西攻大食,南侵天竺,借安史之乱占据唐河西、陇右、安西等郡,攻取西域诸郡国,统治数百万汉族及西域各族人民[7]。至第九代赞普达磨之后衰落。会昌二年(公元 842 年)达磨死,无嗣继立,吐蕃王朝瓦解分裂,从此一蹶不振。

五代以后,吐蕃各种类分散,无复统一,其北地多为回鹘、党项等分侵,或多内属,宋时朝贡不绝。元宪宗时于河州置吐蕃宣慰司都元帅府,后改称西蕃宣慰司,正式管理西藏事务。明洪武六年(公元 1373 年)诏吐蕃各族酋长举故有官职者至京授职,清康熙三十二年(公元 1693 年)封第巴为土伯特国王,其后喇嘛册封及官员任免皆须朝廷批准。其名称更替,元明以后称西蕃或西番[8],清以后称西藏。此羌藏源流之大概[9]。

3. 羌藏同源说之语言学辩证

根据上述考证,藏族的历史发展从尧舜时代起,大致经历了商周时代的氐羌、西戎,秦汉时代的西羌族群,至汉末发展为一百五十多个种落。其分布很广,今甘青、川滇都是古代羌人居住的地区。甘青河湟地区为其发源地,随后不断南迁于西藏地区,其次是向内地发展,与汉族及其他民族融合。就其民族分合关系而言,可分为三大部分,一是

---

[6] 以上参见《旧唐书·吐蕃传》。

[7] 上世纪初及后来 70 年代,在新疆南部若羌、且末及和田一带出土了大量的吐蕃简牍,可以印证当时吐蕃在西域的占领情况。

[8] 《明史》有西番传,《元史》中屡见"西番"一词,如《仁宗本纪》:"(皇庆元年)丁卯,命西番僧非奉玺书驿券及无西蕃宣慰司文牒者,勿辄至京师。"

[9] 羌藏的历史非常复杂,需要做多方面的研究,包括民族史、宗教史和文化史等,本文只能从汉籍历史文献出发,就藏语形成问题叙述其大概而已。挂一漏万,不足之处,敬请读者原谅。

留在甘青、川滇地区的羌族部落,二是外迁西藏或周边外域地区的羌人,三是迁往内地而后逐渐汉化的羌人。就现代藏语的分布地区看,它实际上包括了三大地区的方言:"一是以西藏自治区为中心的卫藏方言,二是以川滇藏区为中心的康方言,三是以甘青藏区为中心的安多方言。"[10]尽管其内部差异很大,但使用的都是同一种"藏语"。这种方言板块的形成与历史上羌人发展迁徙的过程基本上是吻合的。这点还可以从语言上得到印证,譬如从语音上看,作为羌人留守地的安多方言复辅音声母就非常丰富,多达近百个。在语言发展上,卫藏方言、康方言与汉语接触频繁,一些复辅音就在逐渐消失中,近代则开始产生声调。作为现代"藏语"的姊妹语言"羌语"也是如此,其语音也是非常的复杂,如嘉戎语的声母有 236 个,而复辅音声母就有 202 个;道孚语声母 300 个,而复声母就有 251 个[11]。今天说"羌语"的人口地区主要为四川北部、云南的岷江、大渡河及金沙江流域。他们的先民实际上也是居住在河湟和陇西地区的古羌人,汉以后迁徙于此。

看来,古羌人的历史发展与语言分布是一致的,"羌藏同源",不辨自明。

应当指出的是,有些持否定说的学者,在讨论这一问题时带有很大的片面性,立足点仅限于现代西藏地区的"土著"居民与否,而忽视了藏语的历史分布问题,在这方面韦刚的观点很有代表性[12]。即以西藏境内而言,从战国时代爰剑子孙率众入藏起,先后又有多批羌人入藏,如汉代的发羌和唐旄等,至北魏末樊尼氏子孙部落西奔,于羌中建国,都是有史可据的大规模迁徙。从文献表述:"于羌中建国","抚有群羌"和"为群羌所怀"等关键语句看,在樊尼氏部落到达西藏以前,就有大量的羌人存在。处于藏西北地区苏毗羌和羊同羌等,也应当是汉魏以后迁徙去的,只是文献缺乏明确记载而已。因此,即使西藏地区存在原土著居民的话,也难以抵挡来自北方游牧民族一拨又一拨的侵占,其结果只能是被征服(或迁徙外地),从而使自己的语言风俗同化于其中。就像近代史上欧洲人进入美洲大陆后,印第安人在语言上几乎被"同化"一样。即使有考古文化证明远古时代西藏有原著部落的存在,也难以说明与现代藏民的语源关系,他们的语言风俗实际上早已同化而淹没于历史之中。

因此,我们讨论羌藏同源与否时,不能仅限于现在的西藏地区,而应该着眼于其语

---

[10] 马学良主编《汉藏语概论》,第 112 页,北京大学出版社,1991 年。

[11] 以上参见《汉藏语概论》羌语支部分,第 208—219 页。

[12] 参见韦刚《藏族族源探索》,《西藏研究》1982 年第 3 期。韦刚据西藏地区新石器时代的考古文化,认为当地土著为"藏"之主体,羌则是外来的,从而否定史书"吐蕃本羌属"的论断。近年郭锡良先生也力主羌藏非同源说,并以此否定汉藏同源理论。参见《汉藏诸语言比较研究刍议》,《中国语言学》第一辑,2008 年。愚以为羌藏同源与汉藏语同源是两回事情,不宜混淆。详见文中讨论。

言的历史形成及其地理分布,青海藏语以及四川地区的羌语、彝语等都应当纳入讨论范围,单纯的"土著"说及其考古文化说都是片面的。正如藏学专家多识教授所指出的,羌藏是同一个民族的不同历史时期的不同名称[13]。

二 藏语的性质及其与汉语的关系问题

根据以上文献梳理,羌语自尧舜时代就已成一支独立的语系,在以后的发展中,除了与汉语接触外,还容纳了很多其他民族语言,至吐蕃国建立后,吸收了来自北方的古鲜卑语、古契丹语和西域的古吐罗火语等。吐蕃国实际上不纯是西羌人,它还有鲜卑族的吐谷浑、南凉、北魏人等,还有古匈奴族的北凉人,"吐蕃"这个名称本身就隐含了"拓跋"氏的意义。东晋时期的"五胡"除了后来一部分汉化以外,其余的实际上都先后"羌化"了。但它的底层和语言基础仍是羌语,只是在此基础上容纳了其他民族语言的成分而已。

从羌族的历史发展看,它的种落很多,必然形成语言上的板块,所谓的方言,而且随着民族融合的时间先后必然会形成很多的语言历史层次。根据现代藏语和羌语情况看,我们有理由认为,现代西藏地区的藏语是以羌语为主的唐代吐蕃语,它实际上融合了南北朝时期北方少数民族语言,在羌语的历史层次上它显得比较年轻,而甘青藏区的藏语以及川滇地区的羌语则是比较古老的羌语。

吐蕃国的建立与强盛,使分散的羌语得到统一,也使得归附的其他胡族语言羌化。

无论是古羌语还是唐时蕃语,与当时汉语已迥然有异。这些可以从当时姓氏名号等名称用字等看出来。如果两种语言没有差异,七世纪中叶吐蕃人就不会创制自己的文字,或者借用汉字就行了,它们在语音、词汇和语法形态等方面是两个不同的语言系统。

讨论到这里的时候,笔者不得不提出一个大胆的想法,汉语与藏语是不是同源关系?从有关研究成果看,现代汉语与藏语之间无论是在语音、词汇和语法上都差别很大,这些依据不是来自研究古音的亲属语言的比较研究,而是来自那些对藏缅语系本身的发掘报告。根据民族语言学的研究成果,"汉语是分析形态的语言,藏缅语的形态是多样的。从古藏语、古缅语和今天的羌语、独龙语看原始藏缅语可能是黏着形态的。如果认为汉语和藏缅语有发生学关系,应当设法证明它们原本有共同的原始形态"[14]。

---

[13] 参见多识《藏汉民族历史同源关系探源》,《西北民族学院学报》1993 年第 2 期、1994 年第 2 期。
[14] 吴安其《关于历史语言学的几个问题》,《民族语文》1998 年第 4 期。

而汉语至少从甲骨文以来看不出有形态变化。形态、语音、词汇是历史比较法的基础,既然在形态上无法比较,那语音、词汇呢?实际上差别也是非常大,在这里我不得不引用白保罗《汉藏语言概论》一书的总结加以说明之。白保罗说:

> 总之,关于汉语和藏缅语可以总结出以下几点:(1)藏缅语中复杂的形态变化在汉语中几乎无迹可寻;(2)这两个语族只有很少同源词;(3)两个语族的语音系统在很多方面不同,几乎很难找到共同之点;(4)两个语族的声调系统好像没有关系。我们相信这两个语族有发生学的关系,最后必定基于下列事实:两者有共同的基本词根,并可为这些词根建立共同的语音规律。我们或许可以推测,汉藏语的成分只构成汉语的表层,而底层另有不同来源。[15]

尽管白保罗相信汉藏语历史同源,但从结论看还是不自信的,两者差异如此巨大,所以只能"推测"为"底层另有不同来源"。看来,汉藏语同源问题仍然是一个未经"最后"证实的假说。撇开第一点形态不说,第二点"只有很少的同源词",第三点两者语音系统"几乎很难找到共同之点",就足以让人质疑"汉藏语同源"命题的真伪性。

实际上,白保罗的研究是很谨慎的,他没有把"汉藏语系"无限制地扩大到苗瑶、侗台语系,因为这些语系内部的词语及其语音形式与藏缅语系差距甚大;他的主要工作是藏缅语族同源词的比较,虽然谈及汉语,但都是探讨性的,书中引用的也都是高本汉《汉文典》中一些有疑问的谐声字,也没有给上古汉语构拟一个复杂的复辅音系统。

例如在讨论汉语的"肝"kan是否来自藏缅语的 *m-ka-n 或 b-ka-n 这样的形式时,白保罗说:"由于在上古汉语中带有前缀的同源词根很少,因此,这种同源关系难以普遍地建立起来,而其他理论还没有这种说法有利。"[16]这就不像是我们国内的一些研究者,毫无边际地为汉语上古音构拟了一套 *sCr- 或 *sCl- 系列和鼻冠音 *NC- 等系列(N代表m、n、ŋ等鼻辅音),说什么中古的端组字来自上古牙音带有次音节的 *k-l- 声母,精组字则来自 *sCr- 或 *sCl- 和 *sN- 系列,将白保罗的不自信变成了大胆的肯定和付之实行。

实际上很多国外学者在提出"汉藏同源"的假设时,都没有做出一种十分肯定的说法。如罗杰瑞在承认汉藏语同源的同时,也不得不承认说:"这种假设基于汉语、藏语和缅语及其它藏缅系语言之间少量的同源现象。"[17]白一平指出:"将汉语和藏缅语归入

---

[15] 本尼迪克特《汉藏语言概论》,第181页,乐赛月、罗美珍译,中国社科院民族研究所语言室,1984年。
[16] 同上书,第168页。
[17] 罗杰瑞《汉语概说》,第12页,张惠英译,语文出版社,1995年。

汉藏语系——尽管已被广泛接受但并非没有争议。"[18]

对汉藏语系说持否定态度的是法国学者沙加尔,他有两篇重要观点文章收录在《汉语的祖先》中,即《关于汉语祖先的若干评论》和《沙加尔的评论》。在文中,沙加尔批评白保罗、雅洪托夫和白一平的研究,存在着严重的循环论证,并认为,一些频繁援引的"汉藏语"词例,其实都是藏缅语从汉语中借来的词。沙氏说:

> 我回顾了有关汉藏语的一些证据,揭示出汉语和藏缅语所共有的相当大的一部分词汇,其实并不具备发生学的同源关系,但仅仅具有接触性的渊源关系,而且某些语音对应已经显示出借词层面的特征。……但就严格意义而言,它们之间并不存在这些语音对应。换而言之,把两种语言系统联系起来的对应,是坚持这两种语言来自同一原始系统的演化结果的主观性阐释。[19]

这是对白保罗《汉藏语言概论》的批评,同时从根本上否定了汉藏同源的假说,并指出这一假说源于某些人先验主义的"主观性阐释"。作者进一步指出:"迄今为止,在汉藏语言比较中,对汉语的主要结构特征:如三组塞音、声调系统等等,都还没有做出令人信服的解释。"[20]尽管沙氏错误地主张汉语与南岛语具有同源关系,但对白保罗坚持汉藏同源假说的批评却是很中肯的。

从语言接触看,自商周时代起尤其是汉代以后,居住在陇西地区的羌人与汉人往往杂居,尤其是汉末,大量的羌人进入内地,与北方的汉人接触频繁。例如,作为陇西人氏的董卓就与羌人来往密切,《三国志·魏志》董卓传记曰:"董卓字仲颖,陇西临洮人也。少好侠,尝游羌中,尽与诸豪帅相结。后归耕于野,而豪帅有来从之者,卓与俱还,杀耕牛与相宴乐。诸豪帅感其意,归相敛,得杂畜千余头以赠卓。"因此,现代藏语中有汉语的借词,或者说汉语有来自古羌语的借词都是一个很正常的事情。

在汉藏语同源问题上,国内一些研究民族语言的学者虽然持接受态度,但在表述上仍非常谨慎。如戴庆厦先生在其主编的《汉语与少数民族语言关系概论》一书中,认为汉藏语系"仍有待于科学证明"[21]。江荻在其成名作《汉藏语言演化的历史音变模式》一书中也反复强调:"汉藏语系还只是不确定的假说,是不完善的观察结果。"[22]在谈及

---

[18] 白一平《亲缘性强于偶然性:古汉语与藏缅语的概率比较》,《汉语的祖先》第116页,王士元主编,李葆嘉主译,中华书局,2005年。
[19] 以上参见沙加尔《关于汉语祖先的若干评论》,《汉语的祖先》,第347—349页。
[20] 同上书,第347页。
[21] 戴庆厦《汉语与少数民族语言关系概论》,第19页,中央民族大学出版社,1992年。
[22] 江荻《汉藏语言演化的历史音变模式》,第3页,社会科学文献出版社,2007年。

研究现状时，江荻认为："近200年来，特别是20世纪下半叶以来，汉藏语系的论证虽取得一定的进展，然而，距离学界达成共识仍十分遥远。"[23]笔者认为，这是一个比较实事求是的评价。

实际上，即使像张琨、李方桂等早年提倡汉藏比较研究的学者后来也变得非常谨慎。如白保罗引述张琨："尽管有许多学者的艰苦努力，但藏—缅语言和汉语的发生学关系还有待建立。"[24]又如李方桂："这些语言是否有系属关系至今还是问题。"[25]正因为如此，郭锡良先生在总结诸家观点后指出："我们认为，'汉藏语系'还只是一种假说，缺乏充分的证据，尚有证实的必要。"[26]其他学者在这方面也发表了类似的看法，不叙。

既然如此，也许有人会说，这些学者为什么还要在他们的著述中言必称"同源"呢？我们以为，这大概是出于谨慎的考虑，在还没有充分的理由否定其同源关系时，只好"姑且"如此。这一点，完全可以从倪大白先生参与《汉藏语概论》编写中得到说明，该书壮台语部分由倪先生编写。然而，在关于汉台语系是否同源上倪先生却持怀疑态度，其曰："汉语与壮侗语究竟是什么关系？是同一语系中的亲属语言吗？迄今为止，我们还是很难找到汉语、壮侗语之间真正有对应关系的同源词。"[27]

三 民族同源与语言同源之间的关系

在讨论汉藏同源与华夏民族关系时，需要澄清一个民族史观与语言史观之间的是非问题，族源与语源是不是同一关系？我们说，不是。民族同源是以"文化认同"为核心，语言同源则必须是以语言的语法形态、语音和词汇的一致性为基础。一个大的民族可能又包含若干个民族群体，这些民族群体往往表现为具有某种独特生活和语言风俗的种族群体，他们各有自己的历史来源，由于国家的存在，为了服从政权统治，不同种族组成了一个大的民族群体，所以族源与语源之间是一个非常复杂的关系。以现代国家与民族关系而论，同一族源的可能语源不同，如蒙古语族与汉语族都属于华夏民族，但语源不一样；同一语源的可能民族不同，例如作为突厥语的土耳其人与中国的维吾尔人绝不会认为是民族同源关系。且语言是变化发展的，语言同源有它的时代性和地缘

---

[23] 江荻《汉藏语言演化的历史音变模式》，第17页，社会科学文献出版社，2007年。
[24] 本尼迪克特《汉藏语言概论》附录五，第423页。
[25] 李方桂《方桂先生口述史》，第104页，清华大学出版社，2003年。
[26] 郭锡良《音韵问题答梅祖麟》，《古汉语研究》2003年第3期。
[27] 倪大白《壮侗语篇》，马学良主编《汉藏语概论》（下册），第922页，北京大学出版社，1991年。

政治的关系,即使是历史上曾经属于同一种语族关系的语言,其分化的历史时间久远,随着地理和政权分割的影响,也会相距甚远,会朝着各自的方向演变。作为出自三苗的姜姓别种"羌"族[28],在历史上与汉族长期共存往来,与华夏民族无疑是同源关系,但是,从语言上说,不见得二者就是同源关系,它们的底层本不相同。假如按照历史文献所说,舜帝将他们从南方迁徙到西北的析支河畔,之后至吐蕃国建立,这些种落或分化,或与其他民族部落结盟同化,就其主体而言,除其中一部分与汉族亲近者被"汉化"以外,大部分种落与汉族政权关系疏远,而与其他民族融合成新的独立发展的族群。可以想象,其语言也是独立发展的,藏语的形成有一点像近代蒙古语的形成。根据《蒙古秘史》等历史资料,蒙古族人原本居住在兴安岭额尔古纳河流域的深山老林中(其先世应当为鲜卑后裔柔然部落的室韦种落),成吉思汗的二十二代先祖孛儿贴赤那率部西迁(其时大约在唐中叶以后),来到蒙古大草原的达斡难河的源头不儿罕山之下。自成吉思汗建立蒙古汗国并消灭辽金以后,蒙古语得到迅速扩展,这时北方的契丹语和鞑羯语(满语前身)一部分汉化,一部分则融入蒙古语中,从而形成近代史上的蒙古语族,而蒙古语的底层却是古匈奴语、鲜卑语以及后来变异的古突厥语和契丹语。处于析支河畔的古羌人西南迁徙的过程也正是如此,直到吐蕃国的建立,诸羌语以及鲜卑语等得到同化,形成唐代的吐蕃语,而后发展为现代藏语。由此看来,争辩羌藏是否同源,对于解释汉语与藏语同源与否,都没有实质性的意义。纠结我们的,是把族源问题等同于语源问题。

　　族源与语源之间是个非常复杂的关系,例如,据文献记载,古代匈奴人是夏后氏之

---

[28] 这里需要辩证一个历史是非问题:"姜姓之别种",并不等于绪出姜姓族群。姜姓属炎帝部落,但尧舜时期,很多姜姓是赐封的。据《左传》、《国语》等历史文献,当时四岳佐禹治水有功,被赐予姜姓,其中还包括共工的后裔。《国语·周语下》:"共之从孙四岳佐之",尧帝"胙四岳国命为侯伯,赐姓曰姜"。以后西戎皆言姜姓,《左传·襄公十四年》晋范宣子谓戎子驹支曰:"来,姜戎氏,昔秦人迫逐乃祖吾离于瓜州。"驹支对曰:"昔秦人负恃其众,贪于土地,逐我诸戎。惠公蠲其大德,谓我诸戎是四岳之裔胄也。"盖当时三苗部落迁徙于西北者皆赐予姜姓,氐羌也在其中。此羌人为"姜姓之别"之由来。这种夷族被赐予汉姓的故事在后代一直沿袭着,如汉时匈奴冒顿之后即赐姓为刘,据历史文献,汉高祖以宗女为公主以妻冒顿,约为兄弟,故其子孙遂冒姓刘氏。晋时僭称大汉之主的刘元海(刘渊)即为匈奴后裔。又如唐武宗会昌二年(公元842年),回纥七部三万余人归降,诏赐回纥宰相爱耶勿姓名曰李弘顺,部将嗢没斯及其兄弟家族亦姓李氏,曰李思忠、李思贞、李思义等。又西夏王李元昊,其先拓跋思恭因唐末平定黄巢有功,亦赐姓李氏。又北宋时吐蕃人首领嘉勒斯赉(《宋史》曰唃厮啰)嫡孙穆占(又名木征),神宗熙宁七年(公元1074年)以河州、洮州来降,诏赐姓赵,名曰赵思忠,其后整个家族部落均姓赵。又太宗淳化二年(公元991年)党项人李继迁、李继捧等降宋,诏赐姓赵,曰赵宝吉、赵宝忠。以此推论,当时的三苗乃为臣服于炎帝部落的附属部族而已。

　　遗憾的是,很多人在此问题上不甚清楚,否定"羌藏同源说"的学者也是直接把羌人直接看成是姜姓部落。俞敏先生著《东汉以前的姜语与西羌语》一文(《民族语文》1991年第1期),把西羌语直接看成姜语,并以齐人著作中的词语音韵现象直接与藏语相比较,认识上恐有偏异,窃以为不可取。

遗民,《史记·匈奴列传》:"匈奴,其先祖夏后氏之苗裔也,曰淳维。唐虞以上有山戎、猃狁、荤粥,居于北蛮,随畜牧而转移。"如果文献记载可信的话,匈奴与华夏同源。而后来的契丹和蒙古人其实都是匈奴人的后裔,但契丹和蒙古语都属于阿尔泰语系。或许,这正是俄国学者斯塔罗斯金等人所坚持认为的:汉语与北高加索和叶尼塞语具有同源关系的一个重要理由[29]。当然,汉语与阿尔泰语系是否同源,可以猜想,但国内学者中鲜有接受者。

从中华民族进化史看,笔者认为,在中国境内及其邻边国家,自古至今实际上存在着五种并行发展的语系:(1)汉语系,(2)以古羌语为主体的藏缅语系,(3)以汉代匈奴语和鲜卑语为本体的古突厥语、契丹语、蒙古语、满语以及境外的日本和朝鲜语(现代语言学家一般划归为阿尔泰语系),(4)以中国古代南方蛮夷民族为主体的苗瑶语系,(5)以中国古代百越民族为主体的侗台语系。这五种语系各自独立发展,在词汇上互相借贷[30]。当然,不排除这五种语系之外还有其他一些少数族群语言在历史上的存在,但这些民族先后被周边强势民族同化,他们的语言也随之消失了,因而难以考察。

由于华夏民族的不断南扩,汉语与处于中国南方的侗台和苗瑶语的接触和渗透甚多,这些从语言类型上完全可以看出来,例如汉语是分析性语言,有声调变化、主谓宾的顺序主要为 SVO 型(上古汉语疑问句和否定句中的代词宾语置于动词前),侗台、苗瑶语也是如此,而藏缅语系以及阿尔泰语系均与此不同。在"亲属"关系上,与汉语亲近的与其说是藏缅语系,倒不如说是南方的苗瑶等语系。当然,语言类型学的关系不等于语言发生学的关系,这种"亲近"也只能是民族间的交往、融合和语言接触,离证明语言的同源关系还有相当的距离。同样,把汉语说成与藏语同源,不仅在语法形态上得不到说明,而且在语言的发生学上也无法得到证明。因为同源的基础是有一定数量的同源词或者是同根词,语音系统呈规律性的对应。至少,从目前的研究看,还没有取得令人信服的研究成果。仅凭"少量的同源现象"(事实上并没有得到证明),就推定其有同源关系,未免过于简单。

从尧舜时代三苗部落被迁徙到西北以后,自夏商周及秦汉以来,以汉族为主体的华夏民族与这些夷狄部落多有接触,如夏时周人先祖不窋(后稷之子)因失其官而自窜于戎狄之间,以后戎狄与汉族也多有婚姻往来,但是从语言学的角度看,这只是语言接触

---

[29] 斯氏认为,应当建立一个独立的"汉藏—高加索"超级语系。这是一个非常庞大的汉语亲属关系族群,其说让人难以据信。参见斯氏《上古汉词汇:历史的透视》一文,载《汉语的祖先》,第372—418页。

[30] 除了这五种语系以外,在汉代的西域地区还存在着古楼兰语、于阗语和吐火罗语等,这些语言据研究属于印欧语系。但这些语言后来消亡了。

而非语言同源关系,有时候我们往往把语言接触与语言同源关系混淆。从尧舜时代看,我们还看不出汉语与古羌语有发生学的关系,上溯到炎黄时代,东南方的姜姓部落与北方的姬姓华夏部落仍是两大对立的政权实体,传说中黄帝战蚩尤,共工与颛顼争帝,尧舜对九黎三苗的征伐,实际上都是这种对立状态的延续。从这个意义上说,所谓汉语与藏语同源至少在炎黄时代未能发生。或者从考古学意义上说,在黄河流域的仰韶文化时期,汉语与藏语还不是一种混合型的原始汉藏语。除非你能够证明,华夏民族也是在某个遥远的考古年代,从南方迁徙至北方,但这似乎与历史考古不相符合,因为在黄河流域出现了大量的新旧石器时代的人类遗址。从新旧石器文化遗址看,当时不同地域具有民族文化特征的部落集团已经形成,诸如东夷部落(大汶口文化)、苗蛮部落(良渚文化)、华夏部落(仰韶文化)、北狄部落(红山文化),等等。至于原始汉藏语发生在远古的哪个时代,是一个无法进行科学考证的命题。

汉语的形成及其发展,是个非常复杂的历史过程,原始部落间的同盟促成语言的同化而形成民族共同语,民族强盛及其扩张使得该民族语言得到强化。尽管后来炎黄两大部落结成一个大的部落联盟,但民族融合与语言同化是一个漫长而又复杂的历史过程。从商周以来的历史文献看,华夏汉民族是一个具有高度文明的民族群体,而处于西北的"戎狄"始终是一些松散的小部落,它们与华夏民族或亲近或疏远,在这过程之中,一部分戎族及其语言同化了,一部分则没有同化,而藏语(古羌语)就是没有同化的那部分。所以从历史文献与考古看,藏语与汉语是两个谱系的语言。我们的错误往往是把族源与语源混淆在一起,同时又把语言的接触关系当成了语言的同源关系。

由于汉语是有文字记录的语言,其文化上的优越性不仅强化了其语言本身固有的系统特点,也使得周边民族的语言逐步"汉化"。它一般不容易为他族语言影响而发生较大的变异,虽有语言接触,并吸收其他语言词汇,但它会按照汉语的构词法和语音形式加以改造,例如将复辅音词语改造为双音节词语,或者节略其中某个辅音而使之成为单辅音声母的音节,这从历史文献的音译文字中完全可以看出来[31],至今汉语对外来词语的吸收也是如此。通观世界语言学史,如果某个民族的语言有文字记载,且产生过优秀的文化遗产,该语言就有很强的凝固性和向心力,其发展必然是呈规律性和系统性;反之,如果该民族或种落没有文字,语言就容易发生变异,或分化或融合于某个强势民族语言之中。

如果上溯到原始社会的若干个时代以前,这五种语系或许有某种共同的族源关系,

---

[31] 如《唐蕃会盟碑》:藏文 khri,汉译"绮立";藏文 bran,汉译"勃阑";藏文 klu,汉译"矩立"。参见周季文、谢后芳《敦煌吐蕃汉藏对音字汇》,第 235—243 页,中央民族大学出版社,2006 年。

我们可以称之为东亚"蒙古人"原始部落群,但这是人类起源的问题,于语源的研究没有实质性的意义,就像我们描写第一支从非洲大陆走出来的人类祖先——类人猿的语言一样,假如人类的起源是这样的话[32]。

因此,依照上述本人的考述,藏语与汉语的同源关系并不明确,不如将藏缅语系独立,就像突厥语和蒙古语独立为阿尔泰语系一样。

此外,我们还必须考虑同一族源的语言分化与发展,如果时间久远,就会造成两种语言的面目全非。这里最直接的事例就是西夏语的消亡,根据现存西夏文历史文献,研究民族语言的学者认为它属于已经"消亡"的藏缅语系,作为党项羌的西夏语,与现代藏语竟然找不到多少相似的地方!这些差异完全可以从戴庆厦和黄布凡先生编辑的《藏缅语语音和词汇》一书中看出来[33]。除非我们能够证明,在西夏语中还有其他民族语言的成分[34]。还有汉代的"白狼歌",据说也是一种"死亡"的藏缅语系。又同是突厥语的回鹘语与契丹语,由于地理分裂,至五代时不能相通,据文献记载,辽太祖弟达喇,字伊勒都堪,天显元年(公元926年)为中台省左大相,性敏给。"**回鹘使至,无能通其语者,**太祖曰达喇聪敏,可使迓之。相从二旬,能习其言语书契,因制契丹小字,数少而该贯。"[35]回鹘文属于突厥语系,元代为蒙古族所采用,形成后来蒙古文的基础,两者之间,语属是很清楚的。也由此可见,语言的发展和分化所产生的语言变异问题。又如日

---

[32] 关于人类起源有多种假说,人类从非洲走出是其中比较流行的观点。虽然其中疑问很多,本文不得已姑且采用之。但是,本人一直相信,人类起源乃至人类语言的起源,绝不是一个中心,而是多个中心的散点出现。据中国新闻网报道,2011年4月至今年2月,美国《科学》杂志连续发表了数篇关于人类语言起源的文章,其中还有中国学者的文章(相关报道见《中国社会科学报》2012年2月15日),或云起源于非洲,或云扩散于亚洲里海。从报道内容看,都是想象的成分大于语言事实的分析,况且世界上据说有6000多种语言,要把这么多的语言事实(诸如语音、词汇和语法结构等)调查清楚,都是一件非常困难的事情。人类语言的形成乃至发展,既有自然因素,但更多的是社会因素,且与人类心智发展及该民族社会的历史文化密切相关,在这些因素制约下,语言的发展又呈现出自己本身的特点和规律。因此,所有关于人类语言起源的假说都是违背科学原理和语言学原理,永远无法证实。汉藏语同源假说也类似于此。

[33] 一些学者认为它与道孚语或木雅语相近,但意见分歧。参见《汉藏语概论》,第213页。

[34] 根据西夏王朝的历史,党项为羌种落无疑。但西夏王李元昊家族却源出于鲜卑族的拓跋氏,且当时部落甚多,有细封氏、费听氏、往利氏、颇超氏、野辞氏、房当氏、米擒氏、拓跋氏等,而拓跋最为强族。因此,其语言中是否含有阿尔泰语系的因素,需要民族语专家做艰苦的研究。正因为如此,一些历史学家也提出疑问。参见白滨《党项史研究》第三章《研究综述》部分(吉林出版社,1989年)。我们认为,合理的解释应该是:西夏语的基础是南北朝时的西北羌语,并融入了其他民族的一些语言成分如阿尔泰语。尽管西夏王室属于拓跋氏(或对此有异议),但它的民众基础仍是以羌人为主,其建国的基础就是北朝时的宕昌羌和邓至羌,《旧唐书·西戎传》:"党项羌在古析支之地,汉西羌之别种也。……自周氏灭宕昌、邓至之后,党项始强。"也就说,一个来自异族的统治者,是很难改变整个民族部落语言的。

[35] 以上参见清《钦定续通志》,卷一九一《宗室传》。

语和朝鲜语,按照本人的观点,也是远古时期从中国境内古东胡民族(古夫余国)中分化出去的阿尔泰系语言,然而,它们与现在的阿尔泰语系又有很多不同的地方,致使我们现代语言学家不知道归属于哪一种语系才好。

即使是同一种汉语,如果脱离本族生活环境而与非汉语环境相处,时间久了也会发生变异。史载安史之乱,"吐蕃乘虚取河西、陇右,华人百万皆陷于吐蕃。开成时,朝廷尝遣使至西域,见甘、凉、瓜、沙等州城邑如故,陷吐蕃之人见唐使者旌节,夹道迎呼,涕泣曰:皇帝犹念陷吐蕃生灵否? 其人皆天宝中陷吐蕃者子孙,**其语言小讹而衣服未改**"[36]。

从天宝年间的安史之乱(公元755年)到开成年间(公元836—840年),百年时间不到,陷落吐蕃的河西、陇右的汉族民众就"语言小讹",可见在政治地域的板块因素下语言的变化发展。遗憾的是,我们的研究者并没有考虑这些因素。

如此看来,在汉语与藏语同源关系未能明确之前,要强行建立比较关系而借以构拟"原始汉语"或"远古期汉语"的语音系统,恐怕永远是个神话。

退一步说,即使汉语与藏语在五六千年前有发生学的关系,两者分化以后其发展也是各自不同。如同现在数以万计的孔子后裔,面目各异,要从这些后裔的体貌特征中比较构拟出两千多年前孔子及其儿孙的体貌特征来,恐怕永远是个神话。生物遗传学的道理其实跟历史语言学的原理是一样的。

四 余论

以上我们从历史文献出发,考证了古羌族的历史发展及其与汉族的接触问题,论证了羌藏同源关系。今天的藏语,其前身就是唐时的吐蕃语,而吐蕃语的前身则是周秦时的古羌语。从中华民族进化史看,藏族与汉族无疑都属于华夏民族,但族源与语源是两回事情,族源是文化认同,而语源则是语系相同。从现存历史文献以及现代语言学研究成果看,汉语与藏语之间似乎很难看出具有语源上的发生学关系,也就是说两种语言在语音、词汇和语法形态上差别很大,两者之间很难找到一定数量关系的同源词。由于历史上羌人与汉族之间的来往接触,两种语言之间都会吸收一定的借词,吸收的借词有时会按照自己本民族语言的语音和构词法加以改造,以适应自己的语言特点,同时也会在一定程度上影响到某些语言因素的变化发展,例如汉语中的一些谐声字的异读现象,有可能就是语言

---

[36]《旧五代史·外国列传二》。此事又见于王溥《五代会要》,卷三十《吐蕃》条。

接触后而发生音变的[37]。因此,我们应当区分借词与同源词的关系,更不要把语言接触当成同源关系。

语言接触与语言同源是一个非常复杂的历史问题,即以汉语来说,历史上那些与汉人杂居相处的少数民族,尤其是魏晋时期进入中原地区的"五胡"民族(匈奴、鲜卑、羯、氐、羌),都先后同化了,说的都是同一种汉语,乃至后来辽金蒙元人都是如此,这是文明的向心力。但与此相联系的还有部落政权的统治力量,被征服者的臣服关系,从而不知不觉地抛弃自己的母语而同化于征服者的强势语言之中。这种语言的同化现象古今中外都是如此,美洲的印第安人和玛雅人被欧洲殖民者长期占领之后,他们的语言也就逐渐地同化了。又如西汉时有一支月氏族归附西羌,《后汉书·西羌传》说它"被服饮食言语略与羌同",而当时月氏族的语属以现代眼光视之,应当属于阿尔泰语系。"随乡入俗",语言的同化也是这个道理,否则,就难以融入"主流"社会。战国时楚国大将庄蹻率众入云南成西南夷滇王,为便于统治和管理各蛮夷部落,不得已"变服从其俗"(《史记·西南夷列传》)。与胡者为胡,与汉处为汉,史载周平王东迁后,周室衰微,诸戎纷纷进入伊落等中原地区,大夫辛有适伊川,见被发而祭于野者,曰:"不及百年,此其戎乎?"[38]颜之推"南染吴越,北杂夷虏",是一个很经典的语言接触理论。

从此意义出发,当年南凉秃髪部落率众西奔而于羌中建国时,其随从者也不全都是羌人,也应该有鲜卑人或匈奴人等,由于其部众底层都是羌人,加之吐蕃所据之地及周围都是羌人,所以这些人的语言也就慢慢地"羌化",形成一种新的"吐蕃语",故唐时的吐蕃语不会与秦汉时的羌语相同。有同化也就有分化,长期以来部落政权的分裂或民族部落的迁徙,都会造成原来同一种母语的分化,西夏党项羌的语言不同于其他的羌语和藏语,就是一种典型的分化例子。

讨论藏语的历史来源问题,有利于澄清我们在汉藏比较研究中的一些讹误是非,尤其是我们进行上古音的比较构拟时,揭示藏语的历史来源有着十分重要的意义。

首先,在亲属语言的划分上,我们除了要做语言描写的基础工作外,我们还应该就该语言的民族历史进行研究。以藏缅语系为例,假如要证明羌藏语与缅语为同一语系,

---

[37] 举例来说,在藏文里,声母 ɦ- 与 m- 交替是一个非常自然的现象,类似汉语谐声中的黑/墨,每/悔。假设古羌语也是这样,羌人在汉化过程中就会将这一类字的声母或读 ɦ-,或读 m-,久而久之则成习惯。另外,藏文动词有时态变化,laŋ(起)亦可念成 slaŋ(使起),这些也有可能会影响他们的语言习得,在母语的作用下产生某些语音上的迁移现象,因为他们不知道该用哪一个语音时态好,于是,一个汉字声母为 l- 的字,也有可能会念成 s- 的音,如娄/数之类。自周秦以来,民族迁徙而使中国北方非汉族成分居多,随后不断汉化。而语言是渐变的,人们习焉不察,尤其是经过经师训读而著述于简帛之后,讹变则成定型。世代相传,不能遽改。因此,民族融合是汉语发生变化的一个重要因素。此问题复杂,我们将另文详细讨论。

[38] 参见《左传·僖公二十二年》。

我们就必须考察历史上羌人迁徙的过程,他们在何时迁徙到云南南部乃至缅甸,如果不能找出这种迁徙的遗迹,且在语言形态及词汇语音上与羌藏语差别很大,我们就无法确定它们在语系上的同源关系。可惜,这样的研究,在一些相关著作中非常匮乏。

其次,在汉语上古音的比较构拟上,就应该考虑藏语的历史层次问题。这种历史层次往往表现在羌族人的历史迁徙和地理分布上。前面说过,现代藏语不等于唐时吐蕃语,而吐蕃语又不同于秦汉时期的西羌语;同理,处于甘青河湟地区的羌语不同于川滇地区的羌语,也不会同于拉萨地区的羌语。而我们全部的比较构拟工作,实际上是拿一部以卫藏方言为中心的藏语词典来进行的,然后说"藏语"某个词汇的语音如何,这就抹杀了藏语的时空差异。人们不禁要问:这个藏语词究竟是哪个地区哪个历史层次的?能与汉语做上古音比较吗?

我们认为,汉语与藏语是否有谱系上的同源关系,应当做认真的研究和辩证工作,在基本事实还没有弄清楚以前,同源词的比较应当谨慎进行,历史比较法只是一个原则和方法,但还必须要与中国的历史文献结合起来,充分尊重汉语事实,切忌先入为主,以主观构拟去建立"同源"关系,然后循环论证。可惜,这种研究仍在大行其道。

历史比较法有个严重的缺陷:在亲属语言关系的比较上,往往只注重语言的平面描写,而忽略语言的历史考察。由于汉语与藏语都有悠久的历史,其关系又极为错综复杂,要描写这两种语言的历史发展尤其是藏语,不是历史比较法所能奏效的。因此,为了弥补这个缺陷,我们应该努力将语言描写与语言事实的历史考证有机地结合起来,从而建立真正的中国语言学理论:语言描写与历史文献考证研究法。简而言之就是"语言描写历史学派"[39]。

我们说,没有历史论证的不是历史比较法,在一定的时间范围内,不能说明其语言的历史来源,且在词汇语音上难以进行有效的具有严格规则对应的同源词的历史比较,不能确定为亲属语言关系。

总之,语音变化的时地发展观,是我们永远记住的法则。汉藏亲属语言的历史比较研究,必须考虑它的历史时空差异问题,以及语言的历史接触而带来的语言变化,任何脱离汉语事实,不顾历史时空差异的上古音系构拟,必然会误入歧途而被历史抛弃。就汉语上古音系与亲属语言的比较而言,尚处于探索阶段,我们的研究工作仅仅是个开始,还远远没有完成,其实还有很长的路要走,切莫把探索的过程当成最后的结果,否则,那将是大错特错!

---

[39] 实际上,我的老师鲁国尧先生很早就提出过这个问题,并贯穿于自己的研究之中,论文《论"历史文献考证法"与"历史比较法"的结合》对此有深刻的阐述(《古汉语研究》2003 年第 1 期)。平时又多加教诲之,因此,本文研究只是述师说而已。

汉语音韵学研究,说到底是一门朴实的学问,我们在坚持观念创新的同时,还必须与科学的方法论相结合。

然而,令人遗憾的是,由于当今中国的学术生态环境遭到污染和破坏,由少数人制造出来的"皇帝新衣服"的社会效应,正弥漫在整个学术界,令人痛惜!

(张民权:中国传媒大学文学院,100024,北京)

从音义关系看中古来母字的
上古音来源(上)

——兼论 K-l-式双音同源词的产生

黄 易 青

提要： 上古来母字的意义可归纳为连续、重复、反复、多数以及条状、通灵等相近相通的特征，作为象声词则多表示声音的持续、重复、反复。意义特征与肖声功能的一致性显示了音与义的内在联系和引申规律，由此得到词源上的来母的表义表音功能。带有来母字较为凝固的双音词，为两个语素组成，其中来母音节也具有连续、反复等上述相关意义特征，证明这些词在更早时由一个主音节加一个表示持续意义或声音特征的从音节来母字组成：K-+l-＝K-l-。这是一种以上古音义自然关系和发音节省原则为基础的、把单音节发展为双音节的词汇发展结构，在后代以至现代仍然具有生产新词的活力。语言中，叠音 K-K-结构与 K-l-结构都可以表示意义和声音的持续重复，两式可以交替；而记载语言的文字并未都能实现交替，导致叠音结构 K-K-的次音节与 K-l-结构次音节读音在同一字形上的交替，进而形成 K-音节既有原声母又有来母的叠韵同义异读。从谐声系统看，K-l-中 l-音节字的声符既有与喉牙唇音纠葛的，也有真正反映语音实际的纯来母的，说明文字的谐声系统并不能准确反映语言的语音系统。语言事实反映的来母的单纯与谐声系统表现的来母与其他声母交替的矛盾，说明文字上谐声的纠葛表象不能解释为语言中语音的实质是复辅音。

关键词： 来母字　上古音　复辅音　音义关系　以义正音　双音同源词

谐声等上古汉语材料中表现的不同发音部位声母的交替，传统研究多从时地音变解释交替，现代语音学则多以古有复辅音解释。其中涉及来母字的材料范围最广、数量最多并且最难解释。来母字不但与唇、牙、喉、舌、齿声母发生谐声、异文、假借等关系，而且在很多涉及各部位声母、较为凝固的双声节的声音结构(简称 K-l-)上表现出非常

---

* 2011 年度教育部人文社会科学重点研究基地重大项目《汉语词源理论及上古汉语同源词库》前期成果，项目号：11JJD740009。本文材料搜集和思考断断续续于近 10 年间，受启发于向王宁师的请教和与孟蓬生师弟的切磋，学界正反面意见也给予不少启发和思考，在此致谢。最后写作时在国外，材料查阅及时间均受限制，未能展开深入。此篇先做传统的词义训诂和音韵关系的解释，语音学方面的解释请见续篇。

值得注意的特征,因此它们往往被放在一起研究和解释。一些学者特别关注涉及来母的问题,如,雅洪托夫认为二等字有介音-l-[1],竺家宁专门讨论涉及舌尖流音的复辅音[2],近些年有的学者专门研究了上古来母字[3],都促进了研究的深入。然而传统研究以经验和个人的体会处理材料,往往缺乏细致的分类和分析,尚未有对音变的音理和过程的严密解释;现代研究坚持音变必须有条件,一定要在上古音素中对应出中古声母音素的来源,对于一些双音词,先认为是一个语素,然后用复辅音的裂变解释两个音节的来源。结果就是学界所面对的,传统研究的往往不能解释复杂的事实,复辅音主张者则无论是在复辅音演变为单辅音的模式(高本汉的 A、B、C 三式),复辅音各音素在何种条件下为何丢失、为何保存,还是在复辅音的种类这些问题上,都还言人人殊。因此,两种研究的长处,即传统语言学认为古今声类不断演变,古音和古义相关从而必须综合考察等主张和方法,现代语音学对语音演变的逻辑和原理的解释诉求和方法,综合运用,有助于上述复杂材料的解释。基于此,本文以 K-l-模式的解释为起点,探讨中古来母的上古音来源。

在语言与文字的关系中,一个字或记载一个词(包括表义或肖音),或记载一个不表示意义的声音。在 K-l-结构中,一个字或记载 K-,或记载 l-。因此,要探讨 K-和 l-,它们是共同记载一个语素,还是分别记载两个语素,关键是探讨 K-l-中的 l-是不是语素。为此,必须先归纳来母字的音义特征,以与 K-l-中的 l-比较。来母字的音义特征和作用,从两个方面观察,一是来母字意义特征,二是来母词的肖音特征,包括表义和肖音的 K-l-形成机制和过程。在此基础上,进一步讨论来母字的上古音来源。

一 来母字的意义特征

1.1 来母字记载单音词的意义特征

传统的学者以及一些现代学者讨论音义关系时,多分别双声与叠韵,以考察声音与意义的关系[4],本文谨承其旨。来母单音词有一些比较集中、突出的表义特征,叠音

---

[1] 雅洪托夫《上古汉语的复辅音声母》,选入《古汉语复声母讨论集》,北京语言文化出版社,1992 年。

[2] 竺家宁《上古汉语带舌尖流音的复声母》,《中正大学学报》1 卷第 1 期,1990 年,收入赵秉璇、竺家宁编《古汉语复声母论集》,北京语言文化大学出版社,1992 年。

[3] 北大博士论文《来母字及相关声母字的上古音研究》,导师孙玉文,曾阅读,写作时无法查阅。

[4] 传统学者不烦举证。现代学者如王国维、梁启超、沈兼士、王力。王国维《观堂集林》卷二提出:"……与其谓古韵明则训诂明,孰若谓古双声明则训诂明与?"其他有关论述参见:梁启超《从发音上研究中国文字之源》,《饮冰室文集》卷六十七;沈兼士《右文说在训诂学上之沿革及其推阐》,《沈兼士学术论文集》,中华书局,1986 年;王力《汉语史稿》下册,第四章,中华书局,1980 年。

则强调其意义特征。诚然,来母的双声字中,其韵母不同则意义也相应有所不同(声母相同并非都是同源,对此本文不予讨论)[5],但来母词具有共同的意义特征,是很显然的。本文从《说文》、《尔雅》、《方言》及《诗》、《书》等经典文献搜集归纳来母词意义特征,主要有:(例证众多,选其简明者,以能证明为限。例证用字必要时用繁体,以显示谐声关系)

连续、连系 《说文》:"遱,连遱也。""譧,譧譧也。""朧,楚俗以二月祭飲食也。一曰祈谷食新曰离朧。"谓新旧食谷连遱。"渿,一曰汝南人谓饮酒习之不醉曰渿。""嫘,随从也。""吕,脊骨也。"《方言》十三:"屋梠谓之櫺。"即连绵义,故注谓"亦呼为连绵"。《说文》:"梠,楣也。""闾,二十五家相群侣也。""鋃,鋃铛,琐也。"段注:"(琐)俗作锁……彫玉为连环不绝谓之琐。""秝,稀疏适秝也。""鳞,鱼甲也。""鄰,五家为鄰。""瓈,玉英华罗列秩秩。""磊,众石貌。""连,负车也。"(依段本)"联,连也""潓,泣下也。《易》曰:'泣涕潓如。'"今《易》作涟。"挛,系也。"《易·小畜》:"有孚挛如。"马曰:"连也。"虞曰:"引也。"《易林》:"一牛九锁,更相牵挛。""霖,凡雨三日以往为霖。""霖,久雨也。""癃,疝病也。"(谓小便哩哩啦啦之病。)微弱接续为溓,《公羊传·文公十三年》:"周公盛,鲁公燾,群公溓(今作廪)。"何注:"廪者,连新于陈上,财(才)令半相连尔。"疏:"廪谓全是故谷,但在上少有新谷,财得相连而已,故谓之廪。廪者希少之名。"段注溓字谓"此溓引申之义也"。"秜,稻不黏者。读若风廉之廉。"(当如"读若风溓溓"。)稻不黏即稀松疏散者,连续之意。(癃之为疝病,犹秜为秈稻。)

来母词叠音以形容连续状态 《说文》:"泷,雨泷泷也。""渿,雨渿渿也。""录,刻木录录也。"《系传》:"录录犹歷歷也,一一可数之皃。"歷录即连续之特征。"潾,水生崖间潾潾然。""逦,行丽逦也。"段注:"紫迂貌。""淋,以水沃也。一曰淋淋,山下水也。"

并列合成以形容连续状态 如上引连遱/譧譧/离朧。又如,磊砢、瀝漉/轆轆/歷录、鹿廬、襤褸。瀝漉是水滴的连续,轆轆是缠束的连续,音义同。《方言》五:"繀车,赵魏之间谓之轆轆。"《说文》:"楺,车歷录束文也。"《秦风·小戎》:"五楺梁辀。"传:"楺,歷录也。一辀五束,束有歷录。"

末尾、残余 《说文》:"灓,漏流也。"灓是残余末流。(《战国策·魏策》:"惠公曰:昔王季歷葬于楚山之尾,灓水齧其墓。"《吕氏春秋》记载相类。山之尾,故为流之末,亦为小水流。)"瀾,潘也。"按,潘之言末,瀾亦末。(与"酒阑"之阑音义同。《周礼·槀人》"掌豢祭祀之犬"注:"虽其潘瀾戔余,不可褻也。"《释文》:"戔音浅,本亦作殘。"潘瀾即残

---

[5] 参见王宁等《词源意义与词汇意义论析》,《北京师范大学学报》,2002年4期;黄易青《上古汉语同源词意义系统研究》第二章第二节《源义素的实质与意象对事物特征的理解》,商务印书馆,2007年。

余。)"零,徐雨也。"零星亦残余。(徐谓迟行即末。)

小 《说文》:"逯,行谨逯逯也。"注:"张衡赋趦趄谓局小儿,义与此同。《广雅》'逯逯,众也',《女部》'婦,随从也',《萧相国世家》、《平原君列传》作録録,义皆相近。"

并列、重复、反复 《说文》:"龓,兼有也。""楼,重屋也。""勍,勍力,并力也。""犖,驳牛也。"毛色并有多种。"㹁,犅牛也。㹁《春秋传》曰'犥㹁'。"今《左传·闵公二年》作"尨凉"。犥是"白黑杂毛牛",段谓犥、㹁同义。按《左传》"太子帅师,公衣之偏衣"注:"偏衣,左右异色。"即两种颜色并列各半,故有杂义。"凉,薄也。"段注:"以水和酒,故为薄酒。""醇,杂味也。"段谓以诸和水,即薄味。凉醇皆谓两物相掺杂,取相并意。"两,再也。"《释诂上》:"亮,信也。"《诗》、《说文》作谅,信即再、重复之义。(《释训》"有客信信,言四宿也"注:"再宿为信。")《史记·尉佗列传》:"黎旦,城中皆降伏。"黎旦即黎明,即比明。《书·吕刑》"乃命重黎"传:"重即羲,黎即和。尧命羲和世掌天地四时之官。"按,羲亦和(双声叠韵),故羲和即"重和";"黎即和",故"重和"谓之"重黎"。黎从利声,《释诂》三:"利,和也。"《说文》:"利,从刀,和然后利,从和省。"和亦重复、反复之义。《说文》:"伦,辈也。""沦,小波为沦。""轮,有辐曰轮。""澜,大波为澜。"(沦、澜即一波波反复轮回的圆。)"砢,磊砢也。"来可切。"孪,一乳两子也。"

聚 《说文》:"搂,聚也。""偻,厄也。""瘘,颈肿也。"《广雅·释器》:"柳,车也。"疏证:"柳之言聚……柳、萎、缕、偻并通。"《说文》:"林,平土有丛木曰林。""罧,积柴水中以聚鱼。""揽,撮持也。"

多 《释言》:"屡,亟也。"注:"亟亦数也。"《释诂上》:"黎、旅,众也。"《大雅·云汉》"周余黎民"笺:"黎,众也。"《周颂·良耜》"积之栗栗"传:"栗栗,众多也。"(《说文》引作秩秩。)《说文》:"旅,军之五百人。"《释诂下》:"庲,数也。"注:"庲庲,数也。"栗栗、庲庲,皆重言以形其多,犹上举重言以状其连续。

线形、条状、绵长 《说文》:"缕,线也。""流,水行也。""瑬,垂玉也。""霤,屋水流也。""柳,少杨也。""络,生革可以为缕束也。""路,道也。""闾,门高也。""根,高木也。""鬑,发长也。""鬚,一曰长貌。"此二字为绵薄之长(薄义由韵母而具,以下几字同例)。"溓,溓溓,薄冰也。"《文选》潘安仁《寡妇赋》:"雷泠泠以夜下兮,水溓溓以微凝。"注:"丁仪妻《寡妇赋》曰:'霜凄凄而夜降,水溓溓而晨结。'"《说文》:"鬑,噤也。读若风溓溓。"(徐笺:"当作饑。")读若当取"溓溓"之薄义。风溓溓,前人多阙疑,盖谓轻风习习,故有薄义。噤为小食即薄食,饑为谷不熟即薄收。"帘,帷也。""簾,堂簾也。""礛,厉石也。""鎌,锲也。"

通枨、玲珑、漏漉 《说文》:"娄,空也。""篓,竹笼也。""镂,刚铁也,可以刻镂。""庼,屋丽娄也。"丽娄即屋墙窗牖刻镂通枨之貌("囧,窗牖丽娄闛明也。"《孟子》有"离娄之明",通透故开明)。"浰,浚也。一曰水下貌。""哢,喉也。""嵺,空谷也。""巏,大长谷也。""篢,举土器。一曰笭也。""醨,汁滓酒也。"谓用筛网浚漉所剩。"廫,空虚也。"《广雅·释宫》:"筶,柅也。"《说文》:"篖,籠也。""瀝,漉也。一曰水下滴瀝也。""飉,北风谓之飉。""輬,卧车也。"(《史记·秦始皇本纪》:"棺载辒涼车中。"涼同輬。辒谓密闭蕴合;輬谓通敞。)"笼,籠也。"段注:"泛言笼下之器耳。""籠,大箕也。"以连续、绵长故有无界限义。"濫,泛也。""壈,过差也。"《方言》三:"裂,褴褛。"裯谓之褴褛,无缘衣也。"通透、通梜故有清澈义。"瀏,清深也。""浏,流清貌。"

以上归纳诸义,皆相关相通。末尾义与连续义,并列义与连续义,聚集、多数义与连续、反复、并列义,皆相引申;线形、绵长的特征与连续、反复的特征,意象相同。通梜的特征与连续的特征意象相同。

1.2 来母字记载 K-l-之 l-音节的表义特征

K-l-结构的词,为数众多,历来为研究音义关系、古音演变及复辅音声母者所重视。K-l-为最初的词序和样式;l-K-形式为倒言。

1.2.1 关于 K-l-前人研究的主要观点

《释虫》:"果蠃,蒲卢。"注:"即细腰蜂也。俗呼为蠮螉。"《说文》:"蠕,蠕蠃,蒲卢,细腰土蜂也,天地之性细腰纯雄无子。《诗》曰:'螟蛉有子,蜾蠃负之。'蜾,蠕或从果。"段注:"戴先生曰:'古语谓随变而成者曰蒲卢。'"

程瑶田《果蠃转语记》认为,果蠃、瓠瓜、瓠卢、蒲卢、匍匐、莱菔、趵突、抠揄、扶摇、呕喻、噢咻、容与、孚俞、蚨虷、扶胥、浮思、婆娑……都是一语之转。"……凡上所记,以形求之,盖有物焉而不方,以意逆之,则变动而不居,抑或恒居其所也,见似而名随声义在。"[6]

刘师培说:"……蜾蠃之音又转为果蓏,《说文》云,苦蔞名果蓏。盖苦蔞亦为圆形,故字异音同。果蓏亦作果蠃,苦蜾、蔞蠃皆系双声。若近人称瓠为胡卢,或曰蒲卢,其音亦由果蠃通转,盖瓠亦形圆中细之物。蒲卢之合声近瓠,瓠、壶叠韵,蒲、匏双声,莫不取义于圆转。今江淮之南称物之圆转不已者恒曰圆滚卢,故物之圆而易转者古人皆称以此名。植物之果蓏、胡卢,动物之土蜂蜾蠃、螺蛳,所由异物而同名也……又《尔雅·释木》云:'边,要枣。'郭注云:'子细腰。今谓之鹿卢枣。'鹿卢二字与蠃字为双声,即系蠃字之转音。形圆中细之物咸谓之鹿卢,故凡物之形圆中细者均可谓之为蠃。"[7]他以

---

[6] 程瑶田《果蠃转语记》,安徽丛书,1933年。
[7] 刘师培《物名溯源》(下引刘说不加注出处者同此),《左盦外集》卷七,《刘申叔遗书》,1936年。

"形圆"的特征系联果蠃、果蓏、苦蔞、胡盧、蒲盧、蜾蠃、螺蛳、鹿盧、蠃、瓠,等等。

传统音义关系研究把 K-l-结构(包括 k-l-, p-l-, t-l-, l-l-, s-l-)作为一个整体来观察,认为是一个双音词变化的不同语音形式;传统古音学从声转角度解释这些语音模式之间首音节的不同;现代复声母主张者分别首音节声母的不同,同时认为这些双音词本来是分别从相应的复辅音声母的单音词演变成的,即认为它们是由本来一个单音节语素演变为双音单纯词。据我们看来,传统研究的问题在于,首音节不同发音部位的各个声母之间可否相转、如何相转?复声母主张的问题在于,上举之类的双音节,是否就是从本来是复辅音声母的单音词一分为二,而两个音节的声母各承其辅音丛中的一个音素?因为这些双音词是被作为复声母存在的证明之一,而复声母又被作为这些词演变的音理解释,这样难免循环论证之嫌。以下从意义考察这个结构中 l-的表义特征和作用,以解释上述语音结构。

前人总结上述双音词的意义特征,程瑶田为"不方""变动不居",戴震为"随变而成",刘师培为"圆转"。这是前贤经验的高度凝聚。"不方"与"圆转"是一个意思,是形状特征;"变动不居"与"随变而成"是相同的意义,指运动特征。形状特征是事物运动的结果,运动特征的轨迹就是形状特征,"圆转"与"变动"在词源上是相关的意义。

1.2.2 K-l-两个音节的音义厘析

根据前贤主张确定 K-l-结构意义特征之后,接下来最困难的问题是要确定这些词的次音节与这个意义特征有无关系,如果有,是什么样的关系,换言之,要确定 K-l-结构中 l-的声音和意义上的地位和作用。

为此,需要分别三个工作:第一,厘清词族源流支脉,以更准确解释双音词源意象;第二,厘析 K-与 l-,以解释 K-是否有独立的意象;第三,探讨 l-是否有音义上的独立性和在双音词中的作用。

1.2.2.1 K-l-结构的词族源流及词源意义

以音义标准,先将上举诸词区别为三个相对有区别的词族:果蠃族、渠略族和蒲盧族,再解释词源意义。

甲、果蠃族

圆 虫名蜾蠃/蠃蚴;草木及其实名果蠃/果蓏/果蠃/苦蔞/栝楼,魁瘣/蒐磊;蚌类名魁陆。皆形圆,取圆转盘旋特征命名,故程瑶田谓其义"变动不居"。例证略补如下:

《淮南子·俶真》:"蠃蚴瘑蜗睆。"注:"蠃蚴,薄蠃。"蠃蚴即蜾蠃。

《释草》:"果蠃之实栝楼。"《说文》:"苦,苦蒌,果蓏也。"段作果蠃。

《释木》:"枹,遒木,魁瘣。"注:"谓树木丛生,根枝节目盘结蒐磊。"《释文》:"蒐,郭盧罪反。"

《释鱼》:"魁陆。"《释文》:"魁,苦回反。郭云状如海蛤。案《本草》:'海蛤一名魁蛤。'又有魁蛤,一名魁陆,一名活东,并生东海。"义疏:"蜀本注云:'形圆长,似大腹槟榔,两头有孔。'"

初生、小　小鸟名果蠃;草木初生为樌与、灌渝、虈蕍;局小之行名趢趗,又作谨趗。

《广雅·释鸟》:"果蠃,工爵也。"疏证:"……果蠃亦小貌,小蜂谓之果蠃,小鸟谓之果蠃,其义一也。"

《释诂上》:"樌与,始也。"小草初生卷曲而小。《说文》:"蓩,灌蕍也。"《释草》:"其萌虈。"或作灌渝、虈蕍[8]。《广雅·释草》:"蓩,虇也。"疏证:"《说文》云:'蓩,灌渝。读若萌。'灌渝即《尔雅》之'其萌虈蕍'……虈蕍之言权与也。《尔雅》云:'权与,始也。'始生故以为名。《大戴礼·诰志篇》云:'孟春百草权与。'是草之始生名权与也。单言之则亦曰樌,故江东呼芦笋为虈也。"

《说文》:"趢,行趢趗也。""趗,谨趗也。"注:"《东京赋》曰:'狭三王之趢趗。'薛云:'趢趗,局小皃也。'"

乙、渠略族

圆　虫名蜣蜋/蛣螂/渠略;果实名瓠盧/瓠樐/壶盧/瓠瓠,瓠蠡。皆形状或行为圆滚。

《说文》:"蜣,渠蜣。一曰天社。"段注:"渠蜣即蛣蜣双声之转。……《庄子》云:蛣蜣之智在于转丸。……玉裁谓此物前却推丸,故曰渠蜣。……《广雅》曰:'天柱,蜣蜋也。'"

《释虫》:"蛣蜣,蜣蜋。"《说文》:"蛣,蛣螂也。""螂,蛣螂,一曰浮游。朝生暮死者。"离灼切。段注:"《曹风》毛传曰:'蜉蝣,渠略也,朝生夕死。'"

《广雅·释草》:"匏,瓠也。"疏证:"匏之转声为瓠,瓠之叠韵为瓠樐。《周官·鬯人》:'禁门用瓠齍。'杜子春云:'瓠,瓠蠡也。'……《广韵》云:'瓠樐,瓠也。'……匏樐或作壶盧,或作瓠瓠。"

丙、蒲盧族[9]

圆　虫名蒲盧(与螺蠃同物),亦作僕累/薄蠃;植物名夫蓠/符蓠;蚌类亦名蒲盧,亦作蚹蠃/复累。皆圆状,或谓变化义。

《山海经·中山经》:"是多僕累、蒲盧。"注:"僕累,蜗牛也。"《淮南子·俶真》:"蠃蠡

---

[8] 本文只选少数次音节声母为喻四例。喻四与来母之别,另见语音解释部分。

[9] 蒲盧族的一些词是从果蠃族、渠略族演变的,其过程及音变解释,限于本篇篇幅,放另篇解释。

瘑蝸睆。"注:"蠃蠡,薄蠃。"犹《释虫》之"果蠃,蒲卢"。

《释草》:"莞,苻蘺。"注:"今西方人呼蒲为莞蒲……今江东谓之苻蘺,西方亦名蒲。"《说文》:"莞,夫蘺也。"《楚辞·愍命》:"莞芎弃于泽洲。"注:"莞,夫离也。……夫离一作苻篱。"

《广雅·释鱼》:"蛄蛥,蒲卢也。"《释鱼》:"蚹蠃,螔蝓。"注:"即蜗牛也。"《说文》:"蛤,魁蛤者,一名复絫。老服翼所化也。"

初生、小　虫名蜉蝣;草初生为蘆蕍,花貌为敷蕍、䓵蒚、芙蓉;小山名为附娄、部娄、培娄。

《释虫》:"蜉蝣,渠略。"《方言》十一:"蜉蝣(注:浮由二音),秦晋之间谓之蟝蟓。(注:似天牛而小,有甲角,出粪土中,朝生夕死。)"寿命短小,盖亦取变化义。蝣亦作蟒,《集韵》同力求切。

《释草》:"蕍,荣。"注:"蕍犹敷蕍,亦華之貌。"《广雅·释草》:"菡萏,芙蓉也。"《疏证》:"芙蓉之言敷蕍也。"《广韵·虞韵》:"䓵,䓵蒚,花貌。"䓵当是蘆字之异写,敷、芙音同。花为草木之初始。

《说文》:"附娄,小土山也。"段注:"《左传·襄公二十四年》:'子大叔曰:部娄无松柏。'杜注:'部娄,小阜。'服虔曰:'喻小国。'《风俗通义》引《左传》释之曰:'言其卑小。'……或作培娄。"

1.2.2.2　K-l-中 K-的独立性及其词源意义

上古汉语材料表明,K-l-之首音节 K-可以单用,其意义与该结构相关。

甲、果蠃族,单名可称果、蜗、魁,为圆义。亦可为蛾、蟻、莪、藘,为初生、细小义。

《说文》:"蜗,蠃也。"俗名蜗牛。又,《仪礼·士冠礼》:"素积白屦,以魁柎之。"注:"魁,蜃蛤。"其为圆义,音义与单音词族之裹、回、还、滚、管、瑗、圜、圈音义相同。

"蛾,罗也。"即后来之蟻(蚁。后来字亦作蟻)蛾之名义取于化,即回还义。"莪,萝也。蒿属。"莪为细茎之草(蛾眉为细长眉)[10]。《释草》:"葭,華;蒹,薕;葭,蘆;菼,薍。其萌,藘。"注:"今江东呼芦笋为藘,然则萑苇之类其初生者皆名藘。"音义与苛、颗、化音义相同,《说文》:"苛,小草也。""颗,小头也。""化,教行也。"典籍用为变化字,取反复还转变化义。

乙、渠略族,单名可称瓠、壶,皆圆弧义。

《广雅·释草》:"匏,瓠也。"疏证:"瓠……又作華,《郊特牲》云:'天子树瓜華,不敛

---

[10] 俄有顷义,即顷刻、忽然,反复周旋之变化义而来。讹吪囮皆变化义,音义相同。变化、初生义相关。莪为细义,为空间小;与俄顷之时间短促即少,同义。

藏之种也。'注云：'華，果蓏也。'案華当读为瓠，瓠、華古同声。"

丙、蒲盧族，单名称蒲、苻。

《释草》注："(苻蓠)西方亦名蒲。"《释草》："苻，接余，其叶苻。"注："叶圆。"

1.2.2.3 K-l-中 l-的独立性、词源意义及其在 K-l-中的作用

甲、果蠃族，蠃、蟸、蓏、瘣、累等，可以独用，音义与 K-l-模式的意义相关，表示圆形特征的持续反复、周施。

《说文》："蠃，蝸蠃也。一曰虒蝓。""蝸，蠃也。"（段本）段注："蠃者，今人所用螺字。《释鱼》曰：'蚹蠃，虒蝓。'郑注《周礼·醢人》：'蠃，蚳蝓。'……此物亦名蝸，故《周礼》、《仪礼》'蠃醢'，《内则》作'蝸醢'，二字叠韵相转注。薛综《东京赋注》曰：'蝸者，螺也。'崔豹曰：'蝸，陵螺。'蝸本咼声，故蝸牛或作瓜牛。徐仙民以力戈切蝸，似未得也。力戈乃蠃字反语耳。今人谓水中可食者为螺，陆生不可食者为蝸牛，想周汉无此分别。蠃古多假蟸字为之。"《释鱼》："蠃，小者蜬。"《玉篇》："蠃，蚌属。"此物即螺类，名义取其外壳形状反复周旋不止。

《说文》："蓏，在木曰果，在艸曰蓏。"树木枝节盘结魂磊，名曰魁瘣，音义相同。瘣、磊之言轮，即反复层垒义。

萝为蛾，指细小；萝为蒿属，指细茎草。义由回还反复变化而来。（参见蛾萝注）

乙、渠略、蒲盧族次音节的语音形式及变体是一类。盧、瓠为持续、反复之义，埁、窶为与持续相关之小义。

盧有圆义，反复周旋义，字亦作鑪。《说文》："盧，饭器也。"谓圆形器。蒲盧即葫盧/壶盧，葫形圆，盧亦圆；分别言之，葫盧是一个圆再续一个圆。盧音转为瓠。

《说文》："埁，塺土也。"即末土、尘。"窶，无礼居也。"义通于陋，为局小。《广韵·侯韵》："僂，僂僂，谨敬之貌。"亦取局束义。义通于娄。

1.3 K-l-结构的形成机制

汉语史上认为一个音节分化为两个音节的，如茨，为蒺藜，邹为邾娄，葑为须从（段注："单呼之为葑，累呼之为须从。"），两个音节不能分别解释各自意义。但上面讨论表明，K-l-结构中的 K-和 l-，都是独立的，各有其意义特征，隶属它们各自的词族。这表明在上古，K-l-最初是由两个词即 K-词加 l-词组成的，所以在相对凝固的模式中，仍然可以分别为两个词素。从形成过程来看，其式为：

K-＋l-＝K-l-（K-代表 k-、p-、t-、ts-、l-，即各部位声母）

1.3.1 K-l-词的组织结构

K-l-结构的两个音节不是并列、偏正关系，而是主从关系。K-是主，l-是从。主从之分，以二者在结构中的表义地位和双音词的产生形成为定。K-决定其所在双音词词源意象的运动方式特征,从而区别了不同声母双音词意义特征的运动方式的不同。l-表示上述运动方式特征的持续反复。各种运动方式特征都可以有其持续,所以本文上述三类模式中 l-的表义特征都有共性;不同的词族表示的运动轨迹不同,所以 l-的表义特征也有所不同。蠃、螺、絭一族为没有终点的连续延伸、一个整体的断续或螺旋形的轮回反复,从而具有变化、变动义;盧、娄表示一定空间内的相通或不同个体的连续。如,果、葫,特征是滚圆,果蠃、葫盧表示滚圆持续,小虫果蠃为细腰土蜂,即身体为两个圆体;葫盧为一个大圆接一个小圆。《释木》之要枣,即细腰枣,犹细腰蜂,身体两个圆相接。郭注云:"子细腰。今谓之鹿盧枣。"刘师培谓:"鹿盧二字与蠃字为双声,即系蠃字之转音。形圆中细之物咸谓之鹿盧,故凡物之形圆中细者均可谓之为蠃。"(见前引)"形圆中细",即两个圆相续,意在持续。圆形不断旋转为螺,树枝盘旋为魄磊,并非形圆中细。水注为滴,持续为滴沥;禾均为適,禾苗丛丛为適秝;均和为调,反复调和为勺藥(勺调音近),五味调和之草为芍藥;白色为的,珠光闪爍为玓瓅;相随为从,迟迟为从容;清为沧,清清为沧浪……K-表示各运动形态特征,l-表示(该特征)持续反复,二者既相承续,又有区别,各有其音义。

其结构如下:(y 代表韵。双音叠韵)

ky+ly=kyly(果蠃;壶盧、轱辘、渠略)

py+ly=pyly(附娄、傀傢、濛泷、蚍蟻;斑斕)

ty+ly=tyly(適秝、滴沥、勺藥、芍藥、玓瓅)

tsy+ly=tsyly(从容;沧浪)

ly+ly=lyly(录录、碌碌、辘辘、辘轳、歷歷;涟涟)

1.3.2 K-l-结构形成的语音机制

表示状态和动作的实词,在语言表述中,为了表达、强调其动作或状态的连续、反复,随机加上一个表示连续、反复意义特征的叠韵来母词,形成双音词。

表示状态和动作的实词,在加上表示连续、反复等意义特征的叠韵来母词缀时,这个来母词可以是词汇中现有的,也可以是按规律和模式临时产生的。这是一种自然的语言本能,从音节 l-的发音,叠韵沿续了首音节 K-之韵母的舌位和口腔模式,而声母则以舌面流音来母,即最省力、自然的声母,是在第一个音节之后带出来的[11]。这种词汇产生机制决定词汇产生模式,从而非常能产,以致到现代任何人都自然地运用这种造词机制。

K-l-结构的一些词,现在看来没有叠韵,主要是发生时地音变,即"一声之转"。如,

---

[11] 已经有不少学者主张来母为 r-。以音义有天然关系的观点看,来母的弹舌表示持续、重复。

瓠㿥,或作瓠瓞。也有的可能是后来组构新词时选词的原因,如"果蓏/果蓏/果蓏"与"苦蔞/栝楼",因为蓏与蔞都有相似的意义特征,所以有的地方一开始也可以是"苦蔞"。

(未完待续)

(黄易青:北京师范大学民俗典籍文字研究中心,100875,北京)

《辞源》的专名线

黄御虎

提要： 本文重点考察了《辞源》修订本专名线标注的范围、原则和方法。结果表明：《辞源》条目的释义和书证中出现的用以指称文献、人物、族群、地理和时间的专有名称下，基本上都标注了专名线；而与编次、职官、组织、机构、天文、计时等有关的名称，则一般不标专名线。《辞源》在标注专名线时：重视语言本体分析，注意辨析泛指、特指与专指；坚持"词本位"观念，仔细划分词与词组；尊重古籍本原面貌，严格区别原书篇名与自拟标题。显示了它在语言学和文献学上双重的专业性。故此，在标注《辞源》专名线时，应当杜绝多标、少标、混标、错标、误分、误连等差错。

关键词： 辞源　专名线　专有名词　范围　原则　方法

专名线是用以标示专有名称的一类标点符号；专有名称是用来专门指称某一特定事物的名词。当作品规定其使用专名线时，特定类别的专有名称下应当统一标注专名线，且只有专有名称下才标注专名线。

《辞源》修订本（以下简称《辞源》）条目的释义和书证（包括直接引用的"显性"书证及标注"参阅"和"见"的"隐性"书证）中出现的用以指称文献、人物、族群、地理和时间的专有名称下，应当统一标注专名线；字头、以方头括号或引号指示的辞目（如【××】、参见"××"），以及以引号指示的具有特殊含义的成分和着重论述或强调的内容（如也作"××"、后以"××"指……）中出现的，则一律不标专名线。

一般所说的专名号，是指以在文字下标直线的形式表示的符号，"在古籍或某些文史类著作中，为与专名号配合，书名号也可改用"＿＿"，标注在书名下方。这可以看作是特殊的专名号或特殊的书名号"[1]。《辞源》兼用浪线（﹏﹏）和直线（＿＿），故本文用"专名线"来统称这两种下标符号；其中浪线用来标注文献专名，直线用来标注指称人物、族群、地理和时间的专有名称。

---

[1] 《附录 A（规范性附录）标点符号用法的补充规则》13.6，《中华人民共和国国家标准·标点符号用法》(GB/T 15834—2011)，中华人民共和国质量监督检验检疫总局、中国国家标准化管理委员会 2011 年 12 月 30 日发布。

研习《辞源》的专名线,总的来说需要解决这样几个问题:《辞源》中哪些内容标注了专名线?它是怎样标注专名线的?体现了什么原则?有何理论依据?标注专名线时需要注意哪些问题?因此,本文拟对《辞源》专名线标注的范围、原则、理据、方法及相关注意事项进行探讨和归纳,以资查阅、研究和修订《辞源》及其他工具书、古籍和文史著作时参考。

一 《辞源》专名线标注的范围

对所有作品而言,决定是否标注专名线的总体标准是:意在专指的内容可以标注专名线,用于泛称的内容一律不标专名线。《辞源》严格执行了这条准则,并根据标点惯例,结合自身情况,对专名线标注的范围进行了特征鲜明的限定。

(一) 标注专名线的内容

属于以下类别的专有名称,《辞源》标注了专名线:

1. 文献专名,包括书名、篇章名,以及注疏、诗文、骈赋、词曲名称等;
2. 人物专名,包括姓、名、字、号,以及与姓名、地名、国名等连写的或单用而意在专指的封号、谥号、庙号、尊号等;
3. 族群专名,包括民族名、部落名等;
4. 地理专名,包括国名及各级行政区划、山川河海、名胜古迹名称等;
5. 时间专名,包括朝代名、固习时代名(如春秋、三国、南北朝、五代)、年号等[2]。

在以上类型的专有名词下标注专名线,既是《辞源》标点体例的规定,也是任何使用专名线的书籍都必须做到的。由于是否标注专名线往往涉及对词语的正确理解,一旦出现漏标,就不止是体例问题,而且也可以视作影响图书质量的知识性硬伤。因此,对于当标而未标的专名线,应当予以补正。《辞源》中就有这样一些例子:

【都講】㈠……鴻年十三,從桓榮受歐陽尚書,三年而明章句,善論難,爲都講。……

【繹繹】㈡……漢書五行志下:……

【四府】㈠……見資治通鑑二六漢 神爵二年注。

---

[2] 这一类型比较特殊,在表示时间的同时,有时还可以指地、指人。如朝代名既可以取其时间跨度,用以专指一段历史时期;也可以取其空间跨度,作地理名称而视同国名。明清皇帝的年号因具有唯一性,也往往被当作人名使用。但无论如何,它们都属于必须标注专名线的专有名称。

208　民俗典籍文字研究

　　　【萬年】㈠……詩 大雅 江漢:"虎拜稽首,天子萬年。"……
　　　【棘寺】㈡……棘寺初銜命,梅仙已誤身。……
　　　【縣₂尹】㈡……以蒙族人任之,……以漢人任之,……
　　　【黃樓】……河決於澶淵,水至彭城。……
　　　【岐陽】㈠岐山之南。……
　　　【十三月】㈠……後漢書四六陳寵傳:"十三月陽氣已至,天地已交,萬物皆出,蟄蟲始振,人以爲正,夏以爲春。"……

"尚书"是书名,"五行志"是篇名,"注"是注疏名,均应标上浪线。"虎"是召穆公之名,"梅仙"指汉代的梅福,"蒙"、"汉"是民族名,"河"在此处专指黄河,"岐山"是地名,"夏"是朝代名,皆须标上直线。这里面有些漏标是出于偶尔的疏忽,但更有着对文献理解不透的因素,如可能是把"尚书"误认成了官名,或者不清楚"虎"、"梅仙"、"河"的准确所指,又把"夏"理解成了四季之一。总之,这些漏标都是实实在在的硬伤。

(二) 不标专名线的内容

以下内容,《辞源》一般不标专名线:

1. 与载籍有关的编次信息,如卷次、篇次,以及独立于书名之外的分集名称等;
2. 与人事有关的职业头衔,如职官名、神职名等;
3. 与人群有关的组织名称,如宗教名、流派名、帮会名、党社名等;
4. 与场所有关的机构名称,如官署名等;
5. 与地理相对的天文词汇,如星宿名等;
6. 与计时有关的普遍法则,如干支、岁阴、岁阳、月建等。

以上六项内容,与前文列出的标注了专名线的五种类型,有着近似相通或相对配套的密切联系,因而需要特别指出,以引起注意。应当说明的是:对于一些组织、机构名称,以及除日月之外的星宿名等,有些书籍也标注了专名线。这实际上是取舍标准的宽严问题。《辞源》选择最为严简的方案,是由辞书,特别是开创型辞书天然的保守性决定的。

由于对文献语料理解有误、对标注规则把握不透等原因,《辞源》中出现了一些不当标而标了的专名线。这些赘标的专名线,大多会影响读者对文意的正确理解,严格来说也可算作知识性硬伤,故应当删去。如:

　　　【畿伯】……北周 恭帝仿周禮,定六官制度,共行用二十五年。地官 大司徒有畿伯每方中大夫,……
　　　【淵儒】……魏書 張普惠傳 莊弼書:"明侯淵儒碩學,身負大才。乘此公方,來居諫職。"

【長₂使】……又九七下<u>馮昭儀</u>傳:"<u>昭儀</u>始爲長使,數月至美人,後五年就館生男,拜爲倢伃。"……

【伏臘】……<u>史記</u> <u>留侯</u>世家:"<u>留侯</u>死。并葬<u>黄石冢</u>,每上冢伏臘,祠<u>黄石</u>。"……

【河道總督】……<u>江南</u>河道總督,……專管<u>南河</u>,……<u>河南</u> <u>山東</u>河道總督,……專管<u>東河</u>,……<u>直隸</u>河道總督,……專管<u>北河</u>,……<u>南河</u>、<u>東河</u>皆指<u>黄河</u>,<u>北河</u>指<u>永定河</u>。……

【蕠葵】……<u>郭</u>云:<u>承露</u>也。……

"畿伯"條的"地官大司徒"指的是一類官職的官長名,標上浪綫會令讀者跟循辭條編者的錯誤解讀,以爲指《周禮》的《地官大司徒》篇。[3]"淵儒"條的"明侯"其實是對王侯或地方官長的敬稱,與"明公"相若,加標專名綫應是誤解成了封爵名。"長使"條的"昭儀"在引文中特指馮媛,但並非馮媛的習慣性專稱,本質上還是女官名,標上直綫易使讀者誤以爲"昭儀"是馮氏之名。"伏臘"條的"黄石"指張良後來在谷城山下見到的圮上老人自言爲其真身的那塊黄色石頭,標上專名綫則只能錯誤理解成"并葬"和"祠"的是石頭幻化成的黄石公其人。"河道總督"條的"南河"、"東河"、"北河"是清代河道管轄權劃分的大致範圍,意謂南方、東面、北邊的河道(可參【南河】㊀、【北河】㊀、【東河】各條釋義);無論是"南河"、"東河"、"北河",還是其中的"河",均無專指義,是個不含專有名詞的一般詞組,加了專名綫反而會影響讀者理解這三個詞的準確含義。"承露"得名由來無法確知,但一般不把"承"解釋成專名。因此,這些文字下的專名綫都要删去。

二　《辭源》專名綫標注的原則和方法

《辭源》作爲"中國現代史上第一部大型語文性工具書"[4],是在汲取中華文明數千年歷史文化積澱之精華的基礎上,運用現代語言文字學的理論和方法,編纂、修訂而成的。它兼具傳統性和現代性,同時突出學術性和應用性,是中國傳統文化體系與現代科學理論方法有機結合在辭書編纂史上的絶佳典範。它"以語詞爲主,兼收百科",同時又是"閲讀古籍用的工具書和古典文史研究工作者的參考書","用來解决閲讀古籍時關於語詞典故和有關古代文物典章制度等知識性疑難問題"[5]。這樣的總體設計决定了它必須兼具語言學和文獻學上雙重的專業性。而這種雙重的專業性,反映在其專名綫標

---

[3] 這條引文還有兩處錯誤:第一,恭帝不是北周皇帝,應爲"西魏恭帝";第二,"畿伯每方"當爲"每方畿伯"。附識于此。

[4] 《辭源》修訂本(重排版),第2頁,商務印書館,2010年。

[5] 《辭源》修訂本(重排版),第1頁,商務印書館,2010年。

注的指导原则上，至少包括以下三个方面：

  1. 重视语言本体分析，注意辨析泛指、特指与专指；

  2. 坚持"词本位"观念，仔细划分词与词组；

  3. 尊重古籍本原面貌，严格区别原书固有篇名与引者自拟标题。

  以上三点，特别是后两点，是《辞源》在专名线标注方面有别于其他一些工具书、古籍标点本和文史类著作的鲜明特点。举两个简单的例子：作为区域名称的"江南"，指长江以南地区，是个词组，一般的古籍标点本和文史工具书都是连标专名线（即同一专有名词的所有字符下的专名线完整地连为一体，不作间断），而《辞源》只在其中的地理专名"江"下标注直线；又如，引《汉书》中的"报任安书"，一般的辞书和文史著作会将"报任安书"加上浪线或置书名号内，而《汉书》中并未出现"报任安书"一名，这属于引者自拟的标题，所以《辞源》不标浪线，只在其中的人名"任安"下标注直线。

  当然，上述原则是基于《辞源》专名线标注的多数情况总结得出的，由于书成众手，各人对原则的理解和贯彻程度不一，具体到某些词语上，肯定也会有逸出其外的情况，但总之，例外只占极少数。

  下面就以这三个方面为纲目，通过列举一些较为典型的情况，来更加充分地展示和说明这些原则存在的理论依据，以及由此而拟设的相关规定和标注方法。

（一）重视语言本体分析，注意辨析泛指、特指与专指

  随着语言科学理论方法的发展成熟及汉语言文字学研究的不断深入与臻密，现代辞书编纂必须以之作为指导，重视对语言本体的分析。《辞源》在专名线的标注上，就很好地体现了这一点。它严格区分泛指、特指与专指，只在专指的名词下标注专名线，泛指和特指的则不标。

  需要特别说明的是：用以指称人物、族群、地理、时间和文献的专有名词的习称、省称和别称，与其本名一样，也是专指的内容；专指与特指的区别在于：专指的指称效果是自源性的，无需任何附加条件，而特指则是他源性的，必须依靠特定语境条件的支持来实现。

  《辞源》中体现了上述原则的情况如：

1. 虚拟人物名称

  通常所说的虚拟人物名称，实际上包括了模拟人物专名的名称，以及类似职官名、职业名的名称，正如人物专名与职官名、职业名的标法不同，《辞源》对这两种情况也做了区别对待。

  （1）拟人名式的名称，与现实中的人物专名一样意在专指，故标注专名线。如：

【纖阿】古神話中御月運行的女神。……陽子驂乘,纖阿爲御。……

【陶泓】唐 韓愈 昌黎集三六毛穎傳:"穎與絳人陳玄、弘農 陶泓及會稽 褚先生友善。"毛穎指筆,陳玄指墨,陶泓指硯,褚先生指紙,皆爲擬託人名。……

(2)擬官師名式的名稱,與職官名、職業名等一樣用于泛稱,故不標專名線。如:

【魚伯】㊀河神名。亦稱水君。……水君狀如人,……一名魚伯,……

【月御】㊀傳說中月的御者。……纖阿爲月御。……

2. 非真实姓名

习惯上用以专指某人的非真实姓名下连标专名线。如:

【三略】……舊題漢 黄石公撰。……清 姚際恒 古今僞書考認爲史記 留侯世家載圯上老人授張良兵書事,……

【壘尉】……時有長人巨毋霸,長一丈,大十圍,……

3. 用以指称某人的职官名

(1)习惯上用以专指某人的职官名,属于人物专名的习称,故标注专名线。如:

【犀首】古官名。類似後代的虎牙將軍。戰國 魏 公孫衍曾爲此官,故又稱公孫衍爲犀首。莊子 則陽:"犀首聞而恥之曰:……"……史記七十張儀傳附犀首:"犀首者,魏之陰晉人也,名衍,姓公孫氏。與張儀不善。"

"犀首"在用作官名时不能加专名线,如条中《庄子》例所示;但是它同时又是公孙衍的习称,这时则要加上专名线,如条中《史记》例所示。后文所举"三閭"也是如此。

(2)只以职官名指称某人的,若非其人的习称,而只是在特定语境条件下的特指,则不标专名线。如:

【祠堂】……丞相祠堂何處尋,錦官城外柏森森。……

"丞相"在此处语境下特指诸葛亮,但不是习惯上用以指代诸葛亮的专称,也未附带姓、名、字、号等专名信息,故均不标专名线。后文所举"机锋"条的"丞相"(指王导)亦是如此。

4. 既是职官名又是人名、地名的词

既是职官名,又是人物专名或地理专名的词,在用作专指人物、地理的名称时标注专名线。用作职官名时不标。如:

【左馮翊】漢代郡名。……武帝 太初元年更名左馮翊,……其長官也稱左馮翊。……

【佽飛】㊀官名。……武帝 太初元年改名爲佽飛,取古勇士佽飛爲名。……

5. 民族名称

与古民族相关的名称,有"獯鬻"、"鮮卑"、"突厥"、"回鶻"等专指的名称,也有"胡"、

"番"、"蛮"、"夷"等泛指的称呼。

(1)专指的名称完整标注专名线。如：

【鐵勒】……其先匈奴之苗裔爲丁零，……北魏時也稱敕勒、高車部。唐稱回紇，宋稱回鶻，元稱畏兀兒，今稱維吾爾，皆爲突厥文的音譯。……

(2)泛指的名称不标专名线。如：

【西番】……西番即西羌，族種最多，……

6. 宗教名称中的"释"

与宗教相关的"释"，有两种意指：

(1)作为释迦牟尼省称的"释"是专名，标注专名线。如：

【火化】……自釋氏火化之説起，……

(2)僧徒法号前所冠之"释"等于说和尚，属泛指，不标专名线。如：

【烏勒】……唐釋慧琳 一切經音義五三起世因本經一烏勒林；……

7. 首都名称

首都名称，依其构成情况和标注方式，大致可以分为以下几种情形：

(1)"京师"、"京城"等一般性的名称，相当于说首都，属泛指的内容，故不标专名线。如：

【上都】㊀京師，首都。……寰用西遷，作我上都。

【知府】……唐於京都及創業駐幸之地，特置爲府。……

(2)"汴京"、"郢都"等带专名的词组，只在其专名下加标专名线。如：

【湛淵靜語】……其記汴京故宫，尤爲詳備。……

(3)由方位词加"京"、"都"等构成的，如"东都"、"西京"，等于说东边的首都、西边的京城，在不同朝代可以指称多地，是泛指的词组，不标专名线。如：

【登仙】㊀……陸大夫宴喜西都，郭有道人倫東國。

(4)设置为正式的行政区划名称的，如唐代的"京畿道"、明清及现代的"北京"等，属于专指的内容，则标注了专名线。如：

【祇應司】元代官署名。屬大都留守司，……又上都留守司兼本路都總管府也設祇應司，……

【守備】㊁……明初建都南京設守備、協同守備各一人，……

8. 文集的前后集、正续编或子分集

前后集、正续编、子分集等信息，单独来看，功用与卷次近似，不是文献专名，故：

(1)已列出文集名后，其下不再标注浪线。如：

【大令】……清 龔自珍 定盦集續集三識某大令集尾；……

【秋卿】……唐 劉禹錫 劉夢得集外集一答白刑部聞新蟬詩：……

【指分】……見六部成語注解補遺吏部 指分。

【千戶】㈡……宣和遺事利集：……

【中舍】……參閱宋 洪邁 容齋隨筆三筆十六中舍。

(2) 当它们与书名合为整体时，是文献专名的构成要素，故全标浪线。如：

【書院】㈡……宋 洪邁 容齋三筆五州郡書院、……

【嘉平】㈠……元 方回 桐江續集十四留丹陽三日苦寒戲爲短歌詩：……

【弓兵】……參閱明 田汝成 西湖遊覽志餘六版蕩淒涼：……

【馬快】㈠……初刻拍案驚奇三一：……

(二) 坚持"词本位"观念，仔细划分词与词组

词是构成语言的、能够独立运用的最小单位，而专名线是用来标示专有名词的符号。《辞源》专名线标注以词为基本单位，注重分析词语的构成情况，仔细划分词与词组。它规定：同一专有名词的所有词素下连标专名线；词组不连标专名线，如果其中包含专有名词，则只在专有名词下标注专名线，词组内相邻的专有名词之间用分写专名线（即不同专有名词下的专名线之间均予断开）的方式标示。

关于词与词组如何区分，有从宽和从严两种不同的意见。有人主张像"江南"这样在古籍中出现频率较高、稳固性较强的名称应该看作一整个词，而《辞源》在这一问题上采取了较为严格的标准，仍然把它们当作词组看待。《辞源》这样做是有原因的。我们知道，古代汉语，特别是先秦时期的汉语，是以单音节词为主的，除联绵词、叠音词、译音词等外，基本上都是单音节词，只是后来复音词才在使用中逐渐凝固、累积、增多起来。《辞源》是一部泛时性的古汉语辞书，其收词和引证纵贯先秦至鸦片战争这一绵长的历史时期。从照顾全书标准统一的角度来看，宜于秉持较为严苛的标准。另外，辞书具有保守性倾向，也要求它在一些学术观念上采取更加审慎的态度。故此，《辞源》在这一问题上倾向保守和严谨的意见，是由辞书的性质决定的，也符合其泛时性古汉语辞书的定位，因而是准确和恰当的。

下面的情况反映了这一原则：

1. 带数词的集合名称

(1) 带数词的集合名称，是一个偏正结构的词组，重心落在数词后所接的名词（核心词）上。数词不标专名线，只看核心词是否为专有名词。一般而言，核心词为专有名词的，在核心词下标注专名线；核心词不是专有名词的，均不标专名线。如：

【三傳】……公 穀 左合稱三傳。……

【十四經】宋时曾在十三經外加大戴禮稱十四經。……

【兩漢】……"臣聞兩漢警于西北，魏晉備在東南。"

【八代】㈡指漢魏晉宋齊梁陳隋。……"文起八代之衰，道濟天下之溺。"

【三魏】㈡明末魏禧魏祥魏禮，皆有詩名，時稱寧都三魏。

【四君】戰國時，齊孟嘗君田文、趙平原君趙勝、楚春申君黃歇、魏信陵君魏無忌，稱四君。……

【五鎮】㈡五嶽以外，另有五座鎮山，叫五鎮：……

【兩淮】……其所存者，兩浙、兩淮……十五路而已。

(2) 原集合词组习惯上已经固化作专名使用时，实质上就已经成为一个具有专指意义的词，故不论其核心词是否为专有名词，其数词和核心词下都连标专名线。如：

【三閭】……後即以三閭專指屈原。……忠非三閭，智非鼂錯。……

"三闾大夫"是"掌王族三姓"的官名，"三闾"本指"昭、屈、景"三姓，而在"三闾"条中则是习惯上"专指屈原"的别称，不再是可以分割的词组，故连标专名线。

(3) 同一形体的词语，由于意指不同，有着词与词组的区别，则标法上容有差异。如：

【七閩】指古代居住在今福建省和浙江省南部的閩人，因分爲七族，故稱七閩。……後稱福建省爲閩，也叫七閩。……

"闽"是古少数民族名，其下须标专名线。"七闽"本指七族闽人，是一个带数词的集合名称，所以只在"闽"下标注专名线；后来固定成词，用作福建省的别称，与专指陕西的"三秦"情形相若，故连标专名线。

2. 某氏

与姓族有关的名称，以"某(姓)氏"的形式比较典型。它主要有两种含义：

(1) 指姓某的特定人的，属人物专名，故"某氏"二字连标专名线。如：

【祖臘】……我先人豈知王氏(王莽)臘乎！……

【鄉君】……如羊祜夫人夏侯氏封萬歲鄉君。……

(2) 指姓某的一家(族)人的，是集合词组，故只在姓下标注专名线，"氏"字不标。如：

【廖井】……相傳晉臨沅廖氏家有丹砂井，……

【相₂君】……陰氏世奉管仲之祀，……

3. 带专名的职官、组织名称

(1) 姓、名与职官名连称的，是一个词组，只在姓、名下标注专名线。如：

【規誡】……以王丞相(導)末年多可恨，……

【行成】……(越)使大夫種因吳大宰嚭以行成，……

(2)职官、组织名称本身属于不标专名线的内容，在附带专名时，宜作词组看待，只在其中的专名下分别标注专名线。如：

【曲端】……累官至<u>宣州</u>觀察使。時<u>川</u> <u>陝</u>宣撫處置使<u>張浚</u>，……

【校₂尉】……在<u>西羌</u>、<u>烏桓</u>分別置護<u>羌</u>校尉、<u>烏桓</u>校尉。……

【譚元春】……稱爲<u>竟陵</u>派，與<u>公安</u>派相頡頏。……

【李德裕】……爲<u>李</u>黨首領，與<u>牛僧孺</u> <u>李宗閔</u>爲首的<u>牛</u>黨鬥爭激烈，……

4. 人物习称

习惯上以尊称、排行、地望等与姓、名、字、号连称的人名，是一个整体的专指名称，不可再拆分为词，故连标专名线。如：

【太公望】……因號爲<u>太公望</u>，……

【季子】……<u>延陵來季子</u>，<u>吳</u> <u>季札</u>，<u>壽夢</u>少子，封於<u>延陵</u>，號<u>延陵季子</u>，……

【谿刻】……<u>桓公</u>（<u>溫</u>）讀<u>高士傳</u>，至<u>於陵仲子</u>，則擲去，……<u>於陵仲子</u>即<u>陳仲子</u>。

5. 区域名称

区域名称的指向性较为模糊，是泛指的一般词组，因而不整体标注直线。下面几种情况值得注意：

(1)"东南"、"西域"、"南国"、"北洋"、"中土"等不含专名的区域名称，一般全由表方位的词，或由表方位的词加其他语词构成，其下均不标专名线。如：

【狗站】<u>元</u>代在東北地區所設用狗拖雪橇的驛站。……

【南中】泛指國土南部，即今<u>川</u> <u>黔</u> <u>滇</u>一帶，……南中豪率<u>雍闓</u>據郡反，……

(2)包含专名的区域名称，又分两种情况：

a."江东"、"河右"、"陇上"、"岭表"、"渭曲"等由专名和表方位的词构成的，只在专名下标专名线。如：

【嶧陽】㈠<u>嶧</u>山的南坡。……嶧陽孤桐。……

知㈦……<u>漢</u> <u>揚雄</u> <u>方言</u>三："……南楚病愈者謂差，……"

b."巴蜀"、"燕赵"等全由专名构成的，均标专名线，不同专名下的专名线之间断开。如：

【江淮】㈡<u>江蘇</u> <u>安徽</u>地在<u>長江</u> <u>淮河</u>流域，因以<u>江</u> <u>淮</u>泛指兩地。

(3)"山东"、"关外"等区域名称，其中某些词语虽具特指义，但并非专名或专名省称，均不标专名线。如：

【山東】㈠<u>戰國</u> <u>秦</u> <u>漢</u>時稱<u>崤</u>山或<u>華</u>山以東爲山東。即關東。……<u>太行山</u>以東也稱山東。……

古人划分地理区域，常以崇山峻岭、长河大川、雄关险隘为界，但"山"、"关"等是一类事物的泛称。在常用的区域名称中,"山"既可指崤山、华山,也可指太行山;"关"既可指潼关、函谷关,也可指山海关。随着时代的更革、人文的变迁,其指称也有所变化,故不宜标注专名线。

(4)有些词语,既是区域名称,又用作地理专名及其习称。前者是词组,不连标专名线,只在其中的专名下(如果有的话)标注专名线;后者是专有名词,连标专名线。如:

【南州】㊀泛指南方地區。……"嘉南州之炎德兮,麗桂樹之冬榮。"㊁州名。唐武德二年,初置南州,……

【河陰】㊀黄河南岸之地。……與鼓子田于河陰,……㊁縣名。……三國魏黄初中徙置瀕河山下,始稱河陰。……

【山左】㊀山的左側。……山左即泃水口矣。……㊁舊稱山東省爲山左,因在太行山之左,故云。……

6. 与朝代有关的词语

(1)"东周"、"后梁"、"曹魏"、"新莽"、"蜀汉"、"蒙元"等带有区别性标志的习称,是不可分割的词,其下连标专名线。如:

【日差】……劉宋祖冲之嘗取至前後二十三四間晷景,……

【戲馬臺】……東晉列國後趙石虎所築。……

(2)"先秦"、"汉家"、"晋代"、"隋朝"、"唐室"、"有宋"、"明季"等词组只标在专名之下。如:

【絶業】……反衰世之陵遲,繼周氏之絶業。……

【欽天監】……中唐以後又改爲司天臺。……

(三)尊重古籍本原面貌,严格区别原书固有篇名与引者自拟标题

为了进一步明确引文的出处和时代、作者、文体等属性,便于读者查核引文,理解文意,《辞源》往往在原书固有的篇章名之外,根据引文信息和指称习惯,更为提炼和拟定小标题。因此,《辞源》在为引书信息标注专名线时,也做了一条相应的规定:原书固有的篇名,整体标注浪线;引者自拟的标题,不整体标注浪线,而是像一般语句那样根据具体情况进行标注。如:

胃㊁……禮月令季春之月:……

【都則】……見周禮秋官司寇序官注。

【淹速】……漢書四八賈誼傳服鳥賦:……

【孔目】㊀……參閲新唐書百官志二集賢殿書院、資治通鑑二一六唐玄宗天

寶十年"孔目官嚴莊"注。

在固有篇名之外又有自拟标题，是《辞源》引书体例的一大特色，反映了其严谨、缜密的学术风范；而在专名线标注上严格区分二者，更是充分体现了《辞源》尊重古书原貌的可贵的学术精神。

下面再举几类带有普遍性的例子：

1. 史书附传

史书附传的引书格式一般为：书名＋卷次[6]＋××传＋附××，其中"附××"显系引者自拟，不是原书固有的篇名，故不整体标注浪线，但其中的人物专名下标注直线。如：

【窮究】……後漢書四十上班彪傳附班固：……

【殘生】㈠……宋書 長沙景王道憐傳附劉秉：……

2. 用作篇名的帝号、时代、年份等

征引正史本纪和《左传》、《资治通鉴》等编年体史书时所列出的帝号、时代、年份等，在用作章节名称时，不属于原书固有的篇名，因此不整体标注浪线，但其中的朝代、年号等专名标注直线。如：

【繫】㈢……左傳 成九年：……

【血屬】……資治通鑑二四七唐 會昌四年：……

【親貴】㈡……晉書 武帝紀 太熙元年：……

3. 史书中的独立文献

史书中收录的诏书、檄文、上疏、奏表、议论、书信、诗赋等独立文献，以及历史人物的言论等，因被认为有别于史书作者的文字，故常加列为引书信息。

（1）若该引书信息非史籍所载原称，而是引者自拟的表述性话语，不整体标浪线，只在专名下标线。如：

【誒】㈠……漢書七三韋賢傳諫詩：……

【馳義】㈠……漢書七十陳湯傳 劉向上疏：……㈡……三國志 魏 陳留王紀 咸熙元年詔：……

【選曹】……三國志 吳 陸胤傳 華覈薦胤書：……晉書 祖約傳 劉隗劾約：……

【黄散】……資治通鑑二八宋 大明二年引南朝 梁 裴子野 論：……

---

[6] 正史列传类引书标题，有的列出卷次，也有的不标卷次。大体标准是：卷帙浩繁者加注，篇幅较小者不列。

(2) 若是固有名称，在史书中出现了名字时，则整体标注浪线。如：

  【曾城】㊀……後漢書五九張衡傳 思玄賦：……

  【膠葛】㊂……漢書八七下揚雄傳 解難：……

4. 文集中的诗文名称

引自文集的诗文名称，一般都是集中所载的固有名称，故整体标注浪线。如：

  【商】㊂……文選 戰國 楚 宋玉 對楚元王問：……

  【殊獎】……南朝 陳 徐陵 徐孝穆集二爲貞陽侯重與王太尉書：……

三　标注专名线时需要注意的问题

在探知了《辞源》专名线标注的范围、原则和方法后，我们在实际应用中需要着重注意以下几方面的问题。

（一）注意标注完整与准确，杜绝少标和多标

根据规定，同一专有名词的所有词素下必须整体连标专名线，一条专名线严格对应一个完整的专有名词；所以，在为专有名词标注专名线时，应该分清它包括哪些内容，不包含哪些元素，做到既不少标，也不多标。《辞源》中就存在一些这方面的疏漏，如：

  【塵坋】……宋 蘇舜欽 蘇學士集三和鄰幾登鋣臺塔詩：……

  【尾箕】……明 楊維楨 東維子文集二九送謝太守詩：……

  【漓池君】……史記 秦始皇紀："……夜過華陰 平舒道。……"

  【黄樓】……因增築徐城，即城之東門爲大樓，……

"尘坋"条的书证是一首和诗，"和"也是诗题中的文字[7]；"尾箕"条的"诗"字非原题所有，乃引者所加[8]；"漓池君"条引文中"平舒道"之"道"义为"道路"，"黄楼"条引文中"徐城"之"城"为"城墙"义，都不是地理专名的组成部分。所以这几条应当标作：

  【塵坋】……宋 蘇舜欽 蘇學士集三和鄰幾登鋣臺塔詩：……

  【尾箕】……明 楊維楨 東維子文集二九送謝太守詩：……

  【漓池君】……史記 秦始皇紀："……夜過華陰 平舒道。……"

  【黄樓】……因增築徐城，即城之東門爲大樓，……

---

[7]《辞源》修订本（重排版）已改正了这个错误。

[8] 鉴于文集诗文兼录、体裁多样，为了明确引文，《辞源》在引用其中的诗、词、曲时，往往于标题后加"诗"、"词"、"曲"等字。当碰到引书信息中带有这样的字时，要知道并准确标示出它们是否为原题所有。原题就有的，肯定连标浪线；原题中没有的，则不标浪线。

（二）注意当标浪线还是直线，杜绝混标和错标

前面提到，指称人物、族群、地理和时间的专名下标直线，指称文献的专名下标浪线。这是很容易分清楚的，不烦举例说明。但《辞源》中有些专名本身既是人名或地名，在释文中又用作文献名，这时应当按文献名处理而标浪线。如：

【上留田】樂府曲名。……上留田，地名也。其地人有父母死，不字其孤弟者，鄰人爲其弟作悲歌，以諷其兄，故曰上留田。……

【渭口】……見讀史方輿紀要五四西安府渭河。

【覓句】……唐詩紀事四六劉昭禹：……

有些专名，按照《辞源》专名线的标注规则，明确需要作人名、地名等处理而标直线，或者应作文献名处理而标浪线，则不可混淆。《辞源》中也有一些标注不当的例子：

【金石聲】……初成，以示友人范榮期，……

【處所】……文選 戰國 楚 宋玉 高唐賦：……

【七十二候】……漢儒列於禮月令，……北魏始入曆爲七十二候。

【版曹】……元 周密 癸辛雜識別集下沈夏：……

【干支】……趙翼 陔餘叢考三四干支。……

【渭城】㈡樂曲名。本唐 王維 送人使安西詩"渭城朝雨浥輕塵"，……唐 白居易 長慶集五六南園試小樂詩："高調管色吹銀字，慢拽歌聲唱渭城。"……

【苛刻】三國志 吴 諸葛恪傳與陸遜書：……

【材人】㈢……漢書 藝文志歌詩著録有詔賜中山靖王子噲及孺子妾冰未央材人歌詩四篇。……

"范榮期"、"宋玉"是人名，"北魏"是朝代名，应标直线而非浪线。"沈夏"本是人名，应标直线，"干支"是计时法，本不标专名线；但在这两条中显然是作《癸辛杂识》和《陔余丛考》的篇章名，皆取自原书，故应标浪线而非直线。"渭城"在王维诗中是地名，标直线是正确的；而在白居易诗中是乐曲名，应标浪线。"与陆逊书"是引书标题之一，但并非《三国志》固有的篇名，而系引者自拟，故不整体标注浪线也是正确的；但"陆逊"是人名，应标直线而非浪线。"诏赐中山靖王子哙及孺子妾冰未央材人歌诗"是《汉书·艺文志》著录的篇名，故应整体标注专名线，而非按自拟标题处理而只在人名下标直线。因此，这些条目要改标为：

【金石聲】……初成，以示友人范榮期，……

【處所】……文選 戰國 楚 宋玉 高唐賦：……

【七十二候】……漢儒列於禮月令，……北魏始入曆爲七十二候。……

【版曹】……元 周密 癸辛雜識別集下沈夏：……

【干支】……趙翼 陔餘叢考三四干支。……

【渭城】㈡樂曲名。本唐 王維 送人使安西詩"渭城朝雨浥輕塵",……唐 白居易長慶集五六南園試小樂詩："高調管色吹銀字,慢拽歌聲唱渭城。"……

【苛刻】……三國志 吳 諸葛恪傳與陸遜書：……

【材人】㈢……漢書 藝文志歌詩著録有詔賜中山靖王子噲及孺子妾冰未央材人歌詩四篇。……

（三）注意专名线的连标与分写，杜绝误分和误连

1.专有名词不可再被拆分为词，故同一专有名词下的专名线应当连标。

(1)姓氏与名、字、号连称，姓氏、地名、美称、国号等与封号、谥号、庙号、尊号连称时，一般应该连标专名线。如：

【萬福】……王廣津(建)宮詞云：……

【金鏺】……錢武肅王諱鏐。……

【星郎】……館陶公主爲子求郎,……

【安漢公】……群下稱頌其"有定國安漢家之大功"。……賜號安漢公。……

【朱元璋】即明太祖。……

(2)"州"、"府"、"郡"、"县"、"山"、"河"、"洲"、"岛"、"宫"、"观"、"亭"、"楼"等类名与地名连缀时，共同构成一个完整的专有名词，其下一般应连标专名线。如：

【桐鄉】……春秋時桐國地,……

【黎陽】㈡……隋 開皇九年置黎陽倉,……按黎陽城西南有故倉城,……

【山長】㈠……宋 何基兼麗澤書院山長,……

以上两点都不是绝对的，遇到特殊情况时，应该把它看作一个词还是分作两个词，需要具体问题具体分析。如：

【炎節】……初學記三南朝 梁 元帝纂要……

【中令】……宋 王禹偁 小畜集九三月二十七日偶作簡仲咸詩："請看富貴趙中令,已作北邙山下塵。"……

引书要点明时代，故"炎节"条的"梁"宜划分出来，作为朝代名单独标线。"中令"条的书证是一首律诗，从格律上看，"山"字当连下为辞；辞条对专名线这样处理，就很恰当。

2.相邻专有名词之间的专名线应当分写。

(1)属于不同层面的相邻同符(即同以直线或浪线标注的)专名线之间应当断开。如书名与篇章名、官爵地望朝代与人名、姓名与字号、朝代帝号与年号，以及不同层级的

地名等相互连属的情况：

【外兵省】……見北齊書 唐邕傳。

【天策上將】……帝兄楚王 元佐加號天策上將軍，……

衍㈣……汝南 桓寬 次公治公羊春秋，……

【雎甲】……前浙東憲使大卿陵陽 牟公 獻之先生，……

【拔萃】……唐 白居易於貞元十六年以拔萃選及第，……

【太夫人】……宋 徽宗 政和年間，……

【服官】㈡……漢 齊郡 臨淄產紈穀，陳留郡 襄邑產錦緞，……

(2) 属于并列关系的相邻同符专名线之间应当断开，中间一般不加顿号。如：

【簡齋集】……師法杜甫，推重蘇軾 黃庭堅 陳師道，在南宋時名聲甚盛。……

【三倉】……有人將當時流傳的字書倉頡篇 爰歷篇 博學篇合爲一書，……

(3) 当相邻的多个专名之间并非同质关系（即同为并列或偏正关系）时，为避免引起误解，须用顿号（必要时还可再用逗号）点断标示。请细审下面的例子：

【視遇】……使女徒復作淮陽 趙徵卿、渭城 胡組更乳養，……

【度₂支】……晉及南朝 宋 齊、北朝 北魏 北齊均設度支尚書，……

【律學博士】……南朝 陳、北魏、北齊均設有律學博士，……

【女尚書】……東漢、三國 魏都曾設置，……

【積弩】㈡……通典 職官十八、十九秩品列三國 魏、晉官品第四品皆有積弩將軍。

【驍騎】㈡南朝 梁、陳有左右驍騎，……

【調人】……晉 劉兆撰春秋調人，調停春秋 公羊傳、穀梁傳、左傳三家之說。

【上將軍】……其後戰國 燕 樂毅、齊 田單都號上將軍。

【白直】㈠……見宋書 禮志五、朱超石傳、黃回傳、劉義恭傳、二凶傳，南齊書 蕭嶷傳、梁書 蕭偉傳、魏書 元琛傳。

【長流參軍】……如晉 桓脩(晉書·檀憑之傳)、南朝 宋 羅文昌、顏師伯(宋書 蕭思話傳、顏師伯傳)，北魏 郭季方、裴夷齊(魏書 郭祚傳、裴延儁傳)，……

以上各条内部的几组专名线之间虽然也有并列关系，但不是全部专名的并列，而是词与词组或多个词组之间的并列；且偏正词组内部或又包含并列关系，词组之外的并列关系或又以承上而省上位词的形式出现。可谓盘根错节，关系复杂。而这一切只用顿号和逗号来帮助梳理，就只能在最上一级关系的词组之间加标，这样做显然只能照顾个大概。然而读者可以根据这个梗概，借助常识对其间的表达关系做进一步的条分缕析。

(4) 有些并列关系的词组后来固化成了专有名词，则应连标而不能分写专名线。如：

【巡檢】㈡……五代 後唐 莊宗以都虞侯張廷薀爲魏博三城巡檢使。……

"魏博"指魏博节度使辖区,由魏州、博州等六州组成。在这个意义上,已是一个地理专名,而不是魏州、博州的并列词组,类似于后来用作省名的安徽(取安庆、徽州组合)、甘肃(取甘州、肃州组合)、江苏(取江宁、苏州组合)、福建(取福州、建阳组合)等,所以应当连标专名线。

3. 带括号内容的专名线是连标还是分写,根据括号内外的专名或专名词素之间的关系,即括号内的内容与括号外的专名是否属于同一个词而定。故此:

(1)属于同一个词、不带括号时就应连标的,加上括号时,其括号下应标专名线,以使得括号内外的内容连缀为一;属于不同的词、不带括号时就应分写的,加上括号时,其括号下不标专名线,以使两者之间断开。归纳起来,有以下几种情况:

a. 原文省略相关专名,或某些内容需作注解,为使得句意完整,方便读者阅读查考,注出原文隐略的专名。这样的括号下不标专名线。如:

【銀瓶】㈡……按飛孫岳珂上忠武行實(金陀粹編)僅言飛女有安娘,……

【拓裏】……(高郁)常以所居之井不甚清澈,……

【胐胐】……(霍山)有獸焉,……

【暖帽】㈡……(順治)九年議準,……

b. 原文已写出人名,因非行用称呼,辞条编者恐其对读者阅读造成困难,追加行用称呼以明之;或原文已写出行用称呼,为便于理解而加注不太常用的名号。这时括号下不标专名线。如:

【打成一片】……今來伯恭(呂祖謙)門人却亦有同父(陳亮)之説者,……

【習吉】……宋書 樂志四陳思王(曹植)孟冬篇:……

【拓跋】……拓跋宏(孝文帝)遷都洛陽,……

【麾將】……沛公(劉邦)將數千人,……

【駙馬】……其後杜預尚司馬懿(晉宣帝)女安陸公主,王濟尚司馬昭(文帝)女常山公主,皆拜駙馬都尉。……

"伯恭"、"同父"、"陈思王"、"拓跋宏"、"沛公"等名称有的读者不是很熟悉,括注"吕祖谦"、"陈亮"、"曹植"、"孝文帝"、"刘邦"则令人一目了然。"司马懿"、"司马昭"已是人物的行用称呼,但两人生前并未称帝,其帝号是由司马炎追尊的,而要说明驸马由帝婿充任,则必须点明两人的"皇帝"身份。

c. 原文中已有专名信息,但缺少某些要素,不便读者识别,故编者以括注形式将其补充完整。此时括号下应标专名线。如:

扞 ㈡……(梁)孝王使(韓)安國及張羽爲將,……

【機鋒】……丞相(王導)因覺,謂顧(和)曰:……

【長上】……(後燕主慕容)寶至乙連,……

【曹公】……一日三上(銅雀)台,……

【令君】㈡……(梁克家)寓(揭陽)縣治東齋,……

　　d.原文給出的已是完整的人名,編者恐人不識,注出其名。這裡的括號下不標專名線。如：

【扤】……文選 漢 司馬長卿(相如)上林賦：……

【端揆】……而以曹公(操)居之,用兼端揆。

【宸妃】……以寵遇武昭儀(墨)。

　　(2)若括號內注出的文字是對專名中某一詞素的注釋,不能獨立於括號之外,為避免割裂作為一個整體的專有名詞,括號內文字應與該專名的其他詞素連標專名線。如：

【計相】……史記九六張丞相(蒼)傳：……

【縮窀】……三國志 吴 吴主(孫權)傳：……

【矜尚】……宋書 武三王(劉)義恭傳 太祖(劉裕)誡書：……

【扜彌】……故址在今新疆 于田(闐)縣東北。

　　《辭源》中也有極少數條目沒有注意分辨專名線該連標還是分寫,造成明顯的疏失。如：

颱……清 林謙光 台灣紀略天時：……

【山主】㈡……清 梁章鉅 稱謂錄八書院掌教山主：……

【鞴₂馬】……唐 杜甫 杜工部草堂詩箋四十短歌行 贈四兄：……

【續齊諧記】……案隋書 經籍志二有南朝 宋 東陽 無疑 齊諧記一種,……

【愛妾換馬】……後來擬編者有南朝 梁 簡文帝(蕭綱)、庾肩吾等,……

"台湾纪略"为书名,"天时"是其中一篇；"书院掌教"和"山主"是《称谓录》一书不同层级的章节名。它们之间都必须断开。"短歌行"和"赠四兄"共同构成一个完整的篇名,"东阳"、"无疑"分别是人物的姓和名,都必须连标专名线；"简文帝"与"萧纲"分属两个不同的词,括号下不能标专名线。故此,这些条目应当标作：

颱……清 林謙光 台灣紀略 天時：……

【山主】㈡……清 梁章鉅 稱謂錄八書院掌教 山主：……

【鞴₂馬】……唐 杜甫 杜工部草堂詩箋四十短歌行贈四兄：……

【續齊諧記】……案隋書 經籍志二有南朝 宋 東陽無疑 齊諧記一種,……

【愛妾換馬】……後來擬編者有南朝 梁 簡文帝(蕭綱)、庾肩吾等,……

　　以上内容是我们在查阅《辞源》及参与《辞源》第三版的编辑加工时积累的一些心得体会,囿于学识和精力,文中难免出现疏漏和错误,敬乞方家指正。

(黄御虎：商务印书馆汉语出版中心,100710,北京)

《经典释文》辑音条例探析

王素敏

提要：《经典释文》集六朝音注之大成，陆德明辑前人之音，既依时音标准，又兼收又音、古音、俗音，从而书中巨量的音切反映了古今音变和诸家方音异同等极其复杂的语音事实。语音事实包括音切的作者、音值以及音切之间的关系等，要获取语音事实，必须挖掘分析其中的辑音条例。本文归纳和分析该书辑音条例13条，从逻辑推理和事实材料验证两方面去推定各条音切的不同作者归属，即确认每一个音人都有哪些音切，及音切之间的关系，深入挖掘《释文》的辑音条例反映的语音事实。

关键词：《经典释文》　辑音条例　音切　又音

陆德明《经典释文》辑录了百余家音切，它既不是一个统一的、也不是一个经过归整的音系，而是反映复杂的语音事实。有的人把它作为一个音系来研究[1]；有的研究虽然已经能分别各家材料[2]，但尚未能注意到音切中音义对应的事实。至于哪个音切属于哪个音人，如何深入挖掘《释文》辑音条例及其反映的语音事实，还有很多事情没有讨论。《释文》音切反映了哪些语音事实，需要分析诸家音切。其工作前提有四：第一，确认每一个音人都有哪些音切，同时也是确定各条音切的不同作者归属，不至视为一体而整个系联比较；第二，确认同一音人每一条音切注的是哪个意义，以分别异义异音，不致将同一字的异义异音做笼统系联；第三，确认同一家对同一个字的不同音切，是异音异切，还是同音异切；第四，确认同一条中各个音切的语音关系，不同条但同一字头下相关音切的语音关系，以分析各音人的语音类别异同。

上述四个前提，可以通过分析《释文》辑音条例和注音条例得到。辑音条例指《释文·序录》所交代的和我们从所录音切归纳得到的辑录音切的体例，反映音切作者归属和音切之间的关系；注音条例指在辑音条例和全书的语境下每一条音注反映语音事实的规则。本文先讨论辑音条例。因为我们还没有发现有专文讨论"体例"（不同于万献

---

[1] 王力《经典释文反切考》，《龙虫并雕斋文集》第三集，中华书局，1982年。
[2] 邵荣芬(1995)、蒋希文(1999)、简启贤(2003)、范新干(2002)分别研究过陆德明、徐邈、《字林》、刘昌宗音切。

初先生所说的音切类目)的文章,吴承仕的《经典释文序录疏证》涉及了一些又音的所属问题,主要是对某个音切的归属做了规定,比如:释文首引他人直音,次云又某某反,写此又音于当人直音条下[3]。为什么此又音是为前面直音注音而不是被释字呢?理由何在,不得而知。

为此,本文归纳、分析、论证《释文》的辑音条例,涉及标有主名的,主要以《释文》所引的徐邈音切为例。共得13条条例。

一 没有标主名的辑音条例

1. A某某反/A音某/A如字

这三种注音方式平行。某某反没有歧义;"音某"包括破读和直音,本文只取直音的例子。反切和直音注音形式简单,分析略,下面仅分析"如字"。

《礼记·乐记》:"商容而复其位。"《释文》:"商容,如字。孔安国云:'殷之贤人也。'郑云:'商礼乐之官也。'"

《诗经·小戎》:"蒙伐有苑,虎韔镂膺。"《释文》:"蒙伐,如字。本或作厖,音同。毛云:'蒙,讨羽毛也;伐,中干也。'郑云:'蒙,厖也;讨,杂也。画杂羽之文于伐,故曰厖伐。'"

作为一种注音方式,"如字"首先注明它的读音是最通常的读音;其次,这种通常的读音,是与通常的意义结合在一起的,但二者并不是任何情况下都同时一致的。有的如字只是注明通常读音,并不强调是常音所带的常义,因为一个音有时可以对应几个不同的意义,不同的意义并不都区别音读。如上引二例,"商容"是人名,显然不是常用义;"蒙伐"的"蒙"是"讨羽也",不是"蒙"字的常用义"覆盖"。可以认为,陆德明当时,"讨羽也"、"杂也"与"覆盖"之"蒙"二义读音没有区别,所以用如字表示它作"讨羽也"、"杂也"时的读音。可见,如字最主要是注音,并不一定连带注义。

此一字一音之例是最简单的,但它只表明陆德明此条只辑录通行读音,不表明这个字头只有一音。如,《诗经·棫朴》:"芃芃棫朴。"《释文》:"芃芃,薄红反,盛也。"这里只录一音,但实际上还有其他的音陆德明未录(详下例)。

2. A某某反/A音某/A如字,又某某反/又音某

《诗经·行露》:"父曰:嗟!予子行役,夙夜无已。笺云:'夜,莫也。'"《释文》:"夜莫,本又作暮,同。忙故反;又亡博反。《小星》诗同。"

---

[3] 吴承仕《经典释文序录疏证》,第164页,中华书局,2008年。

《诗经·羔羊》:"羔羊之缝,素丝五总。"《释文》:"符龙反,注同。注'缝杀之'。字又音符用反。"

《行露》:"何以速我狱。毛传:'狱,埆也。'"《释文》:"埆也,音角;又户角反。卢植云:'相质觳争讼者也。'崔云:'埆者,埆正之义。'一云狱名。"

首音后面的音一定与首音不同。同一字下先后两个音切,不管是同一音人或不同音人,首先应理解为不同的音值。如:符龙反,字又音符用反,逻辑上表明"符龙反"与"符用反"不同音。

同一个人对同一个字的不同音读,理解为以音别义。《羔羊》之缝,因为毛传说"缝,言缝杀之",作动词讲,所以读"符龙反"。但陆氏又指出这个字也读名词。它可以与《释文》的另一个音切相比照:"绒,缝也,《尔雅》云:'绒,羔裘之缝也',音符用反"。

无论首音或首音后不注音人的又音,陆德明都是取前人之音。与又音比较,首音是陆德明时代通行的音。比较下面:

《诗经·下泉》:"芃芃黍苗。"《释文》:"芃芃,薄工反,又薄雄反。"

《诗经·黍苗》:"芃芃黍苗。"《释文》:"芃芃,蒲东反,长大貌;一音扶雄反。"

《诗经·载驰》:"芃芃其麦。"《释文》:"芃芃,薄红反,徐又符雄反,盛长。"

形式上看,《下泉》例是陆德明又音,《黍苗》例是陆德明指出前人另一音,《载驰》例又音则标明音人,其符雄反即《黍苗》例扶雄反,也是《下泉》例薄雄反(证明见另文)。

3. A某某、某某二反/A某某、某某、某某三反

《尔雅·释器》:"瓯瓵谓之瓵。"《释文》:"瓵,步口、部侯二反。"

《尔雅·释训》:"梦梦,乱也。"《释文》:"梦梦,亡工、亡栋二反。"

《尔雅·释器》:"其美者谓之镠。"《释文》:"镠,力幽、其幽、力幼三反。"

《庄子·庚桑楚》:"揭竿而求诸海也。"《释文》:"揭,其列、其谒二反。"

万献初认为:"《经典释文》共出现三反7次,二反179次。三反全部出现在《尔雅音义》,二反有67%出现在《尔雅音义》中,其余在《庄子音义》、《毛诗音义》、《礼记音义》中。主要原因是这几部书中的名物礼制类生僻字比较多。"[4]

与第2条条例比较,二反三反有两个问题,一是几个反切之间是区别意义还是客观辑录不同音人的反切;二是孰相当于陆德明的首音。逻辑上"某某、某某二反"和以上"某某反,又某某反"的形式理应是有区别的。"又某某反"表示该注家对该词在别处文献的注音,且表示另外的意义;而二反三反的各反切之间是并列关系,没有区别首音与又音,那么这里并列的两个反切,是表示不同义项的反切,还是表示同一个义项的不同

---

[4] 万献初《经典释文音切类目研究》,第122页,商务印书馆,2004年。

音人的反切？这需要运用其他材料和方法比较验证。二反三反之所以不区别首音，要么是以排在最前面的为首音；要么是他不能区别出在本语境下读何种音最合适。这也需要再探讨验证。

如，《庚桑楚》的"揭"是"持、举"的意思，《释文》："揭，其列、其谒二反。"《胠箧》："然而巨盗至，则负匮揭箧担囊而趋。"《释文》："徐其谒反，又音桀，《三苍》云：举也，担也，负也。"两句"揭"都表示"持、举"义，很明显，《庚桑楚》里的"其谒反"是《胠箧》里的徐邈音。经过材料验证，最合理的解释当是两个并列的反切是来自不同方言或前代经师的注音，只是出处不可考。在操作中，本文把三反、二反的第一个音作为陆德明的首音。

4. A 旧音某/A 古音某/A 俗音某/A 俗某某反

《周礼·大司乐》："黄锺为角。"《释文》："为角，如字，古音鹿。"

《礼记·曲礼》："食居人之左，羹居人之右。"《释文》："羹，古衡反，旧音衡。"

《诗经·燕燕》："卫庄姜送归妾也。"郑笺："陈女戴妫，生子名完。"《释文》："名完，又作兀，俗音丸，即卫桓公也。"

《礼记·聘义》："上公七介，侯伯五介。"《释文》："介，音届，副也，后皆同；俗古贺反，非也。"

整部《释文》，"古音"只一见。古音到底是指哪个时代的音，我们不可知。只是不能把"角"的如字和古音"鹿"放在同一平面进行语音分析。万献初分析得出：旧音 65 次，作首音的 25 次，作又音的 30 次[5]。这仅仅是从形式来定义首音即在注释条例最前面的一个音，同时也和他认为首音是陆德明时代通行的读书音的定义相矛盾。我们认为，首音是"会理合时"的音，也就是陆德明时代通行的读书音。"旧音"虽然放在最前面，也不可能是会理合时的"首音"。陆德明既然标"旧音"，那必定是他认为不同于当时的通行的读书音。"旧音"和"古音"可能是同时代也可能是不同时代。

全书有"俗音某"3 次，俗读某某反 1 次。俗音应该就是陆德明当时所知的，是一个方音，不是通语音。有时陆德明会直接指出俗音是他所不提倡的音。如《礼记·聘义》"……非也"。

总之，"旧音"、"古音"和"俗音"都是指历史上或某一方言区存在过或尚有的音，并且都不是陆德明当时通行的读书音。

5. A 旧音某，今读宜音某

"今读宜音某"1 次，"今读宜依《尔雅》音"1 次。

《礼记·王制》："赢股肱，决射御。郑玄注：'谓攐衣出其臂胫。'"《释文》："攐衣，旧

---

[5] 万献初《经典释文音切类目研究》，第 64 页，商务印书馆，2004 年。

音患,今读宜音宣。"

《周礼·玉人》:"天子以巡守,宗祝以前马。郑玄注:'其祈沈以马,宗祝亦执勺以先之。'"《释文》:"祈沈,如字,刘居绮反,《小尔雅》曰:'祭山川曰祈沈。'按:《尔雅》祭山曰庪县,祭川曰浮沈。祈音九委反,今读宜依《尔雅》音。"

第一句,"擐"字的音注,是说在陆德明之前曾经有过读"患"的音。到了陆德明时代,这个"擐"字应该是和"宣"字的音同。这反映了匣—心,以及洪—细的历史音变。第二句,"祈沈"这里当依《尔雅》音"九委反"来读最适宜。

二 标有主名的辑音条例(主要以徐邈音为例)

6. A 某某反/A 音某/A 如字,徐某某反

① A 某某反,徐某某反

《庄子·山木》:"虽羿蓬蒙不能睥睨也。"《释文》:"蓬蒙,符恭反,徐扶公反。"

《礼记·王制》:"其禄以是为差也。"《释文》:"差,初佳反,徐初宜反。"

这种辑音条例很容易判断,徐的"扶公反"至少在陆德明当时是和首音"符恭反"不同的一个音,否则陆德明没有必要再把徐邈的罗列出来。有的学者认为是同音异形的音切(邵荣芬1995),陆德明是为了保留以前注家的音。我们认为这种看法不符合常理,比如,《诗经·车攻》:"四牡庞庞。"《释文》:"鹿同反,徐扶公反,充实也。"陆氏鹿同反,徐扶公反,根据邵先生的规则,是否就得认为二切实为同音?所以,比较合理的解释是陆德明选择了一个当时比较普遍的读书音列首位,还有一个徐邈的音与之不同,也收集进来。符恭反和徐扶公反,陆德明认为是有差别的,他在《条例》中说:"字有多音,众家别读,苟有所取,靡不毕书,各题氏姓,以相甄识。"[6]陆德明所记首音以下各音,在他的语音系统里是不同的音读,是有区别的;但在各家的方音系统里,与首音音切比,既有可能是有区别的,也有可能只是用字的不同。这需要经过全面考核材料才能得出结论。

② A 音某,徐某某反

《左传·宣十二》:"抚弱耆昧。"《释文》:"耆,音旨,徐其夷反,老也。"

《左传·昭五》:"待命于零娄。"《释文》:"零,音于,徐况于反,如淳同。韦昭音虚,或一呼反。"

《礼记·玉藻》:"玄冠綦组。"《释文》:"綦,音其,徐其记反,杂色也。"

---

[6] 陆德明《经典释文·条例》,第5页,上海古籍出版社,1985年。

以上三个句子中,邵荣芬认为,陆德明在为被释字注了一个直音,然而感觉不太准确,就又找一个反切来为这个直音字再次注音以示精确也不是没有可能的[7]。我们不同意这种解释。首先,体例上首音是首音,徐音是徐音,二者从不发生相互解释关系;第二,陆德明要是觉得直音不宜,他一开始就不会用此直音,怎么会先做一个不合适的,再找一个合适的来为之作进一步注音,自寻麻烦?另外,没有证明。以第一句为例,遍检《释文》没有发现有徐邈为"旨"字注音的情况,在整部《释文》里,我们也没有发现陆德明为"旨"字注其夷反的音切。据此,我们认为徐邈的反切还是为经文中的被释字注的音而不是为陆德明的直音字注音。这也刚好和"A 某某反,徐某某反"的情况一致,陆德明、徐邈都是在给被释字注音。

③A 如字,徐某某反

《左传·昭三》:"王以田江南之梦。"《释文》:"梦,如字,徐莫公反。"

《礼记·曲礼》:"俨若思。"《释文》:"思,如字,徐息嗣反。"

上面已说过,如字指读最一般读法。《昭三》的"梦"是名词,表示地名。而"梦"的最常用的意义是表示人做梦。陆德明认为,表示地名的"江南之梦"的"梦"读最通常的读法,而徐邈读法不与一般的人相同。陆德明为了不遗旧音,就把徐邈的也收集进来。《曲礼》里的"思"字,情况相类。

以上本条辑音条例研究表明,陆德明所标字头之后的第一个音的类目有某某反、音某、如字,这三种类目如果都是完全注音的,则实际上为一种形式。所以,以下每条辑音条例虽仍写成"A 某某反/音某/如字"的形式,则仅举其中一种现象详解。

7. A 某某反/A 音某/A 如字,徐又某某反

《左传·昭十二》:"过之而叹,且言曰:'恤恤乎!湫乎!攸乎!'"《释文》:"湫,子小反,徐又在酒反,一音秋。"

《诗经·驺虞》:"壹发五豵。"《释文》:"豵,子公反,徐又在容反。"

《诗经·载驰》:"芃芃其麦。"《释文》:"芃芃,薄红反,徐又符雄反,盛长。"

《左传·襄十四》:"遒人以木铎徇于路。"《释文》:"遒,在由反,徐又在幽反,又子由反。"

本条与第 2 条条例的区别是,后者是首音后不标主名的又音,本条则是标有主名的又音。本条与第 6 条的区别是,本条音人后多了一个"又"字。

关于"又音"的归属及取舍问题,陆志韦讨论了徐邈、《字林》、郭璞的音切,看法是:徐邈的全收,《字林》的和郭璞的一概不收。简启贤在 1990、1993、1994 相继发表了讨论

---

[7] 邵荣芬《经典释文音系》,第 20 页,学海出版社,1995 年。

郭璞音、李轨音、郭象音的文章,谈到了"又音"的归属及取舍:《尔雅释文》中常有"郭某某反,又某某反"或"郭音某,一音某某反"之类,这些"又音"、"一音"只要紧邻郭璞首音都算郭音。如果首音与又音之间插入其他训释,则不收此又音。范新干在《东晋刘昌宗音研究》一书中认为,凡是"刘·首音·一音(又音)"之类引述中的一音(又音),都应该逐条考辨,区别对待,既不能一律视为刘氏之注,也不能一律作为非刘氏之注对待。对于"又音"的归属及取舍上各学者之间分歧很大,上面诸家的研究也都只是从结果上做了一个主观判断,至于道理何在,可证明否,未有深论,以至于不同的学者对同一家音系的研究会得出不同的结论。

现在我们又提出一个前人不以为问题的问题,"徐某某反"与"徐又某某反",有没有区别?大部分学者在研究某注家音切的时候都把这两种情况看成同一种形式,比如研究徐邈的音切的时候(蒋希文)。但这分明是两种格式,把它们看成同一种辑音条例,这样的处理是否可靠?

以上举《昭十二释文》"湫,子小反,徐又在酒反,一音秋"为例,比较下面的材料:

《左传·成十八》:"王湫奔莱。"《释文》:"湫,子小反,徐子鸟反。"

《左传·昭十三》:"晋人以平子归,子服湫从。"《释文》:"湫,子小反,徐音椒,又子鸟反。案,子服湫又作子服椒,止一人耳。"

《左传·昭一》:"勿使有所壅闭湫底。"《释文》:"湫,子小反,徐音秋,又在酒反。"

《左传·昭三》:"子之宅近市,湫隘嚣尘,不可以居。"《释文》:"湫,子小反,徐音秋,又在酒反。"

按,《成十八》和《昭十三》湫字人名,"徐子鸟反","徐音椒,又子鸟反","音椒"是破读,因为一本作"椒",所以徐邈是子鸟反。(此亦可证徐后的又音是徐音。详下条。)徐邈子鸟反,与首音子小反,是方音小别,徐不区别筱韵与小韵(即萧宵无别)。对于陆德明,他认为徐的子鸟反是与首音子小反相应的音。所以,《昭十二》"湫,子小反,徐又在酒反",陆德明是说,徐邈既有对应于子小反(即子鸟反)的音,又有在酒反之音。

首音与当条的意义相应,但他在兼录徐音时,徐音与首音相应的(如子鸟反)未必就是徐邈对当条的意义的注音,因为两家的音义对应并不一致,陆德明在兼录他音时只能取音相对应的标准。如湫字,陆德明只是一音,而徐邈有三音。《昭十二释文》"徐又在酒反",谓湫的忧愁义徐音在酒反。《昭一》与《昭三》湫字为著集义,陆德明同子小反,徐邈音秋。这就是《昭十二释文》"一音秋"的来历。在某音主后,一音可以是另一个音主,但也不排斥同是前面的音主。

再看《左传襄十四年释文》"遒,在由反,徐又在幽反,又子由反",比较下例:

《左传·成二年》:"布政优优,百禄是遒。"《释文》:"是遒,在由反,徐子由反,聚也。"

《左传·昭二十年》:"布政优优,百禄是遒。"《释文》:"是遒,在由反,又子由反,聚也。"

《诗经·长发》:"敷政优优,百禄是遒。"《释文》:"遒,子由反,又在由反。聚也。"

《诗经·破斧》:"周公东征,四国是遒。"《释文》:"是遒,在羞反,徐又在幽反。毛:'固也。'郑:'敛也。'"

《周礼·庐人》:"酋矛常有四尺,夷矛三寻。注:'酋、夷,长短名。酋之言遒也,酋,近;夷,长矣。'"《释文》:"言遒,在由反,或子由反,沈慈有反。"

有一个疑问就是,对同一句"百禄是遒"的首音,《诗经释文》是"子由反",而《左传释文》都是"在由反",但暂置之不论。在未发现徐有"在由反"一切时,《成二年》和《昭二十年》例,徐的"子由反"是与首音"在由反"对应有方音区别的音。那么,《襄十四释文》"遒,在由反,徐又在幽反,又子由反",就不能认为徐既有"在由反"又有"子由反"。但是,《诗经破斧释文》"遒,在羞反,徐又在幽反",则可以认为徐邈既有"在羞反"(同在由反,对应子由反),又有"在幽反"。

经过以上分析,对于 A 某某反,徐又某某反这种形式的辑音条例,如果没有直接证据证明"又某某反"是徐邈为同一意义注的音切,则一律认为是徐邈为别处文献的别的意义注的音。既然反切用字不同,则首先判定为不同的音值。但音主后"又某某反",是否表明音主也有与首音对应的音,我们的答案是偏向于肯定,但需要进一步证明。

8. A 某某反/A 音某/A 如字,徐某某反,又某某反/音某

《庄子·逍遥游》:"而后乃今培风。"《释文》:"音裴,重也。徐扶杯反,又父宰反。一音扶北反。本或作陪。"

《庄子·至乐》:"謷謷然如将不得已。"《释文》:"謷謷,户耕反,徐苦耕反,又胡挺反。"

《尚书·立政》:"帝钦罚之,乃伻我有夏。"《释文》:"伻普耕反,徐敷耕反,又甫耕反。"

《尚书·尧典》:"寅饯纳日。"《释文》:"寅,徐以真反,又音夷。"

《尚书·舜典》:"夙夜惟寅,直哉惟清。"《释文》:"寅,如字,徐音夷。"

音主后的"又某某反"是陆德明抄徐邈的,还是抄别人的。按照逻辑推,徐邈后的"又某某反"只能认为是徐邈的。徐邈音前出现归属陆德明的又音是常例,如果是其他音主,那么等同是陆德明的又音,它应放在首音后,"徐"前。以《立政》例而言,我们总不能说,"伻普耕反,徐甫耕反,又敷耕反",跟"伻普耕反,又敷耕反,徐甫耕反",是一样的条例,一样的信息。除非事实和材料能证明是如此,否则我们不应当认为陆德明的体例如此之乱。再看"寅"字例,《释文》寅,徐以真反,又音夷。这个又音是徐还是陆,不好判定。《释文》"寅,如字,徐音夷",此注释中的徐音夷刚好是上面的又音,且这两句寅字都

是"敬义",这就证明了《尚书·尧典》中的又音就是徐邈的。

9. A 徐某某反,又某某反/又音某/又音如字

《周易·讼》:"终朝三褫之。"《释文》:"褫,徐敕纸反,又直是反。本又作袥,音同。王肃云:解也。郑本作拕,徒何反。"

《周易·晋》:"终朝三褫之。"《释文》:"三褫,勅纸反,又直纸反。"

《诗经·卷耳》:"我仆痡矣。"《释文》:"痡,音敷,又普乌反;本又作铺。"

《尚书·泰誓》:"毒痡四海。"《释文》:"痡,徐音敷,又普吴反。"

《礼记·曲礼》:"犬曰羹献。"《释文》:"羹,古衡反,徐又音衡。"

《仪礼·士昏礼》:"大羹湆在爨。"《释文》:"刘昌宗音户庚反,《字林》音户耕反。"

直接把标主名的音放在首位,这和陆德明自己的首音区别在哪?是陆德明以该主名的音作首音还是陆德明省略了首音?

《讼》和《晋》,同样一个词"褫",同一意义,同一个反切,一直接引徐音,一标首音。内部证据证明《讼》的音义中,陆德明是以徐邈音为首音的。"痡"字例给我们提供了同样的证据。

再看"羹"字例,《曲礼》和《士昏礼》的"羹"意义相同。陆德明首音"古衡反",《士昏礼》,以"刘昌宗音户庚反"居首,明显"古衡反"和"户庚反"是不同的音,我们不能说陆德明有两个首音。所以,这种情况只能解释为陆德明在《士昏礼》里为"羹"字省略了首音。"羹"在《释文》中 11 见,居首的音"音庚"、"古衡反"9 次,"旧音郎"1 次,"刘昌宗音户庚反"1 次。很有可能,德明在为"羹"字注音的时候,多次注"古衡反",偶尔省略一次也未尝不可。

综上可知,对于陆德明直接以标主名的音居首的音切,最有可能就是以该主名的音作为首音,也有可能是陆德明省略了首音,这也要结合该字头在整部《释文》中的注音情况来具体分析。

10. A 某某反/A 音某/A 如字,徐某某反,一音某/或音

《尚书·尧典》:"帝曰:'吁!嚚讼,可乎!'"《释文》:"况于反,徐往付反,一音于。"

《左传·成十六》:"蹲甲而射之。"《释文》:"蹲,在尊反,徐又在损反,一音才官反。"

《礼记·内则》:"男鞶革。"郑玄注:"则是鞶裂与。"《释文》:"裂,音列,或音厉。"

陆德明在《条例》中认为"一音"、"或音"是"出于浅近"的不为典要的音,只是用以"示传闻见",告诉人们某个字历史上曾经存在过这样一个音。"一音"、"或音"与"又音"首先有共同之处。它们在记录除了首音以外的音的时候,作用是一样的。要比较"徐某某反,又某某反"(上条)与"徐某某反,一音某某反"的区别。前者的"又某某反"一般可以认为是徐的又音(见上),后者的"一音某某反"是徐的音,或是另外注家的音,需要再考。

11. A 某某反/A 音某/ A 如字,本作某,徐某某反

《礼记·曾子问》:"绤冕 。"《释文》:"知里反,本作希,徐张履反。"

《左传·襄二十六》:"弃诸堤下。"《释文》:"堤,亦作隉,徐丁兮反,沈直兮反。"

《庄子·让王》:"乃自投椆水而死椆。"《释文》:"椆水,直留反;本又作桐水。徐音同,又徒董反,又音封;本又作㭡,司马本作洞,云:洞水在颍川。一云:在范阳郡界。"

《诗经·抑》:"子孙绳绳,万民靡不承。"《释文》:"一本靡作是。"

陆志韦和林焘先生合作的《经典释文异文之分析》一文,对《释文》的版本和异文进行了充分的讨论。把异文之间的关系归纳为三种:(1)在某方言中读音相近。(2)形体相似。(3)意义相关。上面所引《释文》,前两句是方言中读音相近的关系。后两句属形和义的关系的。前两个例子才是有关方音的。

前二例中,需要讨论的是后面的徐邈的音是为这对异文的哪个字而作的。表面上看都有可能,其实在对于考察读音相近的异文的情况下,后面的那个反切理解为是为经文还是异文都不影响我们的研究。在所记录词义相同的情况下(如绤、希记录同一个词;堤、隉记录同一个词),这种异文只是用字的不同,注家注的是词音不是字音。即,不管是为哪一个字注音,如果声音不同,反映的都是不同方言对同一个词音的不同读法。

12. A 某某反/A 如字/A 音某,徐本作某,某某反

《礼记·表记》:"小雅曰:'盗言孔甘,乱是用餤。'"《释文》:"餤,音谈,徐本作盐,以占反。"

《左传·襄三十一》:"工偻洒、渻灶、孔虺、贾寅出奔莒。"《释文》:"渻,生领反,徐本作省,所幸反。一音息井反,一音销。"

这是要确定最后面的某某反的归属。这种类型与上一种有明显不同,第 11 条条例是两个异文都出现在"徐"之前,所以确定徐为某字注音有困难;此类型中,异文和注音都在"徐"之后,明显只有一种可能,即音切是徐邈的。

《表记释文》:"餤,音谈,徐本作盐,以占反。"查《释文》当中"餤"字的其他注释。《诗经·巧言》:"餤,沈旋音谈,徐音盐。""以占反"就是徐音盐,也就说"以占反"是属于徐邈音的。《左传襄三十一释文》:"渻,生领反,徐本作省,所幸反。一音息井反,一音销。"查检《释文》,《左传·昭一》:" 大国省穑而用之。"《释文》:"省,所景反,徐所幸反。"徐所幸反证明《左传襄三十一释文》里面的"所幸反"是徐邈的音切。

13. A 某某反/A 音某/A 如字,徐申郑、毛某某反/音某

《诗经·节南山》:"维周之氐。"《释文》:"氐,丁礼反,徐云:'郑音都履反。'"

《诗经·椒聊》:"彼其之子,硕大无朋。毛传:'朋,比也。'"《释文》:"朋比:王肃、孙毓申毛必履反,谓无比例也。一音必二反。郑云:'不朋黨则申毛作毗至反。'"

《周易·系辞下》:"介于石,不终日,贞吉。"《释文》:"介于,徐音戒。众家作砎。徐云:'王廙古黠反。'"

毛公和郑玄等人应该都没有用反切注过音,所以,"某音注家云(申)毛(郑)某某反"都是音注家们据毛意或郑意而拟的音。《节南山释文》"都履反"是徐邈据郑意而拟的音。《椒聊释文》"必履反"是王肃、孙毓据毛意而拟的音。我们把这些音作为拟音者的音处理。《系辞释文》:"徐云:王廙古黠反。"是徐邈转述王廙的音。当某音注家转述另一音注家的音时,我们只把这种音作为被转述者的音处理。

以上是以徐邈为例,从逻辑推理和材料验证两个方面分析了陆德明辑纳音切的具体原则,确定了每个音切的具体归属。这为我们进一步研究各家音系提供了前提和基础。

(推荐导师:黄易青教授)

参考文献

(1)陆德明《经典释文》,上海:上海古籍出版社据宋元递修本影印,1985年。
(2)黄焯《经典释文汇校》,北京:中华书局,1980年。
(3)阮元《十三经注疏》,北京:中华书局,1980年。
(4)吴承仕《经典释文序录疏证》,北京:中华书局,2008年。
(5)王力《经典释文反切考》,《龙虫并雕斋文集》第三集,北京:中华书局,1982年。
(6)邵荣芬《经典释文音系》,台北:台北学海出版社,1995年。
(7)陆志韦《古反切是怎样构造的》,北京:中华书局,1985年。
(8)陆志韦、林焘《经典释文异文之分析》,北京:商务印书馆,2001年。
(9)蒋希文《徐邈音切研究》,贵阳:贵州教育出版社,1999年。
(10)范新干《东晋刘昌宗音研究》,武汉:崇文书局,2002年。
(11)简启贤《字林音注研究》,成都:巴蜀书社,2003年。
(12)万献初《经典释文音切类目研究》,北京:商务印书馆,2004年。

(王素敏:北京师范大学文学院博士生,100875,北京)

论王念孙《释大》之性质

宁 静

提要： 王念孙的《释大》是汉语词源学史上一部较重要又颇具争议的著作。本文通过考察《释大》的结构框架，分析《释大》的"大"、收词的声音关系以及词际关系，揭示王念孙的写作意图，从而确定《释大》的性质。研究认为，《释大》是以特征义为标准收词，把词按照一定的声韵框架进行编排，并对所收词进行初步整理，从而得出供词源研究用的较为系统的资料汇编。

关键词： 王念孙 《释大》 汉语词源学

《释大》是王念孙的遗稿，1922年为罗振玉得，后编入《高邮王氏遗书》。由于《释大》是带有一定理论探讨的著作，它在王念孙的语言文字学著作中，在中国古代语言学史，特别是汉语词源学史上都有着重要的地位。又由于《释大》在正文以外没有任何说明文字，王念孙也未在其他著作中提及，它自面世之时起就伴随着各种争议。

学者们面对相同的、《释大》本身提供的材料，却得出截然不同的研究结论。张博认为："《释大》之纲是一个宽泛不确定的意义范畴，《释大》之纬是不符合音变实际的主观原则，由它们节限系联在一起的词所展示的……不是由同一语根孳生的同族词之间的音义关系。"[1]"《释大》一书是……汉语同族词研究实践的失败性总结。"[2]王凤阳认为："王念孙的本意是系统地解剖一组同源词……在探索词源上，总体说是失败的。"[3]与这种观点相反，张令吾认为："在《释大》中，王氏……将大量的声母相同、相近，具有大义的词放在一起，观其会通，抓住相关语词的音义联系，进行义类和词族的研究。"[4]刘精盛认为："《释大》是研究具有大义的同源词的专门论文，比较深入地挖掘了词义的系统性。"[5]

---

* 本文在写作和修改的过程中，得到导师李国英教授的指导及黄易青教授、刘丽群老师的帮助，特此致谢。

[1] 张博《试论王念孙〈释大〉》，《宁夏大学学报》1988年第1期，第38页。
[2] 同上，第33页。
[3] 王凤阳《汉语词源研究的回顾与思考》，《汉语词源研究（第一辑）》，第54页，吉林教育出版社，2001年。
[4] 张令吾《〈释大〉训诂理论探流溯源》，《湛江师范学院学报》1994年第1期，第74页。
[5] 刘精盛《王念孙〈释大〉"大"义探微》，《古汉语研究》2006年第3期，第92页。

学术史著作一般与后一种观点相同,认为《释大》是同源词系联专著。如胡奇光:"王念孙的做法是:把《尔雅》等书里有'大'义的字蒐集起来,各按所属字母分类编定……这简直可说是同源字典的雏型。"[6]何九盈:"王念孙的《释大》是研究词源的著作。"[7]蒋绍愚:"王念孙《释大》一书已是较系统的同源词研究了,但是只限于'大'义。"[8]

那么《释大》怎么会既是同源词系联专著,其中又有诸多不合词源研究一般原理之处呢?我们认为产生这一矛盾的核心问题在于《释大》的性质。《释大》的性质一边关系着王念孙写作《释大》的意图,一边关系着对其学术史地位的评价,而对这一问题认识的差异主要是《释大》在词源研究方面的实现程度。本文将从《释大》的结构框架、《释大》的"大"、《释大》收词的语音关系、《释大》的词际关系等几方面入手,综合考察《释大》的性质。

一 《释大》的结构框架

《释大》收录的"大"义词按声纽编排,每个声纽一篇,现存见、溪、群、疑、影、喻、晓、匣八篇,其中第八篇为王国维从王念孙的杂稿中辑录而来,仅有正文而未按前七篇体例编写。王国维根据王念孙自注中的两处"说见第几篇",判断《释大》原本当为二十三篇:"唐宋以来相传字母凡三十有六,古音则舌头舌上、邪齿正齿、轻唇重唇并无差别,故得二十三母,先生此书亦当有二十三篇。其前八篇为牙喉八母……则此书自十五篇至十九篇当释齿音精、清、从、心、邪五母之字,自二十篇至二十三篇当释帮、滂、并、明四母之字,然则第九至第十四六篇其释来、日、端、透、定、泥六母字无疑也。"[9]

然而这二十三篇是否如王国维所说,对应古音二十三母?王念孙对古声纽没有专门的论述,他所处的时代古音学的研究核心是古韵部,关于古声纽的一般观念是三十六字母"不可增减,不可移易",直到钱大昕的《十驾斋养新录》刊行,学者们才开始明确认识到古今声纽的异同。王念孙著《释大》时有可能已经见到并采纳了钱大昕的"古无轻唇音"、"舌音类隔之说不可信"、"古人多舌音"等观点[10],但是当时恐怕还很难对精组、照组的关系有进一步的认识,也没有证据显示王念孙认为"邪齿正齿并无差别"。因此

---

[6] 胡奇光《中国小学史》,第229页,上海人民出版社,2005年。
[7] 何九盈《中国古代语言学史(第三版)》,第370页,广东教育出版社,2005年。
[8] 蒋绍愚《古汉语词汇纲要》,第173页,商务印书馆,2005年。
[9] 王国维《高邮王怀祖先生训诂音韵书稿叙录》,《观堂集林》,第398页,中华书局,1959年。
[10] 张博据此推断《释大》的年代上限是《十驾斋养新录》刊行的嘉庆八年(1803年)。参见张博《试论王念孙〈释大〉》,《宁夏大学学报》1988年第1期,第35页。

我们推断,王念孙仍是按三十六字母来认识精组与照组的,《释大》的二十三篇应该依据的是等韵二十三栏,实际上就是把三十六字母装进二十三栏中,精组、照组在各篇内部很可能是分开的——也只有这样才能解释为什么精组、照组会同处一篇。《释大》的二十三篇并非如王国维所说反映了古音二十三母,也就是说王念孙并没有通过《释大》的结构体现对声纽的整理,而只是借用等韵的框架排布材料。至于后代学者在王国维的观点上进一步阐释,说二十三篇体现了王念孙对古声纽的某些认识,其真实性就更值得怀疑了。

《释大》除第八篇外每篇还分为上下,划分依据是开合的不同,上是开口呼、下是合口呼,以《释大》第一篇篇首的词目为例:

上　冈緪古恒切 皋濑古老切 舸古我切 剀古哀切 ○绛简监觉鰕佳奓音介 ○京景矜乔音骄 䃎音几 ○坚眱音叫

下　公广昆衮睔古困切 告古毒切 夰音孤 槀音郭 傀公回切 会古外切 ○鳏 ○栱音拱 夒 ○昊古闅切

各篇内还区分四声不同的韵,如第一篇上的"京"、"景"是平声庚韵字和相应的上声梗韵字,第一篇下的"昆"、"衮"、"睔"分别是平声魂韵字、相应的上声混韵字和去声慁韵字。

用○隔开的是不同的等,等的划分也是依据等韵图。见、溪、疑、影、晓纽的韵四等齐备,喻纽只有三、四等韵。群纽虽然只有三等韵,但是第三篇上仍然用到○:"勍渠京切 健乾噱其略切 奇 ○衹音岐 祁",它隔开的是等韵图上的三等和四等,这个四等是假四等,实为三等韵。

对于各篇篇首的词目[11],学者们有两种不同的观点。张博认为:"《释大》各篇首列词目,是为正文中同音词的代表。正文中用○号隔开的是一个词目及其同音词。正文扼要说解这些词的词义及词与词的关系,有时还系联一些近音词。"[12]张令吾则认为:"《释大》的主体是对这179个词的训释,连及训释了许多与之音义相关的词。"[13]张联荣的观点与张令吾相似:"《释大》的这176个字我们称为主词,由主词引出的音义与之相关的词称为关系词。……《释大》的体例是先对主词进行说明,然后再引出相关的一些词加以说明(也有的主词后面没有关系词,如'觉、鰕')。"[14]

词目首先起标定音节的作用,可以称作"标目词",标目词所统领的词(包括近音词)

---

[11] 根据我们的统计,《释大》八篇篇首词目共有176个,正文与此相比多出3个词目,分别是第一、二、三篇下篇末的"羥"、"㪯"、"捲"。

[12] 张博《试论王念孙〈释大〉》,《宁夏大学学报》1988年第1期,第33页。

[13] 张令吾《王念孙〈释大〉同族词研究举隅》,《湛江师范学院学报》1996年第1期,第72页。

[14] 张联荣《〈释大〉读后记》,《广播电视大学学报》2003年第2期,第92页。

可以称作"统属词"。在有统属词的组中,标目词不仅是同音词的音节代表字,还是一组词的起始词,但是《释大》在说解标目词和统属词时并没有主从之分。而且标目词的排列有一定的顺序[15],这也说明用作标目的词是从一组词中选出的代表字,而不是系联的主体。

统观《释大》的结构框架——二十三篇之分根据等韵二十三栏;篇分开合、韵分四声、根据等韵图分等;按顺序排列标目词——所有这些设计都表明:《释大》的结构框架更符合资料汇编的编排需求,而不满足同源词系联的需求。

二 《释大》的"大"

《释大》以"大"名篇,"大"是全篇的系联核心。我们将从正反两个方面进行分析,说明《释大》的"大"是什么。

"大"不是训释中必然包含的成分,《释大》的意义说解单位是义位,很多义位的训释词中都没有"大"。根据我们的统计,即便是以词为单位计算,也只有不到45%的词的全部训释或某一训释是"大"或包含"大"。这就是说,王念孙不是完全根据训释完成《释大》的系联的,训释中的"大"只是《释大》系联的一个线索。另一方面,当对义位进行排布时,是"大"或包含"大"的义位往往作为起始义位,或处在"故"("故"是说明一组词意义相承关系的重要标志)后的第一个义位等重要位置,得到突显。可见,训释中的"大"虽然不是系联的必要条件,但是在说解时的作用却非常重要。这说明"大"是《释大》的系联核心,尽管它经常表现为训释,但不尽然。也说明"大"是可以分析出来的特征义,意义层次可以小于词甚至是义位。

含有"大"的训释可以是实际词义,但是这些"大"主要不在于说明具体的词义。根据词义引申规律,"大"这类抽象的意义一般不太可能是引申义列的起点。以"京"组为例:

京,大也,故天子之居谓之京,十兆谓之京,高丘谓之京,方仓谓之京,大廱谓之廱。(一上)

虽然"京"有"大"义,但很难说作为起始义位的"大"在于说明实际词义,实际上"大"在这里指的是"京"、"廱"两词所有义位共同具有的特征义。

由上可知,训释中含有的、表现为义位形式的"大",与《释大》用以系联的"大"并不

---

[15] 如果用王念孙的古韵二十一部分析标目词的排序,可以大致得到这样的顺序:东阳耕蒸真谆元侵谈宵幽鱼侯歌支至脂祭之盍缉。

一定处在同一意义层次上。《释大》系联所依据的"大"是蕴含在词或义位内的特征义，要通过概括、分析才能得出，作为一组词起始义位的部分"大"义，就正是这样的特征义。

特征义指词特有的意义成分，也就是一个词和其他词相区别、相关联的意义成分，一个词可能有几个不同的特征义。特征义包括概括性的和分析性的，范畴义是概括性的，词源义是分析性的，在词源义之外，分析性的特征义还可以有一些与词汇派生无关的意义成分。《释大》的"大"既可以是概括性的，也可以是分析性的，而以分析性的情况居多。王念孙认识到在词表面的词汇义之外还有一些潜在的特征义，而这种分析性的特征义中就包括词源义，但这并不等于说王念孙在作《释大》时所依据的意义标准是词的词源义。

通过《释大》"几者皆有大义"、"几者皆某某之义"、"皆言其某某也"等术语，可以看到王念孙对"大"的分析。以"易"组、"宇"组、"吴"组为例：

易，开也，羊，祥也，善也，二者皆有大义。故大谓之洋……（六上）

宇，屋边也，羽，鸟长毛也，雨，水从云下也，三者皆下覆之义。故大谓之宇……（六下）

吴，大也，故大言谓之吴，嗷咢吴言沂并声之转，誼谓之嗷，哗讼谓之咢，哗谓之吴，大言谓之吴，大箫谓之言，大籨谓之沂，皆言其声之高大也……（四下）

其中"大"、"下覆"分别是从义位"开"、"祥"、"善"及"屋边"、"鸟长毛"、"水从云下"中分析出来的特征义。"声之高大"是对义位"誼"、"哗讼"、"哗"、"大言"、"大箫"、"大籨"等做出的概括，"声"是物类，"高大"是特征义。可见特征义与义位的意义单位不同，是分析或概括义位得出的。

从上面的例子可以看到，《释大》里的特征义所处的意义层次不同。"下覆"、"高大"是从义位中直接分析或概括出的特征义，而说它们是"大"义，这个"大"已经是再次分析或概括得出的了。《释大》的训释词中像"高大"一样包含与"大"并列的形容词的还有"褒大"、"宽大"、"空大"、"虚大"、"张大"等，它们与"大"也不在同一意义层次上。从全篇来看，虽然"大"是王念孙概括分析出来的特征义，但是它所处的意义层次并不是一致的。

另一方面，"大"的内部是不同质的。张博认为："在《释大》中，就每组词来看，除个别情况外，'大'不是各组词的命名之义，而且各组词也很少有其他共同的命名之义。……就通篇来看，很难给'大'规定一个界域。"[16] 王凤阳认为："《释大》中，'大'并非词源的共有成分，它只是系联各群的线索。""这些词群与'大'之间，只能属于不同词

---

[16] 张博《试论王念孙〈释大〉》，《宁夏大学学报》1988年第1期，第38页。

义圈的词的边远部分的曲折交叠,与词义的主要构成成分无涉。"[17]在多数情况下,"大"不仅不是词源义,而且也不属于同一种类型。一些"大"甚至只是字形中的一个构件,王念孙也认为它们具有"大"的特征义:

放谓之夰。(王念孙注:古老切。《说文》:"夰,放也。从大而八分也。")(一上)

亦,人之臂亦也。(王念孙注:《说文》:"夨,人之臂夨也。从大,象两夨之形。"隶作亦,或作掖、腋。)(六上)

在上述考察的基础上,关于《释大》的"大",我们认为:"大"是经过王念孙整理和选择的特征义,"大"的内涵并不单一,虽然其中有一部分是词源义,但是它不等同于词源义。而由于特征义经过王念孙的整理和选择,其中也确有一部分体现了词源义,所以《释大》所做的也不是类聚同训词之类的工作,而是带有一定词源整理意图的。

三 《释大》收词的语音关系

《释大》收词的语音关系有两种,一是同音关系,一是音转关系。在没有语音说解部分的组中,一组词之间都是同音关系,标目词是一组词的音节代表字。《释大》前七篇160组词中,仅有48组有语音说解部分,但这48组系联的词却明显多于没有语音说解部分的组。语音说解部分一般用"声之转"或"声相近"说明词的音转关系,"声之转"、"声相近"之前的字是音节代表字。以"康"组为例:

康,尊也、大也,故五达道谓之康,空谓之康。空孔康声之转,故虚谓之空、亦谓之孔、亦谓之康,通谓之孔,五达道谓之康,嘉美谓之孔,褒大谓之康。康荒声相近……故虚谓之荒、亦谓之康,大谓之荒、亦谓之康,谷不升谓之穅、亦谓之歉,好乐怠政谓之荒、亦谓之穅。(二上)

"声之转"在《释大》前七篇正文中共出现52次。"声之转"的词的声纽完全相同,韵部表现为各种各样的韵转情况。不同韵部间相转是韵转情况的主体,这种韵部相转既包括同收声部位的韵部之间的相转,即阳声韵相转、阴声韵相转,也包括不同收声部位的韵部之间的相转,即阳声韵和阴声韵相转、去入韵和阳声韵相转、去入韵和阴声韵相转、入声韵和阴声韵相转[18]。韵转情况中也有韵部相同的情况,韵部相同的词的语音差别主要在于声调的不同,其次是等呼的不同。简言之,"声之转"代表的语音关系是:

---

[17] 王凤阳《汉语词源研究的回顾与思考》,《汉语词源研究(第一辑)》,第54页,吉林教育出版社,2001年。

[18] 王念孙古韵二十一部的阴声韵包括相配的入声;盍部、缉部是入声韵,只有入声;至部、祭部是去入韵,只有去声、入声。

声纽相同,韵部相转或声调不同。

"声相近"共出现8次。"声相近"的词的韵部大都相同,声纽可以相同也可以不同,如果声纽不同,那么韵部一定相同。如果韵部、声纽都相同,那么这些词的语音差别主要是声调的不同,此外也有等的不同。简言之,"声相近"代表的语音关系是:一、声纽不同,韵部相同;二、声纽相同,声调不同或韵部相转。

一组词的音转关系主要是声纽相同、韵部相转,韵部相同、声纽相转的关系很少,[19]也没有证据显示各篇的属词之间有音转关系。结合前文对《释大》结构框架的考察,可见词的音转关系只发生在各篇内部,分篇只是出于编排目的,为了在一篇中说明同为该声纽的词的关系,并没有考虑相邻的篇(即相同发声部位)之间的声纽相转的关系。

与声纽关系相比,一组词的韵部关系相对自由。如"吁呼唤诃詨嗥嚣弇并声之转"中,鱼部(吁呼)、元部(唤)、歌部(诃)、宵部(詨嗥)、幽部(嚣)、祭部(弇)之间都可以相转。又如"空"(东部)在"空孔康声之转"、"旷阔空孔宽款并声之转"、"空廓开声之转"、"空科宽款坎并声之转"等4组中,分别与东部(孔)、阳部(康旷)、祭部(阔)、元部(宽款)、鱼部(廓)、脂部(开)、歌部(科)、谈部(坎)相转。《释大》中一组词的韵部关系经常打破《释大》篇分开合、韵分四等的体例,也就是说,开合、等呼只是《释大》编排所收词的框架,与韵转关系所依据的语音系统不同。

由上可知,《释大》的语音关系是分层次的,一组词内部在说明音转关系时用的是经过王念孙整理的语音系统,而用以编排全部词的则是一个与等韵图结构相似的声韵框架,后者对音转关系并不具有解释力。这也说明,从整体结构框架上看,《释大》是资料汇编,从一组词的内部看,王念孙对所收词进行了一定程度的整理,而这种整理是以词源研究为目的的。

四 《释大》的词际关系

因为关于《释大》性质的主要问题是《释大》在词源研究方面的实现程度,所以我们主要从是否有同源关系的角度来说明《释大》的词际关系。

一组词中"故"前后的词之间因为有"故"相连,往往具有同源派生的关系,"故"前面的词是源词,"故"后面的词是派生词。以"会"组为例:

---

[19] 只在两组词中有韵部相同、声纽相转的关系,这两组词的声纽分别是见纽、透纽和溪纽、晓纽。

>会,大计也,故合市谓之佮,会发谓之䯤,领会谓之䯤,刍稟之藏谓之廥,水广二寻深二仞谓之㑹……(一下)

其中"故"前面的"会"可以作为"故"后面"会发"之"䯤"和"领会"之"䯤"的义素,"会"是源词,"䯤"、"䯤"由其派生而来,是派生词。

一部分词的同源派生关系同时表现为文字的孳乳,在79个有"故"的组中,"故"前后的字是声符和形声字关系的有34组。以"乔"组为例:

>乔,高也,故矜谓之骄,马六尺谓之骄,长尾雉谓之鷮,禾长谓之穚,莠长谓之骄,大管谓之䇽。(一上)

在没有"故"的组中,词之间不具有派生的关系,也无所谓源词和派生词,它们中的一部分是某一词源义和不同事物或性状类别的结合,其间是并列的关系。以"绛"组、"颔"组为例:

>大赤谓之绛,大水谓之泽。(一上)

>颡谓之颔,山高大谓之峇,教令严谓之䎵。(四上)

其中"绛"、"泽"的词源义是"大",物类分别是颜色(赤)和水。"颔"、"峇"、"䎵"的词源义为"高大",物类有身体部位(颡)、山,"教令严"是一种动作状态。

《释大》中严格意义上的、经得起现代同源词判断标准检验的同源关系,基本上只出现在各组词之内,而且它们的词源义往往不限于"大"。从各组词的系联情况来看,可以明显看出王念孙研究词源、整理同源词的意图。然而统观《释大》的组际关系以及全篇,虽然王念孙认为所有词都有"大"的特征义,但是前文相应部分已有论述,组外的词的音义关系都不足以说明《释大》所做的是同源词系联的工作。也就是说,就全篇而言《释大》不是词源研究专著,而是供词源研究用的、经过整理的资料汇编。

五 结 论

综合前文的研究,我们认为《释大》的性质是:以特征义为标准收词,把词按照一定的声韵框架进行编排,并对所收词进行初步整理,从而供词源研究用的较为系统的资料汇编。

《释大》本体以外,王念孙的其他著作也可以辅证我们的观点。王氏的书稿中不乏资料汇编性质的著作,以声纽为纲的除了《释大》还有《叠韵转语》、《雅诂杂纂》,以韵部为纲的有《雅诂表》[20]。

根据我们对《释大》性质的判断,可以解释开篇所说学者们观点之间的矛盾。《释

---

[20] 参见王国维《高邮王怀祖先生训诂音韵书稿叙录》,《观堂集林》,第395—399页,中华书局,1959年。

大》全篇的编写方式,不是以"大"为词源义,系联起一族符合语音规则的同源词。而是分别从各个词中概括、分析出"大"的特征义,把这些词收集在一起,再根据等韵二十三栏排布。所以,只能说《释大》中的词按照王念孙的标准都有"大"的特征义,但是无从说它们全部都是同源词。另一方面,由于王念孙运用了"因声求义"的方法,《释大》各组词中确有一部分具有同源关系。但是不应因此就不加鉴别地把《释大》全部的词都当作同源词,甚至再强解其语音、语义关系。一些学者先判定《释大》是同源词系联专著,又指出它的收词失于宽泛,然而《释大》内部材料的不均质正是由其资料汇编、而非系联专著的性质决定的。在判断《释大》的性质时,既不应以偏概全,更要避免主观臆断。而如果是在《释大》的基础上进行同源词系联,则首先应当注意材料的鉴别和取舍。

(推荐导师:李国英教授)

参考文献

(1)何九盈《中国古代语言学史》(第三版),广州:广东教育出版社,2005年。
(2)胡奇光《中国小学史》,上海:上海人民出版社,2005年。
(3)蒋绍愚《古汉语词汇纲要》,北京:商务印书馆,2005年。
(4)刘精盛《王念孙〈释大〉"大"义探微》,《古汉语研究》2006年第3期。
(5)王凤阳《汉语词源研究的回顾与思考》,《汉语词源研究》(第一辑),长春:吉林教育出版社,2001年。
(6)王国维《高邮王怀祖先生训诂音韵书稿叙录》,《观堂集林》,北京:中华书局,1959年。
(7)张博《试论王念孙〈释大〉》,《宁夏大学学报》1988年第1期。
(8)张联荣《〈释大〉读后记》,《广播电视大学学报》2003年第2期。
(9)张令吾《〈释大〉训诂理论探流溯源》,《湛江师范学院学报》1994年第1期。
(10)张令吾《王念孙〈释大〉同族词研究举隅》,《湛江师范学院学报》1996年第1期。

(宁静:北京师范大学文学院博士生,100875,北京)

英 文 提 要

Mr. Lu Zongda and The spreading of Guoxue in the Twentieth Century

Wang Ning

Abstract: In commemorating the 25th anniversary of the death of Mr. Lu Zongda, this paper focuses on Mr. Lu's actions and his charisma during the low moments of Guoxue (studies of Chinese ancient civilization). It is induced by the discussion of Guoxue's connotation and mainly stresses Lu's inheritance and conservation of the teachings of the elders and his endeavor to revive Guoxue.

Keywords: Lu Zongda; commemoration; Guoxue; rejuvenation

On the Explanation of *Jiaren*(家人) and Concurrently Discuss Empress Dowager *Dou*

He Jiuying

Abstract: *Jiaren*(家人), a word with social and ethical significance, has three origins in Pre-Qin and Han documents. First, *Jiaren*(家人) in "Flourishing Peach Trees" of *Shijing*(*the Book of Songs*) means the whole family, especially the couple. It is extended to mean the person in the family or the common people, which is contrary to the emperor. Second, the hexagram *Jiaren*(家人) in *Yijing* (*the Book of Change*) means the wife. It is discussed the way of being a wife, which is how to keep the womenfolk under control in the family. Its first line statement means to keep the women from the petty misdemeanor by segregation, which is considered to be appropriate for them. Such idea has a widespread influence in the following two-thousand-year civilization history. The only exception is the periods of Emperor Wen and Emperor Jing in Han Dynasty when Empress Dowager Dou manipulated the academic orientation, controlled the court and adopted the Huang-Lao Politics. Another meaning of *Jia*(家) is the ruling domain of senior officials contrary to *Guo*(国) and the third origin is *Jiaren zi*(家人子, zi is the suffix) in *Shiji* (*the Historical Records*) and *Hanshu* (*the History of Han*), which means the master's servants. This paper corrects the mistakes of previous studies and provides new explanations of *Jiaren*(家人), the words of *Jiaren*(家人) and *Jiaren zi*(家人子) based on document interpretation. This is the way of expounding classics with the help of exegesis. The textual research is adopted, inquiring into the original meaning of the word and its derived meanings according to social and historical culture. This way of research also includes combining semantic change and historical culture, taking ancient Chinese words as cultural and historic fossils, and integrating the histories of language, social development as well as culture. To conclude, it is essential to seek truth from facts when applying language and character study to the research of social history.

Keywords: *Jiaren*(家人); *Renjia*(人家); the words of *Jiaren*(家人); *Zhujia*(主家); Commoners; Empress Dowager Dou

Verbs for "Pick up" in Chinese Dialects (Ⅰ)
Xiang Mengbing

Abstract: This paper takes the Chinese word *jian* (pick up) as an example, which is extracted from Map 147, in the vocabulary volume of *Linguistic Atlas of Chinese Dialects* (LACD), to expound a crucial notion of the study on Chinese Word Geography, that is, the proper classification of lexical forms depends on the depth of the etymological studies. The correctness of etymology is the key to accurately describe the historical relationship between the words. Only in this way can we avoid being misguided in mapping and analysis of the interpretative map. This study can fully explain why Chinese Dialect Geography study should pay attention to the systematic investigation and research, while the basic Dialect Atlas must be purely descriptive. With so much to do, there is still a long way to go for Chinese Dialect Geography. (to be continued)

Keywords: Chinese dialects; verbs for "pick up"; etymological study; interpretive map

Comparative Research on the Types of Folktales in China, Japan and India by Zhong Jingwen
Dong Xiaoping, Wang Bangwei

Abstract: Zhong Jingwen started his Chinese Folkloristics reserach by translating the types of Indo-European folktates by Joseph Jacobs and then switched to make specific Chinese folktale types and compared the similar Chinese, Japanese and Indian folktale types as well, which opened a new field of diversity culture study. With a brand-new method and research space. The most important work for him is that he had formed the distinguished part of the Chinese Folkloristics on this way. In the new era of cross-cultural communication and study, it is quite beneficial to pass on and develop such an academic cultural heritage if we re-study those results by Zhong Jingwen, and his dialogues with Ji Xianlin, which will improve the interdisciplinary study between the Folkloristics and the Eastern Literature Research, and lead the Chinese cross-cultural comparative study to a deeper level.

Keywords: Zhong Jingwen; Ji Xianlin; types of Chinese, Japanese and Indian folktales; cross-culture study

Second Discussion about Characters of Chinese Folkloric Culture
Xiao Fang

Abstract: China has long borderline and history with thousands of ethnics live in places, which under distinctive environment. The geological condition, the way to make a living and traditions and ethics form the unique characters of Chinese folkloric culture and people's daily activity. From the perspective of the form, Chinese folk culture is various and can be shared with other forms. In respect of the mean it shows to the public, it is both symbolism and can be put into several patterns. The character of Chinese folkloric culture is mainly about ethics and norms, while it is also heritable, stable, however, variable. From the discussion of characters of Chinese folkloric culture, we would be able to get impressed of the core of it, and then understand the relationship between heritage and variance of Chinese folkloric culture.

Keywords: China; folkloric culture; characters

A Discussion on the Sources of the *Tales of Parrot* in the Mongolian Oral Tradition
Chen Ganglong

Abstract: This paper focuses on the ancient Indian folktale book *Śukasaptati*'s circulation in the Mongolian Oral Tradition. The Indian *Śukasaptati* had spread to the Mongolian reign, as well as another folktale book *Simhāsana Dvātriṃśikā*, or the *Thirty-two Tales of the Throne*. They combined with each other in the Mongolian oral tradition in a specific process. As a result, several new texts of the *Tales of Parrot* were generated. An Indian eminent monk once told the Khalkha Mongolian Buddhist leader, the Living Buddha Jebtsundamba the stories from the *Simhāsana Dvātriṃśikā* directly in Mongolian, inserting some contents of the *Śukasaptati*. This text was written down by Mongols, and then widely spread across the Mongolian reign. It subsequently became one of the most important sources of the Mongolian *Tales of Parrot* which we are reading and listening to today.

Keywords: Indian folktale books; *Tales of Parrot*; *Thirty-two Tales of the Throne*; Mongolian folktales.

Discussion on Proofreading of *Chun Guan*(春官)in *ZhouliZhengyi*(《周礼正义》)
Wang Shaohua, Yan Chunfeng

Abstract: This article analyzes and corrects 97 mistakes in proofreading on *ZhouliZhengyi*（Vol. 7）published by Zhonghua Press, which includes inappropriate references from the different collations between Yisi（乙巳）edition and Chu（楚）edition, and mutual mistakes resulting from the context, similar graphemes and meanings as well as redundancy, transpositions and wrong provenances. Meanwhile, it also illustrates 39 mispunctuations and omitted collations, including confusing quotations, incorrect pauses, pauses at the wrong place of a sentence, mispunctuated book titles, geographical and personal names.

Keywords: *ZhouliZhengyi*; Sun Yirang(孙诒让); collation; punctuation

A Research on TK216 of the Literature from the Khara-khoto Region Reserved in Russia
Zhang Xiuqing

Abstract: On the basis of the findings before and other khara-khoto literature, we attempt to recognize Chu, Lei, Bi, Ti, Guan, Nei and so on that have not been recognized so far or wrongly recognized, the findings of which will contribute greatly to futher research on TK216.

Keywords: khara-khoto literature; recognize

Two Dimensionalities of the Partition of Nouns and Verbs
Wang Xiaona

Abstract: The paper assumes that the partition of the parts of speech for nouns, verbs and adjectives still needs a criterion to combine the words' meanings, functions and forms. However, this criterion has two different dimensionalities, which have two different grammatical meanings, plus their corresponding forms and functions. There is bewilderment in the categories of parts of speech; the main reason is the confusion of these two dimensionalities. The Chinese principle for the dimensionalities is different from that of English and other inflectional languages; therefore, the connotations, phases and systems of words are not identical. The root cause lies in the restrain of the differences between the syntactic structures of different languages. However, the criteria for the partition of nouns and verbs in different dimensionalities can converge, and so are the notional words in different dimensionalities, for both of them are restrained by the frame of universal grammar.

Keywords: noun; verb; grammatical meanings; two dimensionalities

How to Simplified Ancient Chinese Characters in *Lishu* on the Characters Written on Bamboo Slips of *Yinqueshan*
Zhang Hui

Abstract: The Characters written on bamboo slips of *Yinqueshan* tomb of Han Dynasty is one of the representative works of ancient Chinese Characters. It shows the procession of Chinese Characters how to change from ancient Chinese Characters to modern Chinese Characters. This paper will find the rules and ways that ancient Chinese Characters were transferred to a kind of symbols written in Chinese after the compare of the Lesser Seal characters and the Characters written on bamboo slips of *Yinqueshan*, the development to the Related Character is a kind of simplify to ancient Chinese Characters based on that Chinese language policy and humanities environment.

Keywords: Characters written on bamboo slips of *Yinqueshan* tomb of Han Dynasty; the development to the Related Character; the stroke division of official script (*Lishu*); the stroke merger of official script (*Lishu*)

On Unstandarded Chinese Characters in Ancient Books' Collation
——with reference to ancient books' collation in the Yuan Dynasty
Yang Liang

Abstract: Unstandarded Chinese characters are essential in ancient books' collation. The problems of unstandarded characters in Yuan's books are so prominent that it is neceaasry for us to how to deal with them. We must grasp the concept of the unstandarded characters and understand deeply the reason for the outstanding of Yuan's books. Distinguishing the difference between the variant and the unstandarded, we discuss the judgement and the principle of dealing with them in order to solve the problems of distinguishing and handleing them.

Keywords: ancient books in the Yuan Dynasty; arrangement and collation; unstandarded Chinese characters

The Study of *Zu*(祖) and *Bi*(妣)
Huang Guohui

Abstract: This article mainly discusses the characters of *Zu*(祖), *Bi*(妣) in the ancient times, contained the original, the extended meaning and borrowed meanings of word *Zu*(祖) and *Bi*(妣).

Keywords: *Zu*(祖); *Bi*(妣)

Analysis on the Phenomenon of "naming different objects with the same word"(异实同名) in the Book of *Liji*(《礼记》)
Liu Xingjun

Abstract: Naming different objects with the same word. It is very common among words describing tools in the Book of *Liji*(《礼记》) with 15 words of this kind involving 40 terms in total. This essay finds that such phenomenon shows 3 kinds of thinking pattern as follows: 1) words showing the same shape of different objects; 2) words showing the same use of different object; 3) words showing the same nature of different objects. Those thinking pattern indicates the cognitive laws of our ancestors when they identify the world. Most importantly, their ability to create new words out of old ones based on association and analogy.

Keywords: the Book of *Liji*; words describing tools; naming different objects with the same word; the foundation of naming

On the Semantic Feature of the Syntax about Parallel Prose
Ma Yanhua

Abstract: Parallel prose is the classical literary composition in rhyme to Chinese. The language of parallel prose is the classical literary language to Chinese. The outstanding feature of Parallel prose is the analyzing of the syntactic relation and the flexibility of the word order above the theory of the grammar feature to Chinese and the Figure and Ground of the cognitive linguistics.

Keywords: parallel prose; the syntactic semanteme

Words Exaggerated, Words Similar to Dao, Words Letting Both Alternatives Proceed
——Study on the Meaning of "Fable" in *Zhuangzi* from the Perspective of Etymology
Yu Xuetang

Abstract: The article studies on the meaning of "fable" from the perspective of etymology in the context of *Zhuangzi* by ancient exegetical method of figuring out the meaning through sound. The Chinese characters Yu(禺)、yu(寓)、rong(顒)、yu(愚)、rong(喁)、yu(遇)、ou(偶)、ou(耦) are cognate words. Yu(寓)is in the ancient phonetic category of hou(侯), words in which have the meaning of thick and big. One basic meaning of yu(禺)is "alike" or "similar", so does yu(寓). Yu(寓), ou(耦)and ou(偶) are interchangeable words, all possessing the connotation of two things standing side by side or matching with or against each other. The three implications of yu(寓) unite into its etymology meaning, evidences can be found from its phonology. The original meaning of "fable" in *Zhuangzi* is exaggerating words, namely absurd words, meanwhile, it carries the meanings of similar to Dao words and letting both alternatives proceed words—words which don't persist in right or wrong.

Keywords: *Zhuangzi*; fable; words exaggerated; words similar to Dao words; words letting both alternatives proceed

A Study on the Historical Development of the Tibetan Language and Whether Chinese and Tibetan Belong to the Same Language Family
Zhang Minquan

Abstract: Based on evidence from a number of historical documents, this paper probes into the historical development of the modern Tibetan language, the problem whether Qiang and Tibetan is homologous and the language contact that took place between Chinese and the languages of neighboring minority ethnic groups. Chinese and Tibetan are two totally different languages from the language contact that took place between them and as far as language form is concerned. A clear distinction should be made between language origin and ethnic origin in the study of the genetic relations between Chinese and Tibetan. The former is the ethnic problem, the latter is the language problem. In addition, such factors as difference of time and space, historical evolution of languages, and pronunciation change must be taken into consideration. From a historical viewpoint, the writer of this paper believes that Chinese is an independent language having no genetic relations with Tibeto-Burman languages, Hmong-Mien (Miao-Yao), Kam-Tai, etc., although language contact took place between them. The so-called Sino-Tibetan language family hypothesis is unacceptable.

Keywords: Tibetan history; Qiangic languages; language origin; ethnic origin; independence of the Chinese language

On Archaic Voice Sources of 1-initial 1(来母) of Middle Age according to the Relationships between Voices and Meanings
—— Also On the Generating of Structure K-1- of Two-Syllables Cognates

Huang Yiqing

Abstract: The meanings of words with l-initial(来母) in Ancient Chinese can be summed up as continuous, repeated, majority, line-shaped and through hole that were similar and interlinked. And the sound they imitated represented continued and repeated sounds. The consistency of characteristics of meaning and sound imitation shows internal relation between vices and meanings and lows of meaning extended. Therefore we know l-initial's functions to show meanings and sounds in etymology. Words of two-syllables with one l-initial character were composed with two morphemes, one of them was the l-initial character showed the same functions above-mentioned. That certify that these words had be composed with a main syllable and an accompany one showed continuous meanings or sounds, the formula is K-+l-=K-l-. In order to develop two-syllable from monosyllable, the structure was base on natural relations between meanings and voices and principle of pronunciation to save energy that has been active till modern times. Because the functions to show meanings and voices of reduplicated syllables structure K-K- were the same with that of K-l- structure, so the two structures could be replaced each other. That caused the voices of second syllables in some K-K- words were replaced by that in K-l- with same characters that record the second syllables. In this condition the second characters to have same finals and functions had l-initials and K-initials at the same time. From the point of harmonic sound system, some sound symbols in the characters with l-initial in K-l- were mixed with sounds of tongue root and lips and the others were pure l-initial that show the real sounds of words. That reflects the harmonic sound system can not reflect the fact of language. The construction between the pure unity of l-initial in language and the fixed consonant in characters confirm the truth of that the mixed phenomenon in harmonic voice system can not be explained with remaining consonants in ancient language.

Keywords: l-initial character; archaic voice; consonant clusters; relationship between voice and meaning; two-syllables cognate

The Proper Noun Lines in *Ciyuan* (《辞源》)
Huang Yuhu

Abstract: This paper focuses on the scope, principles and methods of marking proper noun lines for *Ciyuan*(2nd Edition). Research results shows that in *Ciyuan*, such proper nouns appeared in the definition and documented evidence for the entries as the names of documents, people, ethnic groups, geography and time are basically underlined, while names regarding volume information, official titles, organizations, institutions, astronomy, chronometry and so on are not. There are three principles when marking proper noun lines in *Ciyuan*: (1) to attach importance to ontological analysis of the language by distinguishing generic reference, specific reference and proper reference; (2) to adhere to the "word based" concept by differentiating words and phrases; (3) to maintain the original appearance of ancient books by strictly differentiating original book titles and proposed titles. These principles shows *Ciyuan's* professionalism in both linguistics and philology. By the use of these principles and methods, errors such as superfluous, missing or wrong underlining, incorrect break and improper hyphenation can be avoided when marking proper noun lines in *Ciyuan*.

Keywords: *Ciyuan*; proper noun line; proper noun; scope; principle; method

Study on Regulation of Yinqie of *Jingdianshiwen*(《经典释文》)
Wang Sumin

Abstract: *Jingdianshiwen* is a comprehensive expression of the Yinqie(音切) in the Liuchao dynasty, Which record Yinqie(音切) according to the phonological at that time and it also include Youyin, Guyin and Suyin. The numerous Yinqie(音切) of the book reflect complect phonetic phenomena. The phonetic phenomena involve the author ,phonetic values and the relationship between the Yinqie(音切). We study from two point of view that is logical reasoning and material to determine every Yinqie's (音切)attribution. Our study begin from the article that people have not yet noticed and generalize 13 regulation. The ultimate goal of our study is to find the phonetic phenomena from the comprehensive expression of the Yinqie(音切)of *Jingdianshiwen*.

Keywords:*Jingdianshiwen*; regulation of Yinqie; Yinqie; Youyin

A Research on the nature of *ShiDa*(《释大》) by Mr. Wang Niansun
Ning Jing

Abstract:*ShiDa*, by Mr. Wang Niansun, is an important and controversial work in the history of Chinese etymology. Through researching the framework of *ShiDa*, analyzing "*Da*" and the relationships of pronunciations and words in *ShiDa*, this paper reveals the writing intention of Mr. Wang Niansun and determines the nature of *ShiDa*. This paper believes that *ShiDa* is a systematic material collection for etymological research, which takes the characteristic of meanings as a standard for collecting words, and arranges words specially in a consonant and vowel framework.

Keywords:Mr. Wang Niansun; *ShiDa*; Chinese etymology

辞书编辑学术论坛

——首届辞书编辑培训班学员沙龙在长春召开

2013年9月4日—5日,"辞书编辑学术论坛"——首届辞书编辑培训班学员沙龙在长春召开。论坛由中国辞书学会辞书编辑出版专业委员会主办,吉林大学出版社承办。来自全国各地的辞书班学员50余人出席了会议。

会议的主题之一是《通用规范汉字表》的贯彻实施。教育部语言信息管理司司长张浩明对《通用规范汉字表》的研制情况做了说明,并就辞书界如何贯彻实施《通用规范汉字表》提出了要求。《通用规范汉字表》研制组组长、北京师范大学教授王宁做了《〈通用规范汉字表〉与辞书编修》的学术报告。与会代表认为,辞书作为语言文字规范化的最重要工具,与规范标准相辅相成。《通用规范汉字表》的发布为辞书编纂和修订提供了更加可靠的依据。在各类辞书中贯彻落实《通用规范汉字表》是辞书工作者应有的职责。

会议的主题之二是全国第三次辞书规划。南京大学教授魏向清做了《前两次全国辞书规划的思考》的学术报告,对全国第一次辞书规划(1975年)和第二次辞书规划(1988年)做了回顾,并就第三次辞书规划及制定提出了建议。商务印书馆总经理于殿利和中国大百科全书出版社社长龚莉分别对本社第三次辞书规划做了介绍。鲁东大学张志毅教授指出,我国要从辞书大国走向辞书强国,必须加强人才培养、注重辞书品种开发和提高理论研究水平。

与会代表是参加过新闻出版总署举办的辞书编辑出版资格培训班的各期学员。大家对平时辞书编辑工作中遇到的问题进行了交流,对热点问题进行了热烈的讨论。学员们认为,本届辞书编辑培训班学员沙龙为大家提供了一个学习和交流的平台,十分必要,并表示愿意为中国的辞书事业贡献自己的力量。

据悉,辞书编辑培训班自2006年举办开始,每年一期,至今已经举办了八期。来自170多家出版社的672名学员参加了培训。这些学员已经成为我国辞书编辑的后备力量,有些已经成长为中坚力量。